2018年度国家社科基金一般项目"数字劳动作为劳动新形态的马克思主义政治经济学研究"（18BKS012）

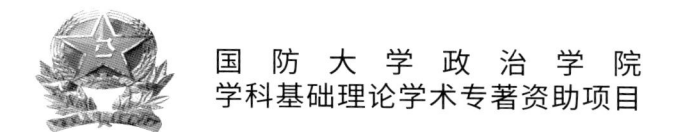

国防大学政治学院
学科基础理论学术专著资助项目

数字劳动的政治经济学研究

黄再胜 ○ 著

中国社会科学出版社

图书在版编目（CIP）数据

数字劳动的政治经济学研究 / 黄再胜著. -- 北京：中国社会科学出版社，2024.10. -- ISBN 978-7-5227-4055-3

Ⅰ.F0-0

中国国家版本馆 CIP 数据核字第 2024JU6192 号

出 版 人	赵剑英	
责任编辑	刘　艳	
责任校对	陈　晨	
责任印制	郝美娜	

出　　版	中国社会科学出版社	
社　　址	北京鼓楼西大街甲 158 号	
邮　　编	100720	
网　　址	http://www.csspw.cn	
发 行 部	010-84083685	
门 市 部	010-84029450	
经　　销	新华书店及其他书店	
印　　刷	北京君升印刷有限公司	
装　　订	廊坊市广阳区广增装订厂	
版　　次	2024 年 10 月第 1 版	
印　　次	2024 年 10 月第 1 次印刷	
开　　本	710×1000　1/16	
印　　张	17.75	
字　　数	265 千字	
定　　价	108.00 元	

凡购买中国社会科学出版社图书，如有质量问题请与本社营销中心联系调换
电话：010-84083683
版权所有　侵权必究

目 录

导 论 …………………………………………………………… (1)
  第一节 研究背景与问题提出 ………………………………… (1)
    一 研究背景 ………………………………………………… (1)
    二 问题提出 ………………………………………………… (4)
  第二节 数字劳动研究的基本概览 …………………………… (8)
    一 数字劳动研究现状 ……………………………………… (8)
    二 数字劳动研究评介 ……………………………………… (24)
  第三节 基本思路和主要内容 ………………………………… (26)
    一 基本思路 ………………………………………………… (26)
    二 主要内容 ………………………………………………… (27)

第一章 数字劳动的生成逻辑研究 …………………………… (31)
  第一节 数据要素与数据商品产消 …………………………… (32)
    一 数据作为关键生产要素 ………………………………… (33)
    二 数据要素的剥夺性占有 ………………………………… (35)
    三 数据产品的商品化 ……………………………………… (37)
    四 数据商品的具化形态 …………………………………… (38)
    五 数据商品的价值实现 …………………………………… (41)
  第二节 数字资本与资本主义生产方式变革 ………………… (42)
    一 数字资本与数字基础设施垄断 ………………………… (42)

二　数字资本与数字工厂形成…………………………………（43）
　　三　数字资本与数字泰勒主义兴起……………………………（45）
第三节　平台经济与数字劳动出场…………………………………（47）
　　一　数字劳动与数据要素生产…………………………………（47）
　　二　数字劳动与数字机器制造…………………………………（50）
　　三　数字劳动与数据商品产消…………………………………（51）

第二章　数字劳动的内涵、形态与特征研究……………………（55）
第一节　数字劳动的内涵和形态……………………………………（57）
　　一　数字劳动的内涵界定………………………………………（57）
　　二　数字劳动的具化形态………………………………………（60）
第二节　数字劳动的主要特征………………………………………（69）
　　一　数字劳动市场关系双边化…………………………………（70）
　　二　数字劳动交易"去互惠化"…………………………………（72）
　　三　数字劳动过程管理算法化…………………………………（74）
　　四　数字劳动激励数字声誉化…………………………………（75）
第三节　数字劳动的实践挑战………………………………………（77）
　　一　数字平台的单边垄断………………………………………（78）
　　二　数字劳动过程管理的算法专制……………………………（82）
　　三　劳动数字声誉的激励扭曲…………………………………（84）
　　四　数字劳动的工作不稳定……………………………………（87）

第三章　数字劳动的中国情境研究…………………………………（95）
第一节　中国情境下数字劳动的职业图景…………………………（96）
　　一　零工经济中的网约零工……………………………………（96）
　　二　共享经济中的自由职业者…………………………………（98）
　　三　众包经济中的数字微工……………………………………（102）
　　四　粉丝经济中的数字产消者…………………………………（104）
　　五　数字经济中的"科技工人"…………………………………（106）

第二节　中国情境下数字劳动的制度性特征 …………………… (107)
　　一　数字劳动用工关系更趋多样化 …………………………… (107)
　　二　数字劳动主市场呈现高度异质性 ………………………… (109)
　　三　数字劳动实践促进灵活就业"正规化" ………………… (110)
　　四　数字劳动发展备受政府支持 ……………………………… (112)
第三节　中国情境下数字劳动的实践挑战 …………………………… (114)
　　一　数字劳动的平台依附日趋加深 …………………………… (114)
　　二　数字劳动保障权益缺失问题突出 ………………………… (116)
　　三　数字劳动者职业发展前景堪忧 …………………………… (117)
　　四　数字劳动关系治理亟待完善 ……………………………… (119)

第四章　数字劳动的劳动过程研究 ……………………………… (121)
第一节　算法控制的劳动秩序 ………………………………………… (123)
　　一　算法控制的出场与实践特征 ……………………………… (123)
　　二　算法控制的具化形态 ……………………………………… (126)
　　三　算法控制的劳动景观 ……………………………………… (131)
第二节　数字劳动的同意生产 ………………………………………… (135)
　　一　价值共创神话与自我领导 ………………………………… (136)
　　二　数字赶工游戏与自我挑战 ………………………………… (138)
　　三　数字计件工资与自我激励 ………………………………… (141)
　　四　顾客评分机制与自愿付出 ………………………………… (143)
第三节　数字劳动的时空修复 ………………………………………… (144)
　　一　数字劳动的时间修复 ……………………………………… (144)
　　二　数字劳动的空间修复 ……………………………………… (145)
　　三　数字劳动的时空修复 ……………………………………… (147)

第五章　数字劳动的价值创造研究 ……………………………… (149)
第一节　数据革命与数字剩余价值出场 ……………………………… (151)
　　一　生产组织平台化与数字剩余价值出场 …………………… (151)

二　生产过程智能化与数字剩余价值出场 …………………（154）
　　三　用工模式灵活化与数字剩余价值出场 …………………（156）
第二节　数字劳动与数字剩余价值生产 ……………………………（157）
　　一　用户免费劳动与数字剩余价值生产 ……………………（158）
　　二　众包劳动与数字剩余价值生产 …………………………（160）
　　三　按需劳动与数字剩余价值生产 …………………………（163）
　　四　雇佣数字劳动与数字剩余价值生产 ……………………（164）
第三节　双边市场与数字剩余价值实现 ……………………………（165）
　　一　注意力经济与数字剩余价值实现 ………………………（165）
　　二　数据经济与数字剩余价值实现 …………………………（167）
　　三　零工经济与数字剩余价值实现 …………………………（169）
　　四　内容经济与数字剩余价值实现 …………………………（170）
　　五　粉丝经济与数字剩余价值实现 …………………………（171）
第四节　数字资本与数字剩余价值分配 ……………………………（173）
　　一　数字寡头独占与分配范围窄化 …………………………（174）
　　二　平台经营垄断与分配形式租金化 ………………………（175）
　　三　算法权力专制与分配结果极端极化 ……………………（177）
第五节　对中国数字经济发展的启示 ………………………………（178）
　　一　充分发挥数字资本的积极作用 …………………………（178）
　　二　建立健全数字劳动者权益保护机制 ……………………（179）
　　三　构筑与完善数字经济有效监管机制 ……………………（181）

第六章　数字劳动的劳动隐化与剥削研究 ………………………（182）
第一节　数字劳动的劳动隐化 ………………………………………（183）
　　一　劳动参与娱乐化与用户免费劳动隐化 …………………（183）
　　二　劳动过程编码化与众包微劳动隐化 ……………………（186）
　　三　劳动内容商品化与按需劳动隐化 ………………………（187）
　　四　劳动方式项目化与雇佣数字劳动隐化 …………………（189）
第二节　数字劳动的资本剥削 ………………………………………（191）

一　用户免费劳动的无限剥削 …………………………………（191）
　　二　众包微劳动的数字奴役 ……………………………………（192）
　　三　按需劳动的算法剥削 ………………………………………（193）
　　四　雇佣数字劳动的自我剥削 …………………………………（193）
　第三节　数字劳动赋权与数据分配正义 …………………………（194）
　　一　数字劳动赋权与数据分配公平 ……………………………（194）
　　二　数据生产关系变革与数据分配正义 ………………………（197）
　第四节　对我国保护数字劳动权益的若干启示 …………………（200）
　　一　用户赋权与数据分润 ………………………………………（201）
　　二　劳动回归与按劳分配 ………………………………………（202）
　　三　劳动自治与数字普惠 ………………………………………（204）

第七章　数字劳动的生产政治研究 ………………………………（206）
　第一节　平台体制与数字劳动权利衰退 …………………………（207）
　　一　"虚假的自雇者"与劳动结社权丧失 ……………………（208）
　　二　"人工即服务"与劳动议价力消解 ………………………（210）
　　三　"算法老板"与劳动参与权退场 …………………………（213）
　　四　"工作原子化"与劳动联合能力消弭 ……………………（214）
　第二节　算法专制与数字资本主义劳资冲突 ……………………（216）
　　一　用工关系性质模糊与劳资双方用工冲突 …………………（217）
　　二　平台单边计价与劳资双方薪资冲突 ………………………（219）
　　三　算法奖惩不透明与劳资双方规则冲突 ……………………（221）
　　四　平台组织支持缺位与劳资双方互惠冲突 …………………（223）
　第三节　劳动能动与数字资本主义的生产政治 …………………（224）
　　一　算法能动与个体层面数字生产政治 ………………………（225）
　　二　社区互助与群体层面数字生产政治 ………………………（228）
　　三　集体斗争与组织层面数字生产政治 ………………………（229）
　第四节　若干思考与对中国数字劳动实践的启示 ………………（233）
　　一　壮大数字劳动反抗的若干思考 ……………………………（233）

  二 对中国数字劳动实践的启示 …………………………（235）

第八章 数字劳动的治理研究 ………………………………（237）
 第一节 明晰和规范数字劳动用工关系 …………………………（238）
  一 规范数字劳动用工关系的域外实践 ………………………（238）
  二 规范我国数字劳动用工关系的实践进路 …………………（241）
 第二节 加强与完善平台企业算法治理 …………………………（244）
  一 平台企业算法治理的域外实践 ……………………………（244）
  二 加强和完善平台企业算法治理的中国方案 ………………（245）
 第三节 建立健全数字劳动的政策支持体系 ……………………（248）
  一 建立健全数字劳动者权益保障机制 ………………………（249）
  二 鼓励和支持第三方组织协同参与 …………………………（255）
  三 推动平台合作主义与数字劳动自治 ………………………（257）

结 语 ………………………………………………………………（259）

参考文献 ………………………………………………………………（267）

后 记 ………………………………………………………………（274）

导论

第一节 研究背景与问题提出

一 研究背景

当前,世界百年未有之大变局加速演进。互联网、大数据、云计算、人工智能、区块链等现代数字科技加速创新与迭代,日益融入经济社会发展各领域全过程。数字经济的兴起,正在推动当代资本主义技术—经济范式加速演进,深刻影响和重塑当代资本主义的劳动力市场与劳资关系。如果说,自20世纪70年代以来,信息技术进步和经济全球化的发展,促使资本全球流动,那么,进入21世纪,数字技术应用和数字平台兴起,正在推动全球范围内劳动力资源的竞争性配置。①

实践中,随着电子商务、网约车、外卖、内容付费、短视频等新产业新业态新模式的孕育和勃兴,形态各异的数字劳动(digital labor)竞相涌现。一台电脑或一部手机都可以成为工作场景,人们的职业选择不断扩展。跨境客平台(Upwork)的自由职业者、亚马逊土耳其机器人平台(MTurk)的微工、优步平台(Uber)的网约车司机、户户送平台(Deliveroo)的外卖骑手等,不断拓展数字时代的就业图谱和职业群体。

---

① Graham, M., et al., "Digital Labor and Development: Impacts of Global Digital Labor Platforms and the Gig Economy on Worker Livelihoods", *Transfer*, Vol. 23, No. 2, 2017, pp. 135 – 162.

特别是在新冠疫情期间，外卖骑手、网约车司机和网约配送员等成为维持社会正常运转的"必要行业工人"（essential worker）。据不完全统计，2021年，欧盟地区就有多达2800万人通过数字劳动平台实现就业。预计到2025年，这一总人数会增加到4300万。①

数字劳动的兴起与发展，日益引起国内外理论界与实务界的关注。究其缘由，大概有三：一是数字劳动已经成为数字时代非标准就业的新劳动形态，给劳动规制与劳动保护带来不容回避的现实挑战。二是当今世界数字经济疾速发展，数字劳动的具体形态层出不穷，自然成为传播政治经济学、社会学、管理学、政治经济学等各个学科理论工作者开展劳动研究的"富矿"。三是数字劳动的出场，推动人类生产方式和组织方式深刻变革。随着劳动主体的多元化、劳动时间的碎片化、劳动场所的无界化和社会保障的无主化，数字劳动是否代表着人类工作的未来趋势，是一个迫切需要回答的时代课题。

就我国而言，截至2023年12月，国内网民规模为10.92亿，互联网普及率达77.5%；手机网民规模为10.91亿，网民中使用手机上网的比例为99.9%，②形成了全球最为庞大、生机勃勃的数字社会。从用工实践看，伴随共享经济、"互联网+"等新经济形态日益壮大，传统的雇佣模式已经逐渐被打破，非标准就业的零工经济模式和平等的合作式关系孕育而生。③从数据标注、游戏"打金"、云客服等众包微工到从事创新设计、软件开发、在线教育、"剧本杀"编剧等知识密集型劳动的威客；④从滴滴出行、闪送等为代表的网约零工到微信平台、大众点评等在线用户活动；从新媒体经济中的全媒体运营师、互联网营销师到新零售中的购物助理；从网络主播、睡眠热线接线员和虚拟恋人的情感劳动到网络游戏产业中的电竞选手……五花八门的数字劳动呈现出工作场

---

① European Commission, *Better Working Conditions for a Strong Social Europe: Harnessing the Full Benefits of Digitalization for the Future of Work*, Brussels, 2021.
② 中国互联网络信息中心：《第53次中国互联网络发展状况统计报告》，第1页。
③ 艾瑞咨询研究院：《在线新经济背景下的新职业与新就业发展白皮书》，第17页。
④ 譬如，阿里巴巴提供的云客服岗位，在线解答用户问题，薪酬按小时计算。云客服人员遍布中国350多个县市，并主要集中在中西部地区。

所流动化、工作时间弹性化、用工关系零工化等特征,①从而以其较高的包容性和灵活性,已经成为我国"稳就业"的重要抓手。据国家信息中心估计,2020年我国共享经济服务提供者约8400万人,同比增长约7.7%。②特别是新冠疫情暴发后,快递员、外卖小哥和网约车司机等数字劳动者成为保障城乡居民日常生活的关键力量。

一方面,就业是最基本的民生,是经济的"晴雨表",也是社会稳定的"压舱石"。以形态各异的数字劳动为代表的新就业形态竞相涌现,创造了大量灵活就业机会,正在成为"大众创业、万众创新"的重要支撑。据统计,2020年我国灵活就业人员规模已达2亿左右。③另一方面,随着我国数字经济发展中互联网科技巨头垄断加剧和平台资本无序扩张,依托互联网就业的劳动图景正在发生新变化,产生新情况新问题。

这主要体现在:首先,依托数字平台的灵活就业飞速发展,给传统的劳动关系和劳务关系带来前所未有的挑战,存在用工关系性质模糊、劳动权益难保证、社会保障缺失、平台算法控制和工作收入不稳定等突出问题,零工经济已经成为过劳现象频发的重灾区。近一段时期以来,曝光的外卖骑手猝死、互联网"大厂"996工作制与员工加班猝死等事件,都突出反映了当前我国数字经济中劳资关系的不和谐。2020年,一篇《外卖骑手,困在系统里》的深度报道,更引起社会各界的广泛关注。④一项针对全国范围内11495名新业态青年的调查显示,不论是社会保障还是商业保障,在养老、医疗、失业、工伤、公积金和其他各项中,有26.3%的新业态从业者没有任何保障。⑤其次,在数字资本"最

---

① 王伟进、王天玉、冯文猛:《数字经济时代平台用工的劳动保护和劳动关系治理》,《新闻记者》2020年第8期。
② 国家信息中心:《中国共享经济发展报告(2021)》,第8页。
③ 当然,在超2亿规模的灵活就业群体中,存在着新旧之分。像建筑工人、小商贩等自然属于传统的灵活就业者;而像外卖骑手、文案策划、直播主播、电商运营等这些灵活就业群体,他们伴随新经济的发展、新业态的出现而崛起,当属新型灵活就业人员,也即本书所指的各类数字劳动者。
④ 赖祐萱:《外卖骑手,困在系统里》,《人物》2020年第8期。
⑤ 朱迪等:《中国新业态与新就业青年调查报告》,载《社会蓝皮书:2022年中国社会形势分析与预测》,社会科学文献出版社2021年版,第216页。

严算法"实践下,外卖骑手、网约车司机等数字劳动者深陷"系统之困",其拼命跑单的工作状态与不稳定的就业境遇,日益引起社会各界的广泛关注。①

习近平总书记指出,要加强数字经济理论研究,就涉及数字技术和数字经济发展的问题提出对策建议。从马克思主义政治经济学的语境出发,合理借鉴国内外学术界数字劳动研究的有益成果,对数字劳动的本质、特征、实践现状和发展趋势进行系统性研究,深化对数字时代劳动形态新变化和资本积累新方式的规律性认识,既是不断开辟 21 世纪马克思主义政治经济学新境界,特别是拓展马克思劳动价值论的研究视野与发展空间,丰富和繁荣中国特色社会主义政治经济学的题中应有之义;而且也是提高我国数字经济治理体系和治理能力现代化水平,规范数字经济发展,防止平台垄断和资本无序扩张,切实维护灵活从业人员和新就业形态劳动者权益保障的迫切要求。

二 问题提出

进入数字时代,数字劳动通过集合碎片化时间和资源,极大地降低了新业态新模式的用工门槛,一方面给人们带来了"办公室""流水线"难以企及的就业灵活和工作自主;另一方面又帮助企业实现资源灵活配置、降低运营成本、规避经营风险。但不容回避的是,与资本主义传统雇佣劳动相比,数字劳动在工作时间、工作空间和劳动方式上呈现出巨大变化,进而在劳动权益保护和劳资关系治理等方面产生诸多不容忽视的新情况新问题。

第一,进入数字时代,数字经济不仅在生产力层面推动劳动工具数字化、劳动对象服务化、劳动机会大众化,而且在生产关系层面促使组织平台化和资源共享化。② 正是在平台革命的推动下,劳动组织方式平

---

① 2021 年 7 月 16 日,人力资源和社会保障部等八部门联合印发《关于维护新就业形态劳动者劳动保障权益的指导意见》;2021 年 7 月 26 日,市场监管总局等七部门联合印发《关于落实网络餐饮平台责任 切实维护外卖送餐员权益的指导意见》,旨在支持和规范发展新就业形态,切实维护新就业形态劳动者劳动保障权益,促进平台经济规范健康持续发展。

② 戚聿东、丁述磊、刘翠花:《数字经济时代新职业发展与新型劳动关系的构建》,《改革》2021 年第 9 期。

台化如火如荼,当代资本主义劳动力市场正在经历工作"优步化"(uberization)嬗变。不同于传统的雇主—雇员关系,无论是众包经济中的云劳动,还是零工经济中的按需劳动,至少牵涉到数字平台、用工方和数字劳动者的三方关系。在数字平台自我定位成"技术中介""数字服务提供商",发包方仅仅被描述成"消费者"的市场实践下,数字劳动者究竟是如数字资本所指认的"独立承包商",还是实际上依然是为数字平台盈利服务的员工,在理论界和实务界都引起广泛争议且尚无定论。并且,数字劳动用工关系模糊在零工经济中表现得尤其突出。正如亚历克斯·罗森布拉特在其畅销书《优步:算法重新定义工作》一书所指出的:"如果你用一个 App 去上班,那么社会应该把你视作消费者、创业者还是工作者?"[①]

第二,进入数字时代,时间、地点和社区,甚至个人身份,都变得愈发"流动"和灵活。其中,数字技术跨场景、跨时间、跨区域的数字化触点,打破工作岗位对时空的限制,提升了从业者的就业灵活度。[②]理论上,劳动者自我决定是否工作、在何地工作以及何时工作,会不同程度增强其工作自主感,更好地实现工作—家庭关系的平衡。零工经济实践表明,相比于传统雇佣劳动,数字劳动引人关注的一个显著特征,就是劳动过程呈现不同程度的就业自由和工作自主。特别是对于兼职的外卖骑手、快递员、网约家政工、网络主播、网约车司机来说,他们根据自己每天的实际情况自由选择工作量,从而在闲暇时间赚取本职工作外的收入。[③]并且,按需工作为灵活就业人员提供了数字技能普及、身份认同、家庭尊重和经济独立。[④]但同时,数字劳动者也遭遇更深切的资本控制。其结果,劳动的这种"重新主体化"过程,并没有缓和阶级

---

① [美]亚历克斯·罗森布拉特:《优步:算法重新定义工作》,郭丹杰译,中信出版社2019年版,第10页。
② 人民数据研究院、数据教育研究中心:《2021青年就业与职业规划报告》,第20页。
③ 郑广怀等:《"平台工人"与"下载劳动":武汉市快递员和送餐员的群体特征与劳动过程》(预印本),源自中国集刊网(www.jikan.com.cn)。
④ [美]玛丽·L.格雷、西达尔特·苏里:《销声匿迹:数字化工作的真正未来》,左安浦译,上海人民出版社2020年版,第151页。

分化的趋势，促进"人的解放"；相反，对于那些依赖互联网平台谋生的劳动者而言，数字劳动不仅意味着劳动时间的延长和劳动强度的增加，而且还要被迫承担起更多的成本、风险和欲望。其结果，在当代资本主义劳动过程中，劳动者往往呈现出"主体性过剩"的状态，以至于陷入"自我剥削"乃至"相互剥削"的生存窘境之中。①

第三，马克思指出："全部现存的社会制度，都是建立在这种无偿劳动之上的。"② 进入数字资本主义阶段，数字劳动已经成为资本吸纳和规训的劳动新形态。就数字劳动过程而言，在"没有雇主"和"工作自主"的情形下，资本对劳动的控制和榨取是如何实现的？进一步地，在依托互联网平台就业反而日益加剧工作不稳定的经济现实中，众多劳动者为何还趋之若鹜，心甘情愿地长时间保持时刻在线？而在劳动主体性方面，身陷"算法牢笼"（algorithmic panopticon）③ 而"无处可逃"的数字劳动者，又何以反抗数字资本算法权力的恣意宰制？总而言之，数字劳动版本的"制造同意"是如何运作的？④

第四，进入数字时代，数字技术作为原动力，正在深刻改变劳动方式、劳动内容、劳动性质和劳动场景，重塑了劳动者在数字资本主义生产关系中的地位，却没有改变数字资本通过劳动剥削获取剩余价值的基本逻辑。从根本上讲，数字劳动的普遍物化，成为数字资本主义价值创造的新源泉。⑤ 但不言而喻，在"免费""互惠""共享"的表象下，数字资本价值运动呈现出着实令人不解的生产迷雾和市场景观。在这种情况下，数字时代资本主义剩余价值生产、实现和分配发生了哪些重大变化？是否诚如有学者所断言的"数字资本主义的利润本质上是对流通领

---

① 夏莹、牛子牛：《主体性过剩：当代新资本形态的结构性特征》，《探索与争鸣》2021年第9期。
② 《马克思恩格斯全集》第16卷，人民出版社1964年版，第267页。
③ Woodcock, J., "The Algorithmic Panopticon at Deliveroo: Measurement, Precarity, and the Illusion of Control", *Ephemera: Theory & Politics in Organization*, Vol. 20, No. 3, 2020, pp. 67–95.
④ 姚建华、徐偲骕：《全球数字劳动研究与中国语境：批判性的述评》，《湖南师范大学社会科学学报》2019年第5期。
⑤ 黄再胜：《数据的资本化与当代资本主义价值运动新特点》，《马克思主义研究》2020年第6期。

域商业利润、金融利润的重新瓜分以及对产业工人所生产剩余价值的分割"①？唯有正确认识和回答这些问题，才能及时捕捉资本价值运动的现实嬗变与矛盾张力，科学揭示数字资本主义生产方式的内在矛盾，真正解蔽数字时代资本主义劳资关系及其变化的本真面目。

第五，马克思指出，资本主义制度"建立在一些人对另一些人的剥削上面"②。进入数字时代，无论是外卖骑手、网约车司机，还是在线授课的自由职业者、亚马逊配送中心的员工，他们都是"数字无产阶级"（digital proletariat）的一员。这些高度异质的数字劳动者却具有一个共同的特征，即不拥有数字时代的关键生产资料——算法机器，因而注定都要受到数字资本的"算法剥削"③。事实雄辩地证明，数字资本主义对技术的推崇和膜拜，只是掩盖和遮蔽了剩余价值的真正来源，使资本主义的存在更具有合理性和合法性，剥削更具有隐蔽性和迷惑性。④ 正如有学者所言，如果我们承认在资本主义生产方式下，劳动实践总是伴随着劳资之间的剥削关系和权力不对等，那么那种认为数字劳动的兴起改变这一事实，倒是咄咄怪事了。⑤ 显然，数字经济发展表明，与大工业时代资本占有者的强制性不同，数字资本家以一种更具迷惑性的隐性机制强化了对数字劳工的剥削与控制，资本实现了对剥削对象的泛化、剥削场域的延展与剥削形式的进化。⑥ 由此，一个亟待回答的问题是，在数字时代日益灵活的用工实践中，数字资本价值运动的劳动贡献是何以被遮蔽的？

---

① 罗铮、宁殿霞：《数字资本主义视域下的价值增殖研究——基于西方数字资本主义价值生产研究的思考》，《政治经济学评论》2022年第2期。
② 《马克思恩格斯文集》第2卷，人民出版社2009年版，第45页。
③ Gonzalzez, A. J., "Code and Exploitation: How Corporations Regulate the Working Conditions of the Digital Proletariat", *Critical Sociology*, Vol. 48, No. 2, 2022, pp. 361–373.
④ 白刚：《数字资本主义："证伪"了〈资本论〉？》，《上海大学学报》（社会科学版）2018年第4期。
⑤ Graham, M., et al., "Digital Labor and Development: Impacts of Global Digital labor Platforms and the Gig Economy on Worker Livelihoods", *Transfer*, Vol. 23, No. 2, 2017, pp. 135–162.
⑥ 孟飞、程榕：《如何理解数字劳动、数字剥削、数字资本？——当代数字资本主义的马克思主义政治经济学批判》，《教学与研究》2021年第1期。

第六，进入数字时代，生产组织平台化在瓦解传统雇佣制劳资关系的同时，算法技术的加速应用将资本主义技术理性推向极致，资本如愿实现对劳动的自动控制和总体吸纳。表面上看，数字资本竭力推行劳动灵活化、标准化和原子化，数字劳动赖以反抗资本统治的权力资源被蚕食殆尽。劳动者打破工厂制"时钟的枷锁"，却在不经意间落入数字资本"算法专制"（the tyranny of algorithm）的桎梏。面对无孔不入的平台监视和算法奖惩，曾经活跃于车间政治、罢工运动和院外活动中的劳动能动似乎销声匿迹且微不足道。如此一来，原本自20世纪70年代以来，因新自由主义实践围剿已甚是羸弱的劳工运动，在数字资本强势统治下究竟是走向终结，还是犹存复兴之可能，是一个值得深入探讨且迫切需要回答的时代课题。

第二节 数字劳动研究的基本概览

一 数字劳动研究现状

在资本主义生产方式下，劳动的组织形态随着科技进步和生产力发展而历经变化。在泰勒制盛行的工业资本主义时期，标准化的工场雇佣劳动是资本榨取剩余价值的主要劳动形态。进入后福特制的认知资本主义阶段，攫取社会化的知识劳动成果成为资本积累的主要手段。在数字时代，因社会大众数字化生存而应运而生的各种数字劳动，正成为资本主义资本竞相捕获的新宠。

大体上看，数字劳动的理论基础追溯到自治主义的马克思主义的"非物质劳动"（immaterial labor）和"免费劳动"（free labor），同时也受到传播政治经济学的"受众劳动"（audience labor）和"产消者"（prosumer）[1]等观点的影响。在此基础上，以克里斯蒂安·福克斯（Christian Fuchs）

---

[1] Ritzer, G. and Jurgenson, N., "Production, Consumption, Prosumption: The Nature of Capitalism in the Age of the Digital 'Prosumer'", *Journal of Consumer Culture*, Vol. 10, No. 1, 2010, pp. 13-36.

为代表的西方马克思主义者坚持其所理解的马克思主义劳动观,对数字劳动进行了富有成果的拓展性研究,开辟了数字马克思主义研究新领域。总的来看,如表0.1所示,国内外学界数字劳动研究已历经三个波次,并主要集中在七个方面。

表0.1　　　　　　　　　数字劳动研究的发展历程

类型	关注焦点	劳动主体
第一波次	社交媒体平台活跃用户的免费劳动	产消者
第二波次	社交媒体平台活跃用户的免费劳动,以及基于互联网平台配置的劳动,包括云劳动和网约零工	产消者、自由职业者、众包微工和网约零工
第三波次	发生于数字经济(ICT产业和平台经济部门,以及相关供应链)中的所有劳动	产消者、众包劳动者和网约零工、数字科技工人、数字服务人员、数字硬件装配工、金属开采矿工,以及数字器件垃圾回收工等

资料来源:Dorschel, R., "Reconsidering Digital Labor: Bring Tech Workers into the Debate", *New Technology, Work and Employment*, Vol. 37, No. 1, 2022, pp. 1 – 20.

1. 数字劳动的范畴界定

进入数字资本主义阶段,数字劳动作为一种新劳动形态而日渐勃兴。国内外学术界对数字劳动的内涵及其特征、数字劳动的具化形态等方面进行了探讨,取得了不少研究成果。一般认为,尼克·戴尔-乌兹福特(Nick Dyer-Witheford)在研究电子游戏行业中的年轻男性游戏开发者、游戏玩家,以及全球化语境下身处亚洲、拉丁美洲等地电子装配工厂中的劳动者时,首次提及非定义形式的"数字劳动"(digital labor)概念。[①] 2000年,特兹安娜·特拉诺娃(Tiziana Terranova)发表《免费劳

[①] Dyer-Witheford, N., "The Work in Digital Play: Video Gaming's Transnational and Gendered Division of Labor", *Journal of International Communication*, Vol. 6, No. 1, 1999, pp. 69 – 93.

动：为数字经济生产文化》一文，指出互联网活跃用户在线活动，实际上是服务于资本积累的无偿劳动，数字网络空间浸透着资本逻辑，成为后福特制社会工厂不可或缺的组成。[①] 2009 年，美国首次召开了一场主题为"互联网作为游乐场和工厂"的"数字劳动"会议。2010 年，欧洲独立开放式期刊《朝夕：组织中的理论与政治》刊登了一期名为《数字劳动：工人、创造者与公民》的特刊。所选的文章均来自加拿大西安大略大学举办的"数字劳动：工人、创造者与公民"会议。学者们主要基于自治主义的马克思主义或马克思政治经济学的视角，首次对数字劳动的相关议题进行了规模性讨论。2014 年，西方著名开源期刊《传播、资本主义与批判》出版了题为《全世界的哲学家团结起来！数字劳动与虚拟工作——定义、范围与形式》的特刊，围绕着剥削、异化、不稳定性、权力、不平等、意识形态和劳动抗争等方面对数字劳动进行了系统深入的研究。克里斯蒂安·福克斯的《数字劳动与卡尔·马克思》的问世，则在全球引发了对数字劳动、数字劳工的热烈讨论。

针对数字劳动的内涵，国内外学界虽然人言人殊，但总体呈现日趋泛化的理论走向，不断扩展至因劳动与数字技术相勾连而产生的各种劳动新形态。朱里安·库克里奇（Julian Kücklich）通过分析游戏模组经济，首先提出了流传甚广的"玩工"（playbor）概念，认为这种将玩（play）与劳动（labor）结合起来的"玩工"，既非雇佣劳动，又非完全的娱乐休闲。[②] 特雷伯尔·肖尔茨（Trebor Scholz）等认为，数字劳动是在既是游乐场又是工厂的互联网上的劳动，是个体消耗在社交网络上的创造性工作。[③] 约森·伯斯通（Jonathan Burston）等指出，数字劳动是一个模糊了工作和生活、劳动和玩界限的范畴，因此也是一种模糊了"工

[①] Terranova, T., "Free Labor: Producing Culture for the Digital Economy", *Social Text*, Vol. 18, No. 2, 2000, pp. 33 - 58.

[②] Kücklich, J., "Precarious Playbor: Modders and the Digital Games Industry", *The Fiberculture Journal*, Vol. 5, No. 1, 2005, pp. 434 - 453.

[③] Scholz, T., et al., *Digital Labor: The Internet as Playground and Factory*, New York: Routledge, 2013.

人、作者和公民"不同社会角色的劳动。① 克里斯蒂安·福克斯强调,作为一种特定的文化劳动形式,数字劳动参与数字媒体的生产和生产性消费,包括数字媒介的硬件生产者、内容生产者和软件生产者,以及产消者。② 但同时,他对数字劳动的理论阐释却主要围绕社交媒体活跃用户的免费劳动而展开。进一步地,他强调,在资本主义生产方式下,数字劳动就是异化了的数字工作。③ 凯莉·嘉瑞特(Kylie Jarrett)则不赞成将数字商品生产链上的所有劳动都定义为"数字劳动"。她认为数字劳动大体上分为三类:一是社交媒体平台的用户免费劳动;二是依托互联网平台的劳动,既包括外卖骑手、众包微工等,也包括自媒体经济中的博客、主播等。三是数字媒介行业的雇佣劳动,一端是专事设计、营销或编程的高级劳动,另一端是边缘化的低技能劳动,如内容审核员、亚马逊配送中心员工、数字中心员工以及游戏测试员等。④

蓝江认为,不能根据互联网产业或ICT产业来定义什么是数字劳动,最为关键的是,要看哪种是在数字技术产生之后才出现的劳动形态。⑤ 随着经济数字化程度不断加深,社会生产劳动的劳动主体、劳动资料和对象都正在经历深刻的数字化重构。正因如此,胡莹指出,数字劳动就是指使用数字化的劳动资料或数字化的劳动对象——数字化的生产资料——的劳动。⑥

2. 数字劳动的实践特征研究

实践中,数字劳动具体形态多种多样,五花八门。国内外学界认为,为互联网平台生产利润却得不到报酬的在线用户活动,是数字劳动的典型形态;众包经济中的微劳动(microwork)、自由职业者,⑦ 流媒体平台

---

① Burston, J., et al., "Digital labor: Workers, Authors and Citizens", *Ephemera*, Vol. 10, No. 3/4, 2010, pp. 214-221.
② Fuchs, C., *Digital Labor and Karl Marx*, London: Routledge, 2014, p. 4.
③ Fuchs, C., *Digital Labor and Karl Marx*, London: Routledge, 2014, p. 281.
④ Jarrett, K., *Digital Labor*, Cambridge: Polity Press, 2022.
⑤ 蓝江:《数字劳动、数字生产方式与流众无产阶级——对当代西方数字资本主义的政治经济学蠡探》,《理论与改革》2022年第2期。
⑥ 胡莹:《数字资本主义与劳动价值论的新课题》,《经济纵横》2021年第11期。
⑦ Irani, L., "The Cultural Work of Microwork", *New Media & Society*, Vol. 17, No. 5, 2015, pp. 720-739.

中的 UP 主、达人、博主等"线上工人"，零工经济中的数字零工，以及电子游戏中模组爱好者为代表的玩工等，① 也是数字劳动的重要形式。在上述形态各异的数字劳动中，运用数字化生产资料进行的劳动，如快递员、外卖员、代驾、网约零工，以及带货的网红等，是最接近政治经济学的概念指向。

相比于传统的雇佣劳动，数字劳动呈现出灵活的时空安排与严苛的多重控制、情感的货币化与制式化的情感、低门槛与去劳动技能化、泛雇佣关系与去劳动关系化等显著特征。② 并且，在平台经济发展中，数字劳动者大体分化成两类群体：一类是被互联网企业正式雇佣的数字技术极客，他们是数字经济"编码精英"（coding elite）阶层的重要群体；另外一类是由自由职业者、众包微工和网约零工等构成的"赛博无产阶级"（cybertariat），他们直接或间接地为平台算法系统开发和优化制造数据，都面临着自身工作岗位迟早被"自动化"替代的就业挑战。③

总体上看，数字劳动的兴起，正在推动数字时代新一轮国际劳动分工。从本质上来看，数字劳动产业是一种"劳动密集型产业"，它依托网络平台，在不同领域成功实现供需匹配，并有效扩展劳动的服务类型和地理边界，成为数字资本生产策略和赚取网民数字劳动剩余价值的重要途径。④ 数字劳动作为新就业形态，一方面为人们提供了工作机会与经济收入，但另一方面使平台劳动者陷入工作时间长、压力大、收入低、工作环境不安全等现实困境之中。⑤ 基于卡尔·波兰尼（Karl Polanyi）的"嵌入"视角，阿莱克斯·伍德（Alex J. Wood）等考察了在线数字劳

---

① Kücklich, J., "Precarious Playbour: Modders and the Digital Games Industry", *Fibreculture*, Vol. 5, No. 11, 2005, pp. 434–453.
② 文军、刘雨婷：《新就业形态的不确定性：平台资本空间中的数字劳动及其反思》，《浙江工商大学学报》2021 年第 6 期。
③ Burrell, J. and Fourcade, M., "The Society of Algorithms", *The Annual Review of Sociology*, Vol. 47, 2021, pp. 213–237.
④ 吴鼎铭、胡骞：《数字劳动的产业价值及其生产模式》，《青年记者》2022 年 6 月下。
⑤ Wood, A. J., et al., "Good Gig, Bad Big: Autonomy and Algorithmic Control in the Global Gig Economy", *Work, Employment and Society*, Vol. 33, No. 1, 2019, pp. 56–75.

动或远程零工经济发生的"双重运动"[①]。一方面，劳动的"商品化"催生了"规范性脱嵌"，使劳动者得不到传统雇佣制下的社会保护，落入外部劳动市场的竞争性摆布之中；另一方面，劳动者通过"网络嵌入"(network embeddness)，以相互熟络的人际网络来弥补远程零工经济天然的信任缺失。

3. 数字劳动的劳动过程研究

数字劳动过程最为显著的特征，就是算法管理（algorithmic management）大行其道。表面上看，数字劳动者在"何时工作""接受哪些任务"方面拥有工作自主权，但这种"劳动自由"却被数字平台的算法控制消解。算法管理的具体措施主要有：激励定价、声誉评级以及数字平台刻意制造工作信息不对称。[②] 实践中，算法管理发挥着三个主要作用：一是通过全景式数字监视来对劳动者进行规训和控制；二是通过顾客评分等进行绩效管理和劳动激励；三是实行劳动者退出管理（即冻结账户或封号）。[③] 正因如此，阿莱桑多·甘蒂尼（Alessandro Gandini）指出，在算法技术加持下，数字平台实际扮演"影子雇主"的角色。[④]

众所周知，在工业资本主义时期，"制造同意"（manufacturing consent）是资本宰制劳动的重要机制。丁末认为，数字资本主义建构了一种比制造同意更深层、更复杂、更能调动劳动者个体和集体能动性的机制，即"制造能动"（manufacturing agency）。[⑤] 相比于传统雇佣劳动，数字劳动的工作原子化和管理算法化，使得劳动者难以形成与工作相关的身份认同和组织归属感，进而面临工作意义不足或缺位的挑战。琳德

[①] Wood, A. J., et al., "Networked but Commodified: The (Dis) Embeddedness of Digital Labor in the Gig Economy", *Sociology*, Vol. 53, No. 5, 2019, pp. 931–950.

[②] Griesbach, K., et al., "Algorithmic Control in Platform Food Delivery Work", *Socius: Sociological Research for a Dynamic World*, Vol. 5, No. 4, 2019, pp. 1–15.

[③] Kaine, S. and Josserand, E., "The Organization and Experience of Work in the Gig Economy", *Journal of Industrial Relations*, Vol. 61, No. 4, 2019, pp. 479–501.

[④] Gandini, A., "Labor Process Theory and the Gig Economy", *Human Relations*, Vol. 72, No. 6, 2019, pp. 1039–1056.

[⑤] 丁末：《遭遇"平台"：另类数字劳动与新权力装置》，《新闻与传播研究》2021年第10期。

瑟·卡麦蓉（Lindsey Cameron）以网约车司机为例，研究发现网约零工在劳动过程中，从事两种类型的工作意义构建：一是关系导向型，即劳动者主动与只有一面之缘的顾客搞好关系，相谈甚欢并产生共情，进而，在浏览顾客点赞与好评的平台记录中获得自我价值确证与在线工作激励；二是效率导向型，即劳动者追求送单效率，并刻意与乘客保持距离，但由于劳动表现得不到及时反馈，劳动者只能自我揣测，与平台算法系统博弈。[1]

郑广怀等指出，外卖骑手们通过下载 App 进行工作。表面上，这个 App 只是一个辅佐他们工作的工具，但实际上，骑手们下载的是一套精密的劳动控制模式。在这套模式下，劳动者原有的主体性被全面塑造乃至取代，他们看似用更自由的方式在工作，但同时却遭受着更深切的控制，而这种劳动模式的特点则为：强吸引、弱契约、高监管以及低反抗。[2] 吴清军、李贞以国内某网约车平台为研究对象，发现平台通过工作自主机制、计薪与激励机制以及星级评分机制，来控制网约车司机的劳动过程并使其产生工作认同。[3] 梁萌针对互联网家政行业的研究发现，金融资本和互联网技术共同建构了"强控制—弱契约"的用工模式，通过管理控制的多元化主体来加强对劳动者的管理控制，劳动者则通过"用脚投票"等方式进行反抗。[4] 但相比于传统雇佣劳动，网约车司机、网络主播等数字劳动者均须自备生产工具，由此背负的经营成本是影响数字劳动过程的不可忽略因素。赵磊、邓晓凌以网约车司机为例，指出因购置"合规车"而背负的经营成本，不仅使网约车司机不断"自我剥削"，而且使其不能轻易地"用脚投票"[5]。

---

[1] Cameron, L. D., "'Making Out' While Driving: Relational and Efficiency Games in the Gig Economy", *Organization Science*, Vol. 33, No. 1, 2022, pp. 231–252.

[2] 郑广怀等：《"平台工人"与"下载劳动"：武汉市快递员和送餐员的群体特征与劳动过程》（预印本），源自中国集刊网。

[3] 吴清军、李贞：《分享经济下的劳动控制与工作自主性——关于网约车司机工作的混合研究》，《社会学研究》2018年第4期。

[4] 梁萌：《强控制与弱契约：互联网技术影响下的家政业用工模式研究》，《妇女研究论丛》2017年第5期。

[5] 赵磊、邓晓凌：《被"车"捆绑的自由——T市W网约车平台劳动控制研究》，《中国青年研究》2021年第4期。

4. 数字劳动的价值生产、实现与分配研究

进入数字时代，围绕数字劳动是否参与价值创造这一命题，国内外学者却给出了迥异的理论阐释。沿袭自治主义的马克思主义研究进路，亚当·阿维德森（Adam Arvidsson）和埃莉诺·科洛尼（Eleanor Colleoni）认为，要理解当下互联网企业的资本积累模式，就必须舍弃马克思劳动价值论范式，构建一种基于情感（affect-based）的价值创造理论。在他们看来，在福特制主导的工业时代，资本积累主要依赖于对雇佣劳动剩余价值的压榨。但进入数字时代，资本积累日益依赖于金融市场，由企业品牌、声誉和资本市场估值决定而获取的金融租金，正成为互联网企业利润的主要来源。以数字平台（搜索引擎、社交媒体、视频网站等）在线用户活动为代表的数字劳动，实际上是对平台企业的一种情感性投资（affective investment），形成的用户黏性和网络流量有助于提升企业品牌知名度和市场估值空间，进而间接有助于数字资本在金融市场获取更多的金融租金。①

作为回应和批驳，以克里斯蒂安·福克斯为代表的西方马克思主义者强调，数字时代马克思劳动价值论仍然具有生命力。克里斯蒂安·福克斯指出，进入数字资本主义阶段，数字网络空间俨然成为资本主义剩余价值生产的新场域。数字劳动生产的数据商品和受众商品被互联网资本无偿攫取，并售卖给广告商用以牟利。② 布鲁斯·罗宾逊（Bruce Robinson）③、约翰·迈克尔·罗伯茨（John Michael Roberts）④ 则都认为，要探究 Web 2.0 时代资本积累的秘密，既没有必要像亚当·阿维德森和埃莉诺·科洛尼那样，抛弃马克思劳动价值论而另起炉灶；也不必跟进克里斯蒂安·福克斯的研究进路，笼统地认为数字劳动是一种生产性劳动。

---

① Arvidsson, A. and Colleoni, E., "Value in Informational Capitalism and on the Internet", *The Information Society*, Vol. 28, No. 3, 2012, pp. 135 – 150.
② Fuchs, C., *Digital Labor and Karl Marx*, London: Routledge, 2014, p. 96.
③ Robinson, B., "With a Different Marx: Value and the Contradictions of Web 2.0 Capitalism", *The Information Society*, Vol. 31, No. 1, 2015, pp. 44 – 51.
④ Roberts, J. M., "Co-creative Prosumer Labor, Financial Knowledge Capitalism, and Marxist Value Theory", *The Informational Society*, Vol. 32, No. 1, 2016, pp. 28 – 39.

针对数字劳动的价值贡献，一种更少争议的理论阐释是，互联网企业的盈利主要源自出售网络广告空间而获取的租金收入。从资本主义社会生产的总过程来看，数字劳动并不参与创造剩余价值，只是因网络广告的精准推送而助推了待售商品剩余价值的实现。

国内学者大部分认同克里斯蒂安·福克斯的观点并作了进一步拓展分析。蓝江将数字劳动视作创造"一般数据"的劳动，这种一般数据一旦被资本占有，就会成为数字资本，数字劳动仍然是一种生产劳动。[①]但胡莹、钟远鸣指出，数字平台中数字劳动的表现形式种类繁多，仅仅将平台数字劳动视作生产数据的劳动未免会导致分析视角窄化。实际上，对于提供数字信息技术的数字劳动而言，由资本雇佣，数字信息通信技术成为了商品，因而这类数字劳动属于马克思视角下的生产劳动。对于生产数据和信息的数字劳动而言，这类劳动唯有被资本雇佣，并把数据和信息打包成数字商品进行售卖才属于马克思视角下的生产劳动。对于提供服务的数字劳动而言，由资本雇佣，生产可视化的数字服务商品属于马克思视角下的生产劳动，另一种直接提供服务的数字劳动则不属于马克思视角下的生产劳动。[②]朱方明、贾卓强也认为，从价值创造角度看，传统企业数字劳动和平台技术劳动属于生产性劳动，在生产领域中创造了价值和剩余价值；平台零工劳动不是生产性劳动，不生产价值和剩余价值，但在流通领域中加快了价值和剩余价值的实现。[③]

5. 数字劳动的异化与剥削研究

相比于传统雇佣劳动，表面上，形态各异的数字劳动都呈现出一定的就业自由和工作自主，以至于有学者将数字劳动者描述成为"数字游民"（digital nomads），即他们一边在数字平台上远程工作，获得基本生

---

① 蓝江：《数字劳动、数字生产方式与流众无产阶级——当代西方数字资本主义的政治经济学蠡探》，《理论与改革》2022 年第 2 期。

② 胡莹、钟远鸣：《平台数字劳动是生产劳动吗——基于〈政治经济学批判（1861—1863 年手稿）〉的分析》，《经济学家》2022 年第 8 期。

③ 朱方明、贾卓强：《平台经济的数字劳动内涵和价值运动分析》，《内蒙古社会科学》2022 年第 3 期。

存收入；一边周游世界、享受生活。① 但总体上看，当下的数字劳动世界则几乎完全被归为批判对象，因为它代表着新技术背景下新的、更为隐蔽和智慧的剥削形式。克里斯蒂安·福克斯指出，数字劳动生产的使用价值具有独特的两重性，即一方面，用户在共同构建的数字空间创造了用户与流量关注之间的社会联系；另一方面，用户活动产生的海量数据和人气积聚的虚拟空间，通过进一步商品化而为资本积累所觊觎。进而，信息资本主义社会中对数字劳动的剥削涉及三个因素：意识形态意义上的胁迫、对用户商品及其价值的无偿占有以及异化。②

在数字资本主义生产方式下，数字劳动的异化也具有客观和主观的双重维度。从数字劳动异化的主观维度看，伊万·费希尔（Eran Fisher）认为，数字劳动的异化客观上因用户主体性、交互性彰显而弱化。新自由主义话术将数字平台建构成充满娱乐快感与生活乐趣的休闲天堂，以及促进广泛连接与交流，推动自由、平权及自我实现的数字乌托邦。进而，通过用户赋能来实现对劳动者主体性的召唤和加速"去异化"（de-alienation），最终使其自愿、自发地拥抱资本主义剥削逻辑的宰制。③ 现实中，粉丝经济方兴未艾。粉丝活动虽然是自愿无偿付出，但的确能够给其带来各种非货币回报，因而仅停留于劳动剥削的政治经济学语境，难以窥其全貌。针对"字幕组"现象，菲利特斯·巴若切（Felicitas Baruch）指出，用户免费劳动能够给互联网活跃用户带来友谊、社会认可和自我提升。进而，这种"再主体化"在一定程度上遮蔽了数字劳动所遭遇的资本剥削。④

但对于有酬数字劳动而言，随着数字平台商业化和垄断化不断加深，平台单边决定服务费率和抽成比例、劳动过程信息不透明，以及劳资之

---

① Thompson, B., *Digital Nomads: Living on the Margins*, Bingley: Emerald Publishing Limited, 2021.
② Fuchs, C., *Digital Labor and Karl Marx*, London: Routledge, 2014, pp. 95 – 96.
③ Fisher, E., "How Less Alienation Creates More Exploitation? Audience Labor on Social Network Sites", *tripleC: Communication, Capitalism & Critique*, Vol. 10, No. 2, 2012, pp. 171 – 183.
④ Baruch, F., "Transnational Fandom: Creating Alternative Values and New Identities through Digital Labor", *Television & New Media*, Vol. 22, No. 6, 2020, pp. 687 – 702.

间沟通的智能化，导致劳动者普遍产生工作不满、无力感和孤立感。[1]针对跨境客平台上来自非洲地区的自由职业者，莫哈默德·阿弥尔·安瓦（Mohammad Amir Anwar）和马克·格拉姆（Mark Graham）历经四年的在线民族志研究发现，表面上看，远程零工劳动赋予了就业灵活与工作自主，但实际劳动过程中的社会孤立、高工作强度、收入缺乏保障，以及不透明的账号管理，导致劳动者身陷"不稳定与脆弱性"的工作窘境之中。[2]夏莹、牛子牛也强调，数字劳动者的主体性空前凸显，但却已然是"资本化"的、服务于资本关系的再生产的主体性。[3]丁末则指出，在数字平台新的权力装置下，劳动者落入了无处遁身、自我耗竭的境地，这是数字异化劳动的一种新范式。更重要的是，随着人工智能技术日趋成熟，劳动者正面临着用自己生产的数据将自己淘汰的结局，这无疑是一种比工业时代更彻底的异化。[4]

6. 数字劳动的能动性研究

自资本主义生产方式确立以来，劳动者联合起来进行集体行动，是争取和维护劳动权益的有效途径。进入数字时代，在数字劳动管理中，数字资本通过实施"分割"（fragmentation）策略，来蓄意消解数字劳动的集体反抗。这主要体现在以下五个方面：一是法律意义上的"分割"，即将数字劳动者定位成"自雇者"或"独立合同工"，以消解劳动者集体谈判的法律基础；二是技术意义上的"分割"，即通过算法管理，将劳动任务模块化、标准化和编码化，以不断推动数字劳动方式原子化；三是组织意义上的"分割"，即通过个体量化和绩效排名，促进劳动者之间的相互竞争；四是空间意义上的"分割"，即平台利用数字技术打破空间束缚，招揽来

---

[1] Mrvos, D., "Illusioned and Alienated: Can Gig Workers Organize Collectively", *tripleC: Communication, Capitalism & Critique*, Vol. 19, No. 1, 2021, pp. 262–276.

[2] Anwar, M. A. and Graham, M., "Between a Rock and a Hard Place: Freedom, Flexibility, Precarity and Vulnerability in the Gig Economy in Africa", *Competition & Change*, Vol. 25, No. 2, 2021, pp. 237–258.

[3] 夏莹、牛子牛：《主体性过剩：当代新资本形态的结构性特征》，《探索与争鸣》2021年第9期。

[4] 丁末：《遭遇"平台"：另类数字劳动与新权力装置》，《新闻与传播研究》2021年第10期。

自不同地域的劳动者，使劳动者共同在场的集体行动困难重重；五是社会意义上的"分割"，即数字劳动者成分构成复杂，种族、社会和教育背景等因素差异制约了数字劳动群体身份的培塑与形成。①

从根本上讲，数字劳动过程中日益加剧的权力不平等，是导致数字资本主义生产方式下劳资冲突和劳动反抗的现实根源。进一步地，数字劳动颠覆了传统劳动关系的空间格局，促使劳资双方重新定义各自的空间实践和政治策略。有越来越多的研究表明，数字劳动的集体反抗虽然受限颇多，但并非遥不可及。在与平台系统的博弈中，数字劳动者展现出的劳动能动，实际上是一种"来自底层的技术政治"（technopolitics from below），折射出劳动者也会对数字化生产施加影响。② 由此，数字劳动的能动性研究重点从早期针对数字劳动者能否有效组织起来的争论，逐渐转向对现实中数字劳动反抗方式和具体抗争过程的理解。

就云劳动而言，阿莱克斯·伍德（Alex J. Wood）和威利·莱顿维塔（Vili Lehdonvirta）针对远程零工经济的研究发现，在劳动型平台多边关系中，自由职业者逐渐形成一种"从属性能动"（subordinated agency），即一方面在与用工方打交道的过程中，自由职业者在为谁工作、如何工作，以及是否继续工作等方面拥有充分自主性；另一方面劳动者日渐对平台产生依附，并且在平台抽成、任务分派与劳动利益表达等方面与平台产生"结构性冲突"③。

面对数字平台的算法控制，凯瑟林·科劳格（Katherine C. Kellogg）等指出，数字劳动者遵行一种"算法行动主义"（algoactivism），通过个体抵抗、集体行动、舆论声讨和法律维权，来力图改善自身的工作处境

---

① Della Porta, D., et al., *Mobilizing Against the Odds: Solidarity in Action in the Platform Economy*, Berlin J Soziol, 2022.

② Schaupp, S., "TechnoPolitics from Below: A Framework for the Analysis of Digital Politics of Production", *Nanoethics*, Vol. 15, No. 1, 2021, pp. 71–86.

③ Wood, A. J. and Lehdonvirta, V., "Antagonism Beyond Employment: How the 'Subordinated Agency' of Labor Platforms Generate Conflict in the Remote Gig Economy", *Socio-Economic Review*, Vol. 19, No. 4, 2021, pp. 1369–1396.

和劳动权益。① 数字劳动者展现的劳动能动性，在选择是否接单的过程中施展得最为充分。因为，在这一时间段，劳动者可以有意避开难缠的客户，或者影响客户的用工预期。② 譬如，亚马逊土耳其机器人平台上的"托客"们，利用社区论坛和群聊来互通信息，甄别行为不端的客户、分享好活信息，以及交流与难缠的客户打交道的有用策略。③

艾利安·勒廷·布切（Eliane Léontine Bucher）等针对自由职业者的分析表明，面对数字平台算法管理，劳动者为谋得和维持一个不错的网络口碑，会主动作为，与平台算法系统"和平相处"（pacifying the algorithm）。这包括：不轻易触犯平台规则，以免被封号；在平台接活时对用工方谨慎有加，以免发生劳务纠纷损害自身声誉；主动降低劳务报价或提供额外免费劳动，以博得用工方好评；进行自我情绪管理，以免引发用工方负面评价。④ 莫哈默德·阿弥尔·安瓦（Mohammad Amir Anwar）和马克·格拉姆（Mark Graham）针对非洲自由职业者的研究发现，劳动者个体通常不会与平台公开对抗，但大多拥有与平台系统博弈的"私下脚本"（hidden transcripts），以适应算法、逃避算法和操纵算法的方式，来尽可能地实现和维护自身劳动权益。⑤

就网约零工而言，萨瓦·莫瑟里（Sarah Mosseri）针对纽约网约车司机的研究显示，面对来自数字平台、乘客等多方的数字监控与绩效评价，劳动者不得不时刻进行"声誉审计"（reputation auditing）活动，通过自行记录劳动过程、提供额外行为信息等方式，来随时自证清白，质疑平

---

① Kellogg, K. C., et al., "Algorithms at Work: The New Contested Terrain of Control", *Academy of Management Annals*, Vol. 14, No. 1, 2020, pp. 366-410.

② Chan, N. K., "Algorithmic Precarity and Metric Power: Managing the Affective Measures and Customers in the Gig Economy", *Big Data & Society*, Vol. 9, No. 1, 2022, pp. 1-13.

③ Lehdonvirta, V., "Algorithms that Divide and Unite: Delocalization, Identity and Collective Action in 'Microwork'", in J. Flecker (ed.), *Space, Place and Global Digital Work*, London: Plagrave Macmillan, 2016, pp. 53-80.

④ Bucher, E. L., et al., "Pacifying the Algorithm—Anticipating Compliance in the Face of Algorithmic Management in the Gig Economy", *Organization*, Vol. 48, No. 1, 2021, pp. 44-67.

⑤ Anwar, M. A. and Graham, M., "Hidden Transcript of the Gig Economy: Labor Agency and the New Art of Resistance among African Gig Workers", *Environment and Planning A*, Vol. 52, No. 7, 2020, pp. 1269-1291.

台算法不公。① 余子珍（Yu Zizheng）等针对中国外卖骑手的研究发现，面对平台推行的游戏化劳动过程管理，外卖骑手会通过多平台接单、不走平台算法推荐的送单路线、"刷单"和拒接特定区域的订单等方式，来与平台系统博弈以最大化个人收入。② 但是，不言而喻，数字劳动者有意迎合平台算法系统，反而进一步巩固了数字平台的算法权力。

科勒姆·坎特（Callum Cant）发现，英国外卖平台——户户送（Deliveroo）的骑手搭建线上社区（通过私密聊天群和非正式小圈子）来发起集体行动，以对抗数字资本的权力宰制。③ 海勒·赫兰德（Heiner Heiland）指出，外卖平台旨在有效管理劳动过程的空间修复，如划定等待接单的特定区域等，被骑手们"为我所用"成为"自由空间"，彼此集结在一起，相互交流送单经验。④ 凯蒂·威尔仕（Katie J. Wells）等针对美国华盛顿特区网约车司机的研究发现，数字劳动者利用等待派单的聚合地点和社交媒体平台，来增进彼此团结，形成自我组织，发起罢工活动。⑤ 纳蒂亚·科嘉诺（Nadia K. Kougiannou）和皮德·曼德卡（Pedro Mendonca）研究表明，在数字劳动形成的多边关系中，劳动者自发构建的"员工发声"机制超越传统组织架构，面向数字平台、政府部门、平台第三方和社会大众等，以多渠道表达自身利益关切，谋求多方支持。⑥

总体上看，西蒙·乔斯（Simon Joyce）等研究指出，相比于 20 世纪的劳工运动，当下数字劳动者的反抗更像是 19 世纪的工联主义，并呈现

---

① Mosseri, S., "Being Watched and Being Seen: Negotiating Visibility in the NYC Ride-hail Circuit", *New Media & Society*, Vol. 24, No. 3, 2022, pp. 600 – 620.

② Yu, Z., et al., "The Emergence of Algorithmic Solidarity: Unveiling Mutual Aid Practices and Resistance among Chinese Delivery Workers", *Media International Australia*, Vol. 183, No. 1, 2022, pp. 107 – 123.

③ Cant, C., *Riding for Deliveroo: Resistance in the New Economy*, Cambridge: Polity Press, 2020.

④ Heiland, H., "Controlling Space, Controlling labor? Contested Space in Food Delivery Gig Work", *New Technology, Work and Employment*, Vol. 36, No. 1, 2021, pp. 1 – 16.

⑤ Wells, K. J., et al., "'Just-in-Place' Labor: Driver Organizing in the Uber Workplace", *Environment and Planning A*, Vol. 53, No. 2, 2021, pp. 315 – 331.

⑥ Kougiannou, N. K. and Mendonca, P., "Breaking the Managerial Silencing of Worker Voice in Platform Capitalism: The Risk of A Food Courier Network", *British Journal of Management*, Vol. 32, No. 3, 2021, pp. 744 – 759.

三个显著特征：一是劳动者集体行动更加依赖于劳动结社权力，而不是其结构性权力；二是相比于集体协商，劳动者更加青睐采取法律行动来争取劳动权益；三是劳动集体反抗活动通常基于某一区域而不是基于工作场所来具体展开。① 从数字劳动抗争方式来看，在南半球国家，劳动抗争主要采取罢工/下线和示威的形式；而在欧美国家，除了罢工和示威，数字劳动者采取法律维权行动也更为常见。②

7. 数字劳动的治理研究

进入数字时代，数字劳动开辟了人自由全面发展的新空间和新路径，但也带来数字奴役、数字鸿沟等问题。数字劳动作为新的劳动形态能否增进劳动者利益，与公共政策选择密切相关。霍格·波茨（Holger Pötzsch）和科拉姆·斯卡门伯格（Kerem Schamberger）指出，在数字资本主义生产方式下，数字劳动带来了四个方面的显著变化，重塑了工作条件和劳资之间的权力关系，进而对劳动者权益产生深刻冲击。一是工作与闲暇之间的界限日益模糊；二是平台企业将用工风险转嫁给劳动者；三是无处不在的工作监视不断侵蚀劳动者私有空间；四是不透明的算法系统大行其道。③ 进而，马克·格拉姆（Mark Graham）等强调，数字劳动的发展引致如下四个突出问题：一是劳资之间权力不平等加剧，劳动集体议价力式微；二是数字劳动并没有消除就业歧视和工作排斥问题；三是数字劳动的"再中介化"现象，不同程度地造成数字声誉记录良好的劳动者通过任务分包来实现对新手的"剥削"；四是劳动过程的去场景化和离身化，使劳动者无法通过了解工作任务全貌来提升自身工作技能，实现职业成长。④

---

① Joyce, S., et al., "Theorising Labor Unrest and Trade Unionism in the Platform Economy", *New Technology, Work and Employment*, Vol. 38, No. 1, 2023, pp. 21–40.

② Bessa, L., et al., *A Global Analysis of Worker Protest in Digital Labor Platforms*, ILO Working Paper 70, 2022.

③ Pötzsch, H. and Schamberger, K., "Labor Struggles in Digital Capitalism: Challenges and Opportunities for Worker Organization, Mobilization, and Activism in Germany", *tripleC: Communication, Capitalism & Critique*, Vol. 20, No. 1, 2022, pp. 82–100.

④ Graham, M., et al., "Digital Labor and Development: Impacts of Global Digital Labor and the Gig Economy on Worker Livelihoods", *Transfer: European Review of Labor and Research*, Vol. 23, No. 2, 2017, pp. 135–162.

鉴于此，阿爵安·托德利－萨茵（Adrián Todolí-Signes）认为，传统劳动规制如最低工资标准等难以适用于数字劳动场景，因而相关劳动保护立法需要针对数字劳动特点而"量身定制"①。安德鲁·斯蒂沃特（Andrew Stewart）和杰姆·斯坦福特（Jim Standford）指出，零工经济劳动关系模糊对劳动保护产生冲击，迫切需要进行劳动规制创新，如明晰或拓展"雇佣"定义、创造"独立工人"新类别、赋予"工人"（非员工）劳动权利，以及重新审视"雇主"概念等。②面对平台经济下灵活就业超出了现行劳动法的调整范围，王天玉认为，在加快构建劳动基准制度，确立平台与从业者之间在劳动报酬、工作时间以及职业安全卫生等劳动条件方面的权利义务结果，形成合理且可持续的利益分配模式。③

为了促进更公平、透明和公正的平台用工环境，公平工作委员会（The Fairwork Foundation）于2017年在全球范围内发起了公平工作项目，探索将公平原则注入平台经济中，确立了公平薪酬、公平环境、公平合同、公平管理和公平代表五大基本原则；并且以发布年度公平工作评估报告方式，系统性地考察和评估了五大洲、26个国家或地区的大型用工平台的工作流程和工作环境。④

从马克思劳动解放的语境出发，西方马克思主义者号召全世界数字劳动者联合起来，维护自身权益，抵制数字资本的剥削。克里斯蒂安·福克斯指出，建立"数字共产主义"（digital communsim），是根除当下数字化生存异化，实现数字劳动解放的根本之途。⑤特雷伯尔·肖尔茨（Trebor Scholz）则力主推行一种自下而上的"平台合作主义"，以促成

---

① Todolí-Signes, A., "The 'Gig Economy': Employee, Self-employed or the Need for a Special Employment Regulation", *Transfer*, Vol. 23, No. 3, 2017, pp. 193 – 205.
② Stewart, A. and Standford, J., "Regulating Work in the Gig Economy: What are the Options", *The Economic and Labor Relations Review*, Vol. 28, No. 3, 2017, pp. 420 – 437.
③ 王天玉：《平台用工劳动基准的建构路径》，《政治与法律》2022年第8期。
④ Graham, M., et al., "The Fairwork Foundation: Strategies for Improving Platform Work in a Global Context", *Geoforum*, Vol. 112, No. 1, 2020, pp. 100 – 103.
⑤ Fuchs, C., *Rereading Marx in the Age of Digital Capitalism*, London: Pluto Press, 2019, p. 53.

去中心、民主的共有制和公平的价值分配。①

二 数字劳动研究评介

总体上看,面对数字劳动兴起的新现象新挑战,国外传播政治经济学的理论探讨颇有建树,针对数字劳动的经验研究在人类学、社会学、传播学等学科渐成气候。在政治经济学语境下,已有文献从最初的仅采用马克思的个别范畴、概念或理论对数字劳动个案进行分析,到创建系统化的马克思主义数字劳动批判理论,国内外学界对数字劳动进行了有益的理论建构和研究阐释,为深入研究奠定了坚实的基础、开辟了广阔的研究空间。但总体上看,这些研究尚有不足之处,亟待理论澄清和研究整合。

1. 在基本范畴界定上

目前来看,学者们对数字劳动的定义还说法不一,亟待更具统摄性的概念界定。客观上讲,随着信息网络技术的应用和劳动型数字平台的兴起,劳动性质、劳动形式、劳动方式和劳动任务正被重新定义,必将带来劳动就业和工作图谱的丰富多元,最终导致数字劳动内涵不断扩展与日益丰富。对此,迈克尔·哈特(Michael Hardt)和安东尼奥·奈格里(Antonio Negri)也早已注意到:"在后工业时代,在资本主义体系的全球化时代,在工厂—社会的时代,以及在计算机化的生产取得胜利的阶段,劳动彻底处于生活的重心,而社会作业彻底扩散至社会的各个场所。这就将我们引向一个悖论:就在理论无法看到劳动之时,劳动无处不在,并且在所有地方成为唯一共同的实体。"② 但毋庸置疑,数字劳动概念的泛化,"让我们缺少了理论进入数字政治经济学分析的基点"③。针对数字劳动内涵和外延不断被拓展的研究倾向,阿莱桑多·甘蒂尼

---

① Scholz, T., *Platform Cooperativism: Challenging the Corporate Sharing Economy*, New York: Rosa Luxemburg Stiftung, 2016.
② Hardt, M. and Negri, A., *Labor of Dionysus: A Critique of the State-Form*, Mineapolis: University of Minnesota Press, 1994, p. 10.
③ 蓝江:《数字劳动、数字生产方式与流众无产阶级——对当代西方数字资本主义的政治经济学蠡探》,《理论与改革》2022年第2期。

（Alessandro Gandini）甚至认为，将有酬劳动纳入"数字劳动"语境下，实际上使这一概念已经成为一个"空洞的能指"（empty signifier），"所有与数字化相关的劳动，尤其是平台劳动，几乎都被冠以'剥削'的名号，而缺乏对劳动实践更多元化讨论"①。但也有学者指出，将依托数字平台就业的低收入群体和高收入科技人员都纳入数字劳动的统一分析框架中，有助于进一步考察数字资本主义生产方式下不同劳动者群体之间的相互关系。②

2. 在研究对象上

国内外学界的多数研究聚焦于"赛博无产者"或"数字次阶级"（digital underclass），即 Web 2.0 时代社交媒体用户的免费劳动、众包微工和网约零工，而对众包经济中自由职业者等其他形式数字劳动还着墨不多。特别是针对正式受雇于互联网公司的高级数字劳动群体（也称"新科技工人"）的实证研究，还是一个理论盲点。③ 并且，学者们已经关注了数字劳工群体在工作动机、对平台经济从属等方面存在明显差异，但对数字劳动者构成的这种高度异质性所带来的具体影响还未能深入探究。④

3. 在研究内容上

国内外学界关于数字劳动辩证法的研究较为深入，但针对数字劳动价值贡献的机理分析还比较粗糙。进而，针对数字劳动剥削机制的描述呈现相当程度的雷同化和简单化倾向；同时由于未能清晰界分"工作"（work）和"劳动"（labor）这两个重要概念，造成已有的数字劳动研究中存在一种将"剥削机制分析"泛化和随意化的现象。⑤ 更需指出的是，

---

① Gandini, A., "Digital Labor: An Empty Signifier", *Media, Culture & Society*, Vol. 43, No. 2, 2021, pp. 369 – 380.

② Dorschel, R., "Reconsidering Digital Labor: Bring Tech Workers into the Debate", *New Technology, Work and Employment*, Vol. 37, No. 1, 2022, pp. 1 – 20.

③ Dorschel, R., "Reconsidering Digital Labor: Bring Tech Workers into the Debate", *New Technology, Work and Employment*, Vol. 37, No. 1, 2022, pp. 1 – 20.

④ Schor, J. B., et al., "Dependence and Precarity in the Platform Economy", *Theory and Society*, Vol. 49, No. 2, 2020, pp. 833 – 861.

⑤ 丁依然：《从"剥削"中突围：数字劳工研究的现状、问题和再陌生化》，《新闻界》2021年第5期。

国内外学界，无论是以克里斯蒂安·福克斯为代表的激进马克思主义，还是盖伊·斯坦丁（Guy Standing）等对"不稳定无产者"的讨论，都是基于单一的剥削框架对数字劳动展开批判性研究，对于数字劳动主体性和能动性议题的讨论则乏善可陈。对于中国而言，针对数字劳动的本土研究更需要跳出国内外学界既有的以剥削为主的理论建构，结合国内社会经济、政治制度和文化传统进行情境化的理论与实证分析。

第三节　基本思路和主要内容

本书基于对国内外学界数字劳动理论及其前沿发展的追踪、消化及批判分析，坚持运用马克思主义政治经济学基本原理，围绕数字时代劳动与资本的阶级关系这一主题，重点对数字劳动的内涵、特征和形态、数字劳动的劳动过程、数字劳动的价值创造、数字劳动的异化与剥削、数字劳动反抗，以及数字劳动治理等方面进行系统研究和理论阐释，深入分析数字时代劳动形态的新变化和资本积累的新方式，进一步批判性地揭示数字资本主义的生产秘密和剥削本质。同时，又注重紧密联系我国数字经济发展实际，重点围绕构建和谐数字劳动关系提出"中国方案"，为发展21世纪马克思主义政治经济学作出中国的原创性贡献。

一　基本思路

1. 逻辑结构

进入数字时代，数字技术作为原动力，正在深刻改变劳动方式、劳动内容、劳动性质和劳动场景，形态各异的数字劳动成为当代资本主义霸权劳动新形态。本书立足跟踪、重在借鉴、实在创新，积极挖掘国内外学界数字劳动理论的有益成分，在系统厘清数字劳动的内涵、形态和特征的基础上，高度关注数字劳动实践带来的新问题新挑战，重点对资本主义生产方式下数字劳动过程、数字劳动价值创造、数字劳动异化与剥削、数字劳动的生产政治，以及数字劳动治理等方面进行系统分析与理论阐释,深化对数字时代劳动形态新变化和资本积累新方式的规律性认识,旨在为不断开辟21世纪马克思主义政治经济学新境界提供新的视角,增添新的内容;同时为推动我国数字经济健康发展,增强新就业形态劳动者权益保障提供有效的对策建议。

2. 研究特色

在研究立场上,继承发展马克思主义劳动观,坚持人民至上的价值旨趣,重视对数字时代资本规训劳动实践逻辑的政治经济学批判,探寻促进数字劳动保护和数字经济分配公平的可行途径,推动数字时代劳动解放与人的全面发展。在研究对象上,基于追踪、重在借鉴、实在创新,立足于对数字资本主义生产力与生产关系的辩证把握,坚持问题导向,积极汲取国内外学界,特别是当代西方马克思主义数字劳动理论的有益成分,重点深化对数字时代劳动新形态及其变化趋势的规律性认识。在研究方法上,坚持文献研究、理论阐释和实证分析相结合,密切追踪与合理借鉴国内外学界数字劳动研究的最新成果,紧紧围绕数字劳动与数字资本积累的关系这一主题,既透视数字资本主义,又观照中国实践,注重运用马克思主义政治经济学基本原理,系统阐释数字劳动的实践辩证法。在研究内容上,重点对数字劳动的内涵形态、主要特征和实践挑战、数字劳动的劳动过程、数字劳动的价值创造、数字劳动的隐化与剥削、数字劳动的生产政治,以及数字劳动治理等方面进行系统研究和理论阐释,深入分析数字时代劳动形态的新变化和资本积累的新方式,进一步批判性揭示当代资本主义的生产秘密和剥削本质。在研究应用上,通过深化对数字劳动形态、特征、实践和发展趋势的规律性认识,把握并利用好数字劳动带来的机遇,着力破解数字资本灵活用工带来的实践挑战,以更好地推动我国平台经济健康发展,促进多渠道就业创业,完善数字资本监管,构建和谐数字劳动关系,增强新就业形态劳动者权益保障。

二 主要内容

除导论和结语外,本书共分为八章。各章主要内容如下:

1. 数字劳动生成逻辑的政治经济学研究

在资本主义生产方式下，劳动具体形态随着技术进步和组织变革而历经嬗变。第一章的分析表明，进入数字时代，在平台革命的推动下，当代资本主义正加速迈进数字资本主义新阶段。数据资源的资本占有和数据产品的商品化，成为当代资本主义价值运动的新景观。但是，从数字资本积累看，智能算法等数字机器的普遍应用并没有"直接把社会必要劳动缩减到最低限度"，相反，作为劳动与数字技术相勾连而产生的新劳动形态——数字劳动，俨然成为当代资本主义价值创造的新源泉。深刻剖析数字资本主义价值运动的特点和规律，科学揭示数字资本主义的生产秘密和剥削本质，有利于向世人昭示：进入数字时代，数字劳动愈发成为当代资本主义劳动的重要形态。

2. 数字劳动的内涵形态、主要特征与实践挑战研究

进入数字时代，与新业态、新商业模式相伴而生的数字劳动新形态、新样式层出不穷。目前，国内外学界对数字劳动概念的定义还人言人殊。第二章指出，数字劳动就是在数字化生产方式下，以信息网络技术为基础，以数字平台为载体，以基于数据驱动的算法管理为手段，实现劳动服务高效精准匹配和劳动过程智能化管理的一种劳动新形态。数字劳动包括用户免费劳动和在线就业/兼职的有酬数字劳动。相比于传统雇佣劳动，数字劳动呈现出劳动市场关系双边化、劳动契约安排"去互惠化"、劳动过程管理算法化和劳动激励数字声誉化等典型特征。数字劳动的兴起和发展，开辟了劳动力资源市场化配置的新空间，客观上增加了用工弹性，开辟了新的就业渠道，但同时资本主义用工实践"优步化"，也为劳动关系管理带来平台垄断、算法专制、数字声誉激励扭曲和劳动者工作收入稳定等突出问题和实践挑战。

3. 数字劳动的中国情境研究

中国是数字经济大国。数字劳动的蓬勃发展，创造了大量灵活就业机会，彰显出数字经济中新就业形态的活力、韧性和潜力。第三章聚焦于中国情境下数字劳动的丰富实践，运用比较制度分析方法，着力廓清中国情境下数字劳动的职业图景，努力把握其制度性特征，洞察其实践

挑战。突出强调：考察数字劳动在中国的发展，必须将数字技术的应用与中国的经济体制、社会制度和文化环境相结合，充分揭示数字劳动实践的"中国特色"。

4. 数字劳动的劳动过程研究

西方马克思主义劳动过程理论（LPT）强调，围绕控制、同意与反抗的劳资博弈，始终与资本主义劳动过程如影相随。第四章认为，进入数字资本主义阶段，数字化、网络化和智能化生产正在推动资本主义劳动过程发生深刻变化。数据驱动的算法控制，成为资本主义劳动控制的新形态；劳动者身陷"老板游戏"的"自我剥削"，演绎资本主义"同意制造"的新机制；而来自数字劳动的时空修复，则开辟了数字时代劳动主体性重塑和劳动抗争的新路径。深化对数字资本主义劳动过程的规律性认识，科学揭示当代资本主义劳资关系变化的新特点新趋势，对于推动我国数字经济健康发展，维护新就业形态劳动者合法权益，也不无实践启迪与经验镜鉴。

5. 数字劳动的价值创造研究

数字劳动是否创造价值，即使西方马克思主义阵营内部，也存在截然相反的观点。实践表明，在数字资本的操弄下，当代资本主义剩余价值生产、实现和分配的确呈现诸多价值和反价值（anti-value）如影随形的"事实悖论"。第五章强调，进入数字时代，生产和占有数字剩余价值，成为当代资本主义资本运动新的不竭动力。这表现在，数字劳动的普遍物化，不断开辟数字剩余价值生产的价值源泉；双边市场的动态形构，持续拓展数字剩余价值实现的交换场域；数字资本的全面宰制，日益加剧数字剩余价值分配的数字鸿沟。由此，准确把握数字剩余价值生产、实现和分配的特点规律，不仅有利于科学揭示数字时代资本主义价值创造的逻辑与理路；而且对于深刻认识社会主义市场经济中数字资本特性及行为规律，充分保护新就业形态劳动者合法权益，推动我国数字经济健康发展，也不无镜鉴。

6. 数字劳动的异化与剥削研究

平台经济实践表明，数字资本竭力推行劳动隐化（hidden labor）策略，来实现对劳动更加彻底、更为恣意的剥削和压榨，推动当代资本主义劳动异化与剥削的新发展。第六章认为，进入数字时代，数据价值化成为资本竞相角逐的新场域。生产组织方式平台化，已经使得资本牢牢掌控财富生产的数字化基础设施；数据商品生产过程劳动隐化，不断遮蔽当代资本主义价值创造的劳动贡献。进一步地，资本独享的平台权力催生数据价值分配不公，数字劳动者身陷"数据贫困"，加剧了当代资本主义本已恶化的财富与收入不平等。短期来看，以劳动赋权推动数据分润的"劳动回归"，促进资产阶级权利界限内的数据分配公平；从长远计，构建基于数字公地的数据生产方式，以数据"反价值"来形塑数字经济生产正义，最终实现数据普惠和数字劳动解放。

7. 数字劳动的生产政治研究

进入数字时代，算法技术的加速应用将资本主义技术理性推向极致，资本实现对劳动的自动控制和总体吸纳。第七章分析表明，从表面上看，数字资本竭力推行劳动灵活化、标准化和原子化，数字劳动赖以反抗资本的权力资源被蚕食殆尽。但吊诡的是，数字劳动能动性并没有在数字资本算法霸权中走向湮灭。相反，面对数字奴役日益加深的平台体制，数字劳动者走出"工作自主"的实践幻象，释放劳动能动，增进劳动团结，积极构筑起个体反抗、群体互助和集体行动相互促进的数字生产政治景观。毋庸置疑，"数字劳动何以能"的鲜活实践和理论确证，正在推动当代资本主义波兰尼意义上"双重运动"的制度复归；同时也充分展示数字时代数字技术赋能劳动解放的实践潜能。

8. 数字劳动的治理研究

面对数字劳动实践出现的新情况新问题新挑战，探索构建促进中国数字经济健康发展的数字劳动治理机制，刻不容缓。第八章强调，要充分发挥我国社会主义市场经济的体制优势；同时密切追踪和合理借鉴域外数字劳动规制的有益做法，努力构建起劳动参与、政府监管、平台自治、群团介入和非政府机构参与的数字劳动多边治理体系，以健全数字劳动法律法规，完善数字劳动关系协商协调机制，完善数字劳动者权益保障制度，加强灵活就业和新就业形态劳动者权益保障，不断提高我国数字经济治理体系和治理能力现代化水平。

第一章 数字劳动的生成逻辑研究

进入21世纪,"信息网络以一种前所未有的方式与规模渗透到资本主义经济文化的方方面面"[①]。数字化生存已经成为人类生产生活的常态。人工智能、5G、互联网、大数据、区块链等现代数字技术,与现代生产制造、商务金融、文娱消费、教育健康和流通出行等深度融合,催生数字经济的新业态新模式,人类正加速迈进数字时代。随着数字经济飞速发展,数据成为最核心的生产要素。[②] 在平台革命的推动下,当代资本主义价值运动呈现出引人瞩目的崭新变化,正加速由金融资本主义迈向数字资本主义新阶段。[③]

在这一发展阶段,数字资本(平台资本是其典型代表)成为继产业资本和金融资本之后发展起来并主导产业资本和金融资本发展的第三种资本样态。[④] 进一步地,数据资源的资本占有和数据产品的商品化,成为资本主义价值运动的新景观。为了攫取和占有海量数据,数字资本竭力利用现代数字技术,精心构筑网络化平台生态圈,开启了对个体生命

[①] [美]丹·席勒:《数字资本主义》,杨立平译,江西人民出版社2001年版,第5页。

[②] Srnicek, N., "The Challenges of Platform Capitalism: Understanding the Logic of a New Business Model", *Juncture*, Vol. 20, No. 4, 2017, pp. 254 – 257.

[③] [奥]维克托·迈尔-舍恩伯格、[德]托马斯·拉姆什:《数据资本时代》,李晓霞、周涛译,中信出版社2018年版,第13页。

[④] 蓝江:《数字资本、一般数据与数字异化——数字资本的政治经济学批判导引》,《华中科技大学学报》(社会科学版)2018年第4期。

活动乃至人类生产生活的泛在监视和全面量化，因而又被称为"监视资本主义"[①]、平台资本主义[②]。重要的是，智能算法等数字机器的普遍应用，并没有"直接把社会必要劳动缩减到最低限度"，相反数字劳动俨然成为当代资本主义价值创造的新源泉。从根本上讲，洞悉数字资本主义价值运动的内在逻辑，解码数字劳动的生成逻辑与实践场域，已经成为当下推动 21 世纪马克思主义政治经济学创新发展的重要议题。

第一节 数据要素与数据商品产消

马克思在《资本论》第 1 卷开篇就指出："资本主义生产方式占统治地位的社会的财富，表现为'庞大的商品堆积'。"[③] 如表 1.1 所示，进入数字时代，数据成为人类生产生活中首要的生产要素，智能生产力成为第一生产力。而在资本主义生产方式下，数据的资本剥夺性占有，不断推动数据资源的价值化和数据产品的商品化。并且，随着数据要素市场和数据产品市场的发展和完善，数据商品便成为数字资本主义价值运动的新"元素形式"。

表 1.1　　　　　　　　　四种生产力的组织方式

类别	劳动工具	劳动对象	劳动产品	经济形态
农业生产力	身体、脑、手工工具	自然	基本产品	生物经济
工业生产力	身体、脑、机械机器	工业产品	工业产品	物理化学经济
信息生产力	身体、脑、计算机	经验与思想	信息产品	信息经济
智能生产力	身体、脑、数字机器	数据	数据产品	数字经济

资料来源：笔者自制。

---

① Zuboff, S., *The Age of Surveillance Capitalism：The Fight for a Human Future at the New Frontier of Power*, New York：Public Affairs, 2019.
② Srnicek, N., *Platform Capitalism*, Cambridge：Polity Press, 2017, p. 36.
③ 《资本论》第 1 卷，人民出版社 2018 年版，第 47 页。

一　数据作为关键生产要素

自人类社会有生产活动以来，伴随着对物质生产过程的量化管理实践，数据收集和数据利用就逐渐成为促进生产力发展和提高资源利用效率的重要手段。资本主义生产方式确立以后，服从于资本自我增殖需要，生产组织形态的理性建构和劳动过程的科学管理进一步推动了数据的收集、处理、分析和应用。进入垄断资本主义阶段，基于消费者数据收集与分析的营销活动，极大地促进了商品价值实现和产业资本周转。发展到金融资本主义时期，金融资本近乎疯狂的市场套利更是把数据收集和数据利用推向一个新高度。但总体上看，受制于数据收集成本和数据处理分析能力，资本主义社会生产中数据利用长期停留于"小数据"阶段，数据的价值贡献主要体现在提升了产业资本相对剩余价值生产效率和增强了金融资本分割剩余价值的攫取能力。

进入数字时代，大数据、云计算、人工智能和物联网等迅猛发展，大规模数据收集、存储和共享成本持续大幅度降低，数据挖掘技术发展和数据分析能力提升日新月异。在数据标注、机器深度学习和算法匹配的合力作用下，海量数据转化为行之有效的"交易决策"成为现实。[1] 从数据产品生产过程看，数据成为最基本的劳动对象，数字机器（digital machine）[2] 则是最具时代性的劳动资料。进而，作为第一生产要素，数据的生产性作用集中体现在以下两个方面：

首先，从劳动对象看，数据是数据产品生产的"原料"。在数据产品使用价值生产中，只有对源源不断的人类生产生活信息进行"二次加工"，才能形成各种功能各异的数据产品或服务，用以减少风险、降低成本和提高生产流通效率。更重要的是，相比于土地、石油等存在于原

---

[1] ［奥］维克托·迈尔－舍恩伯格、［德］托马斯·拉姆什：《数据资本时代》，李晓霞、周涛译，中信出版社2018年版，第63页。

[2] Fuchs, C., "Karl Marx in the Age of Big Data Capitalism", In Chandler, D. and Fuchs, C. (eds), *Digital Objects, Digital Subjects: Interdisciplinary Perspectives on Capitalism, Labor and Politics in the Age of Big Data*, London: University of Westminster Press, 2019, pp. 53–71.

子经济中的各种原料,活跃于比特经济中的数据资源不再稀缺,具有典型的消费非竞争性。更有甚者,伴随人工智能发展和数据产品结构升级,如图1.1所示,数据的生产性利用还呈现出要素收益递增的显著特征。①

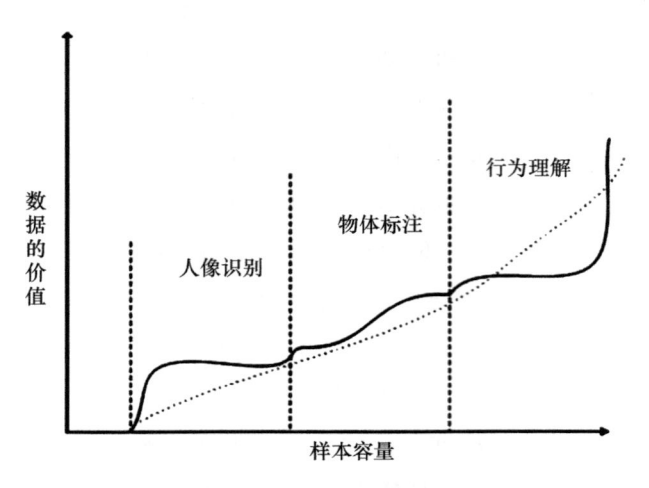

图1.1 数据的要素收益递增

资料来源:笔者根据相关资料自制。

其次,从劳动资料看,马克思指出:"各种经济时代的区别,不在于生产什么,而在于怎样生产,用什么劳动资料生产。"② 进入数字资本主义阶段,机器学习和算法推荐等"数字机器"的出场,是显示"这一社会生产时代的具有决定意义的特征"。"从网络搜索结果、社交网络上的好友信息、网络购物的产品推荐到流行音乐的推送和热播影视剧剧情的发展,无一不是算法运行的结果。"③ 相比于工业时代的机械性机器,数字机器脱胎于海量数据的人工训练,数字机器的生产、运转和算力提升,须臾离不开不间断的数据"喂养"才能得以实现。因而,数据又是数字

---

① Posner, E. A. and Weyl, E. G., *Radical Markets: Uprooting Capitalism and Democracy for a Just Society*, Princeton: Princeton University Press, 2018.
② 《马克思恩格斯选集》第2卷,人民出版社2012年版,第172页。
③ 段伟文:《数据智能的算法权力及其边界校勘》,《探索与争鸣》2018年第10期。

机器的"燃料"①。正如维克托·迈尔-舍恩伯格和托马斯·拉姆什所言:"新技术的产生似乎带来某种动力加强版的指挥与控制系统,关于员工、流程、产品、服务和客户的数据就是其动力燃料。"②

二 数据要素的剥夺性占有

从数据的"物的有用性"看,数据的消费非竞争性和要素收益递增等生产要素属性,天然地要求数据只有作为公有生产资料,才能最大效率地被挖掘分析利用,实现其使用价值的充分释放。③ 但进入数字资本主义阶段,人类数字化生存催生的海量数据,早已为资本所垂涎和窥觊,并千方百计地通过花样翻新的"数字圈地",实现对数据的剥夺性占有。④ 具体而言:

首先,进入 Web 2.0 后,互联网资本以提供免费信息服务为"诱饵",在短时期内吸引和集聚用户,凭借用户服务协议操控和网络日志追踪技术,对注册用户个人信息,以及用户在线浏览、点赞、评论等留下的所谓"数据足迹""数据碎屑"悄然进行无征求收集整理,攫取和垄断了呈指数级增长的用户个人数据。对此,大卫·萨普特形象地指出:"如果你经常使用脸书(现更名为"元宇宙")、照片墙(Instagram)、色拉布(Snapchat)、推特或其他社交媒体网站,那么你的信息就会被它们哄抢。你允许它们将你的人格置于拥有数百个维度的空间中,你的情绪被它们编号分类,你未来的行为被它们建模和预测。"⑤

其次,进入数字时代,平台经济兴起成为一种重要的经济和组织现

---

① Dantas, M., "The Financial Logic of Internet Platform: The Turnover Time of Money at the Limit of Zero", tripleC: Communication, Capitalism & Critique, Vol. 7, No. 1, 2019, pp. 132–158.

② [奥]维克托·迈尔-舍恩伯格、[德]托马斯·拉姆什:《数据资本时代》,李晓霞、周涛译,中信出版社 2018 年版,第 88 页。

③ 黄再胜:《人工智能与资本主义运动的价值危机》,《中国社会科学报》2019 年 4 月 25 日第 4 版。

④ Andrejevic, M., "Surveillance in the Digital Enclosure", The Communication Review, Vol. 10, No. 4, 2007, pp. 295–317.

⑤ [瑞典]大卫·萨普特:《被算法操控的生活:重新定义精准广告、大数据和 AI》,易文波译,湖南科学技术出版社 2020 年版,第 34 页。

象。在当下数据资源的剥夺性占有中,资本主要凭借类型各异的数字平台来实现数据采集和数据攫取。并且,在"赢者通吃"的垄断竞争下,资本主导的平台企业竞相通过操作系统授用、应用程序编程接口和标准开发工具包等,精心构筑"带围墙的花园"(walled garden),用以形成平台独享的"数据池"。

从平台经济实践看,谷歌、脸书(现更名为"元宇宙")等广告型平台专注于用户个人信息收集和数据占有;国际商用机器的 WebSphere、西门子的 Mindsphere、通用电气的 Predix 等工业型平台(industrial platform),致力于工业大数据的价值挖掘;罗尔斯·罗伊斯公司等产品型平台(product platform),通过全生命周期产品数据分析,实现"产品即服务"的经营模式创新;优步、民宿等精益型平台(lean platform),大规模收集市场主体交易信息,提供传统市场中介难以匹敌的连接和匹配服务;而亚马逊的 AWS、谷歌的 BigQuery 等云平台(cloud platform),提供数据存储和数据分析等云服务,实现了来自第三方的数据共享。①

最后,随着智能音箱、智能穿戴设备普及,特别是5G 和物联网的快速发展,人类生产生活的可感知性空前发展,由此引发了史无前例的数据井喷。与此同时,数据的资本剥夺性占有从早先仅仅对"就在那里"的数据进行"地理大发现",迅速过渡到数据资本的"主动作为",即资本利用日新月异的数字监视技术,精心编织"上帝之眼"无处不在的全息传感网,竭尽所能制造更多的"行为剩余"②,以满足高质量数据产品生产的原料之需。

于是,从虚拟网络空间的用户活动到现实物理空间的人机交互,从人们日常生产生活行为到个体的全部生命活动,形成了前所未有的"生命政治公共域"③,蕴藏其中并呈现爆发式增长的海量数据,不经意间被

---

① Srnicek, N., *Platform Capitalism*, Cambridge: Polity Press, 2017.
② Zuboff, S., *The Age of Surveillance Capitalism: The Fight for a Human Future at the New Frontier of Power*, New York: Public Affairs, 2019.
③ Cohen, J. E., "The Biopolitical Public Domain: The Legal Construction of the Surveillance Economy", *Philosophy & Technology*, Vol. 31, No. 2, 2017, pp. 213–233.

资本统统收归囊中。进一步地，资本对基于数据驱动的各种算法"秘而不宣"，因而也牢牢把显示巨大生产力的"数字机器"掌控在自己手中。由此，数字经济生产资料的私有化，为资本推动数据资源的价值化及数据产品的商品化，以加速自我增殖奠定了坚实的产权基础。

三 数据产品的商品化

在人类劳动对象化的经济社会形式演变中，只有生产者为"别人生产使用价值，即生产社会的使用价值"时，产品才成为"当作价值来对待"的商品。在资本主义生产方式下，社会生产普遍地为交换价值所控制，商品便成为人类劳动产品最一般的社会形式。并且，如卡尔·波兰尼所指出的，自工业革命以来，资本主义价值运动就是通过不断开辟商品化新领域而得以维系的。[1]

进入数字时代，即使在资本逻辑主导下，数据以及经"二次加工"后形成的数据产品，并不必然地被价值化而表现为商品形式。在平台经济成长的初创期，谷歌、元宇宙等平台企业通过提供免费信息服务，来吸引和集聚用户，以培育和放大用户网络效应。正如里克斯·安德森所言："在数字化市场上，免费总是消费者能够得到的一种选择。"[2] 在这一发展阶段，数字平台收集的用户数据并没有被普遍"商品化"，而是主要用于形成"正回路效应"，即日益增长的海量数据用以不断优化平台服务，提升用户体验，进而去吸引更多用户。换言之，数字资本对数据的开发利用，虽然是满足生产"社会的使用价值"的需要，但在免费服务的经营模式下，数字产品或服务并没有被"当作价值来对待"。

随着用户规模增长，基于数字平台核心服务的双边市场不断扩张并日趋成型，平台服务快速增长与资本盈利能力屡弱之间开始形成鲜明反差，日趋成为平台企业可持续发展的主要瓶颈。在资本市场的投资回报

---

[1] Polanyi, K., *The Great Transformation*: *The Political and Economic Origins of Our Time*, Boston: Beacon Press, 2001.
[2] [美] 里克斯·安德森:《免费：商业的未来》，蒋旭峰、冯斌、璩静译，中信出版社2015年版，第83页。

压力下，数字资本在充满不确定性的盈利模式创新中，逐步发现日益增长和累积的海量数据除了满足平台服务持续优化的原料之需，源源不断形成的"行为数据剩余"，就是一座座"富矿"，蕴藏着极具商业价值的经济洞见。于是，数字资本借力大数据、云计算和人工智能等数字技术，不断开发和升级"数字机器"，对其独享的"行为数据剩余"进行深度加工，以形成功能各异、五花八门的数据产品或服务。

这其中，谷歌在线广告——Adsense 获得市场成功，开启数据产品商品化之先河，极大地激发了数字资本"数据淘金"热情。自此以后，基于数据采集、处理和分析的数字产品生产和交易，成为当代资本主义价值运动的新图景。正如尼克·斯尔尼赛克（Nick Srnicek）所言："面对制造业盈利能力的长期衰退，资本主义开始把数据的开发利用视作应对制造业停滞挑战，维持经济增长和恢复经济活力的新路径。"[1] 近年来，当代发达资本主义数据产品的生产和流通迅猛发展，人类行为的预测成为交易对象，形成的"行为期货市场"（behavioral future market）[2] 已渐成气候。同时，数据产品生产规模和交易范围不断扩大，又直接推动了数据要素市场的快速发展。据估计，全球数据交易行业每年产生近2000亿美元的营业收入。[3]

四 数据商品的具化形态

不言而喻，作为财富的物质内容，使用价值以"物的有用性"来满足人的某种需要。进入数字资本主义阶段，数据商品的生产和流通，直接发轫于大数据价值的发掘和应用，并主要作为一种新的生产资料来间接满足人的需要。[4] 实践中，数据商品展现出的使用价值至少有：数据

---

[1] Srnicek, N., *Platform Capitalism*, Cambridge: Polity Press, 2017, p. 6.
[2] Zuboff, S., *The Age of Surveillance Capitalism: The Fight for a Human Future at the New Frontier of Power*, New York: Public Affairs, 2019.
[3] Sadowski, J., "When Data is Capital: Datafication, Accumulation, and Extraction", *Big Data & Society*, Vol. 6, No. 1, 2019, pp. 1–12.
[4] 黄再胜：《数据的资本化与当代资本主义价值运动新特点》，《马克思主义研究》2020年第6期。

"喂养"的算法系统构成资本竞争新优势；增强劳动过程协调和促进劳动外包；推动生产流程优化和增加生产柔性；催生数据驱动的高附加值服务；数据商品消费能够生产更多数据；等等。从数字经济实践与发展趋势看，数据商品主要呈现出如下四种典型形态：

一是数字化解决方案。即通过对记录人类生产生活海量数据的整理、挖掘和分析，以知往"见"来，形成规律性认识，不断满足人类应对未来生产生活的确定性偏好。"不同于工业资本主义时代，数字资本主义获取利润的关键，并不是大量生产千篇一律的产品，而是为不同顾客提供个性化定制服务。"[①] 具体而言，在消费互联网领域，平台企业基于对海量活跃用户"行为数据剩余"的加工提炼，发现用户偏好，形成算法推荐，用以加速商品流通和资本循环。实践中，无论是谷歌、元宇宙、推特等广告型平台的精准广告推送，还是优步、户户送、跑腿兔（Task-Rabbit）等精益型平台的智能派单，抑或是声破天（Spotify）、网飞（Netflix）等内容型平台的个性化推荐，本质上都是靠提供精准匹配服务而获得市场成功的。在产业互联网领域，通用电气的 Predix、西门子公司的 MindSphere 等工业互联网平台通过对工业知识、业务、流程的数据化、模型化，为传统企业数字化转型和智能化生产提供动态感知、敏捷分析、全局优化、智能决策等数字化解决方案。

二是生成式人工智能内容（AIGC）。进入数字资本主义阶段，数字内容生产是资本主义社会最具时代特征的使用价值生产。从 Web 1.0 时代专业生成内容（PGC）发展到 Web 2.0 时代用户生成内容（UGC），再跃迁到当下的人工智能生成内容（AIGC），数字技术的发展与应用，持续推动数字内容生产模式变革。从内容生产方式看，无论是文本生成、脚本绘制，还是网页翻译、站点制作和代码编写，AIGC 既克服了 PGC "出货慢"的不足，又消解了 UGC "鱼龙混杂"的弊端，成为数字内容自动化生产的"工厂"和"流水线"，以低边际成本、高效率的方式满

[①] ［日］森健、日户浩之：《数字资本主义》，日本野村综研（大连）科技有限公司译，复旦大学出版社 2020 年版，第 172 页。

足海量个性化需求。进而，AIGC 以其快速的反应能力、生动的知识输出、丰富的应用场景，在社会生产和生活的方方面面发挥着重要作用。①

譬如，在工业领域，AIGC 实现产业知识问答，汽车、建模等设计的自动优化，打造 3D 模型，通过智能物流、智能安防、智能工业质检实现智能化管理；在医疗领域，AIGC 实现蛋白质分子的结构预测、辅助医生影像读片和分析病历报告，推出智能医药问答、AI 陪护和交互式心理咨询；在金融领域，AIGC 催生了数字员工，借助 AI 客服、AI 投资顾问、AI 财务实现服务的自动化，并进一步优化投资管理和风险管理。

三是数字助手。随着 ChatGPT、DaLL. E、Stable Diffusion 等一系列易于使用的 AI 大模型加速落地，各个领域推出的"Copilot"，如 Microsoft 365 Copilot、GitHub Copilot、Adobe Firefly 等，从笔记应用程序、音频混合工具，到总结会议、书籍或法律文件的简单方法，让 AI 成为办公、代码、设计等场景的"智能副驾驶"，极大地丰富了人类知识生产的"工具箱"。譬如，对于传媒从业者而言，将部分劳动性采编工作 AIGC 化，自己可以更加专注于新闻特稿、深度报道和专题报道等需要深入思考和创造力的工作内容。② 埃森哲预测，到 2023 年，全球 75% 的知识工作者每天都要与由基础模型支持的应用程序、服务或代理进行互动。③ 又如在零工经济中，外卖骑手、网约车司机等劳动者可以量身定制"数字分身""AI 助手"，来实时提供更加个性化的服务提示、流程规划和安全提醒，同时替代真人与多个客户保持沟通，使疲于抢单、滑屏确认和拨打接听的劳动者从琐碎的"数字忙碌"中得以解脱。

四是 AI 代理。AI 代理（AI Agent）是指基于人工智能大模型、能够使用工具自主完成特定任务的智能体。从现有发展看，通用智能体作为一种复杂的硬软件集成，主要由大语言模型、记忆、任务规划和工具使

---

① 黄再胜：《生成式人工智能与数字资本主义价值运动新论域》，《国外理论动态》2024 年第 1 期。
② 中国信息通信研究院、京东探索研究院：《人工智能生成内容（AIGC）白皮书》，2022 年，第 29 页。
③ 埃森哲：《技术展望 2023——当原子遇见比特：构建数实融合的新基础》，2023 年，第 22 页。

用四个关键组件构成。其中，大语言模型是最为核心的类脑装置，直接决定通用智能体的能力半径；记忆组件作为存储装置，为通用智能体在深度学习、强化学习中发展理解、联想、推理等能力提供支持；任务规划组件保证通用智能体在情境交互中实现以目标为导向；工具使用组件则帮助通用智能体以"类人"方式高效完成任务。可以料想的是，随着通用人工智能的加速迭代和普及应用，能动性和自主性日益增强的 AI 代理充当人类生产的协作者，众多原有软件形态的数字助手类产品升级为通用智能体，人机合作将成为资本主义直接生产过程的日常景象。

五 数据商品的价值实现

在资本主义商品生产中，价值作为一个"自动的主体"，通过周而复始的资本循环来不断实现自行增殖。在工业资本主义时期，资本循环普遍地依次经过货币资本、生产资本和商品资本三个阶段，实现价值的自我保存和不断扩大。并且，在物质商品的生产和流通中，生产和销售在时间和空间上是分离的，销售市场中的流通时间对资本价值运动产生重要影响。

进入数字资本主义阶段，从使用价值看，不同于传统物质商品，也有别于一般信息产品，数据商品总体上归属于生产性服务类产品。同马克思对交通运输服务的生产性劳动分析如出一辙，[①] 数据商品使用价值的生产和消费具有产销同一性，商品流通过程自然消融于商品生产过程。进而，数据商品的价值生产和价值实现不再彼此相对分离；资本循环中商品资本形式不再呈现相对独立形态，而是在产消同一中化于无形。

在数据驱动的平台经济发展中，正是由于数据商品生产和流通过程普遍存在的上述显著特征，客观上容易产生一种价值运动假象，即在平台经济双边市场中，数字平台自身并没有进行任何价值创造，其资本盈利主要来自"坐地收租"。对此，一些西方马克思主义者不能洞悉数据

---

① Dantas, M., "The Financial Logic of Internet Platform: The Turnover Time of Money at the Limit of Zero", *tripleC: Communication, Capitalism & Critique*, Vol. 7, No. 1, 2019, pp. 132-158.

商品价值运动的特殊性,以至于武断地认为,当下平台企业获取的丰厚利润,本质上是一种租金收入,只是参与社会总剩余价值的分割而已。①

鉴于此,准确把握数据商品生产和流通过程新变化新特点,科学揭示数字资本主义价值运动的内在逻辑,就有必要基于数据商品生产劳动过程的研究视角,进一步考察当代资本主义数据产业及其价值链的整体图景,深入探寻其资本增殖所蕴藏的物化劳动新形态新表征。

第二节 数字资本与资本主义生产方式变革

进入数字资本主义阶段,数字技术与资本的联姻,催生极具扩张性的资本新形态——数字资本。本质上,数字资本是一种借助数字技术进行价值增殖的剥削性关系和社会权力结构。② 进一步地,在平台革命推动下,数字资本重塑资本主义的"组织、构成和空间分布",进而使当代资本主义生产方式发生深刻变革。

一 数字资本与数字基础设施垄断

从根本上讲,资本主义价值运动"以劳动者和劳动实现条件的所有权之间的分离为前提"。并且,"资本主义生产一旦站稳脚跟,它就不仅保持这种分离,而且以不断扩大的规模再生产这种分离"③。从实践路径看,资本竭力推动机器革命,以"对象化的知识力量"来实现对社会"一般智力"的剥夺性占有。于是,"由于劳动条件以愈来愈庞大的形式,愈来愈作为社会力量出现在单个工人面前,所以,对工人来说,像过去在小生产中那样,自己占有劳动条件的可能性已经不存在了"④。

---

① Rigi, J., "Value, Rent, and the Political Economy of Social Media", *The Informational Society*, Vol. 31, No. 5, 2015, pp. 392–406.
② 姜英华:《数字资本的时间变构与时间规训及其异化后果》,《中国地质大学学报》(社会科学版) 2022 年第 3 期。
③ 《马克思恩格斯文集》第 5 卷,人民出版社 2009 年版,第 821—822 页。
④ 《马克思恩格斯全集》第 26 (Ⅲ) 卷,人民出版社 1974 年版,第 389 页。

进入数字资本主义阶段，数字基础设施成为关键的基本生产条件，催生和维系数据要素生产，并"深刻地重塑生活中几乎所有领域的生产空间和劳动力地理分布"[①]。正因为如此，以数字科技巨头为代表的数字资本，不惜花费重金，精心布施和战略运用，不断地推进数字基础设施私有化，从而将资本主义生产资料垄断推向一个新高度。目前来看，这些数字基础设施不仅包括数据中心、服务器、光纤电缆，物流仓储中心，而且包括云服务平台和全球支付基础设施等。仅对全球云基础设施服务而言，根据IDC发布的数据，截至2024年第一季度，作为全球最大的云计算公司，也是全球最大的云基础服务提供商——AWS占据31%的市场份额；微软的云基础服务市场份额为11%；谷歌的全球基础云服务市场份额为11%。

以ChatGPT为代表的大模型出现后，为了在AI"iPhone时刻"占得先机，数字寡头们竞相重构平台生态系统，一方面，将生成式人工智能应用到自营的每个产品、服务和业务流程中；另一方面，通过打造生成式人工智能应用超级App，将大模型作为核心基础设施嵌入健康、医疗、教育、物流、信贷、文娱等众多行业。如此一来，数字资本不仅进一步强化对数字经济平台生态圈的支配和控制，而且通过对认知智能工具的寡头独占，将维系资本主义生产方式的"生产资料垄断"推向极致。

二 数字资本与数字工厂形成

自资本主义生产方式确立以来，资本通过时空塑造和时空修复，竭力实现对劳动的规训和吸纳。在工业资本主义时期，产业资本利用技术进步和组织创新，建立工厂体制，不断"合理化"生产空间布局，打造的车间装配流水线成为资本主义剩余价值生产的主要场所。对此，马克思曾形象地指出，那里是"门上挂着'非公莫入'牌子的隐蔽的生产场所"[②]。大体上看，在以福特制为典型形态的工厂体制中，生产集中化、

[①] [德]莫里茨·奥滕立德：《数字工厂》，黄瑶译，中国科学技术出版社2023年版，第14页。

[②] 《马克思恩格斯文集》第5卷，人民出版社2009年版，第204页。

组织等级化和工人同质化,成为资本主义剩余价值生产的"技术—制度—劳动"的基本景观。

进入认知资本主义阶段,非物质劳动成为资本增殖的新源泉。浸润于人类生产生活日常的合作、沟通与情感交往,不断被对象化为社会"一般智力"而被认知资本"剥夺性占有"。表面上,劳动者自主性增强,趋向脱离资本的控制,但正如自治主义的马克思主义所强调的,工作与生活、劳动与休闲之边界的模糊与消解,使得传统工厂围墙之外的"社会工厂"(social factory)日益成为认知资本宰制劳动的时空场域。相比于传统的工厂体制,在"社会工厂"生产模式下,劳动用工弹性化、生产分散化和组织扁平化,则使得资本主义剩余价值生产的隐匿性、欺骗性和剥削性进一步加深了。

进入数字资本主义阶段,数字网络空间成为资本主义价值运动的新场域。随着数字技术的加速迭代和迅速普及,数字化、网络化的资本主义生产时空域不断地被拓展,从丰富多彩的数字生活空间延伸至万物互联的数字孪生空间,从人们8小时之外的生活闲暇扩散至24/7的全部生命政治活动。于是,正如莫里茨·奥滕立德所强调的:"数字资本主义的特征不是工厂的终结,而是它的迸发、倍增、空间重构以及面向数字工厂的技术转变。"① 从数字经济实践看,在数字技术的加持下,数字资本利用数字基础设施对生产空间进行重构,形成的数字工厂摆脱时空限制,采取了更加灵活多样的空间形式。可以说,从亚马逊仓库到网络电子游戏,从零工经济平台到数据中心,从内容审核内容公司到社交网络,它们都是数字技术劳动关系的发生场所,因而都是数字工厂的具体样态。② 从根本上讲,数字工厂的出场与扩散,使得数字资本依托数字基础设施,搭建泛在、无休、虚实相融的数字生产线,从而实现了形形色色、有着不同背景、经历和身处不同地点的劳动者在算法控制下开展标

---

① [德]莫里茨·奥滕立德:《数字工厂》,黄瑶译,中国科学技术出版社2023年版,第27—28页。
② [德]莫里茨·奥滕立德:《数字工厂》,黄瑶译,中国科学技术出版社2023年版,第10、16页。

准化合作。对此，本书第二章、第四章将进一步展开论述。

三　数字资本与数字泰勒主义兴起

马克思政治经济学指出，在资本主义生产方式下，资本不遗余力地推动技术进步，寻求组织革新，以不断提高劳动生产效率，攫取更多的相对剩余价值。在工业资本主义时期，奉行"效率至上"的科学管理理论大行其道，旨在"把生产的管理和计划与工厂车间现场任务的执行分离，然后进一步将这些现场任务分解为更简单的步骤，再对每个细分步骤进行协调，直到大家能够流畅地协同工作"[①]。其结果，泰勒制的建立和推广一方面通过对生产装配线劳动过程的量化管理，极大地提高了车间工人的劳动效率；另一方面通过对资本主义劳动过程的标准化和合理化，又不可避免地导致劳动者的"去技能化"，实际上成为资本压榨劳动的精巧手段。

进入数字资本主义阶段，"'数字泰勒主义'（digital Taylorism）是生产管理向数字世界转变的诸多方面之一"。正如杰里米·里夫金所指出的："如果说泰勒主义和精益生产主导了20世纪，那么'亚马逊人'则将泰勒主义的愿景带入了21世纪。"[②] 并且，"数字技术背书和实行的劳动制度与20世纪初的泰勒主义工厂虽然看似大相径庭，但有时又出奇地相似"[③]。总体上看，尽管数字资本商业模式各异，数字工厂空间形式多样，但在数字技术的加持下，数字泰勒主义的典型特征就是：劳动任务的标准化、劳动用工的灵活化和劳动过程的算法管理。换言之，数字资本利用算法、数据和人工智能，通过动态评级和评分来控制其工作人员，同时还通过数据流和算法管理来对工作人员进行自动监控和管理。[④]

[①] [美]杰里米·里夫金：《韧性时代：重新思考人类的发展与进化》，郑挺颖、阮南捷译，中信出版社2023年版，第15页。

[②] [美]杰里米·里夫金：《韧性时代：重新思考人类的发展与进化》，郑挺颖、阮南捷译，中信出版社2023年版，第113页。

[③] [德]莫里茨·奥滕立德：《数字工厂》，黄瑶译，中国科学技术出版社2023年版，第8页。

[④] Törnberg, P., "How Platforms Govern: Social Regulation in Digital Capitalism", *Big Data & Society*, Vol. 10, No. 1, 2023, pp. 1–13.

譬如，在亚马逊日常管理中，"整个企业从上到下，所有员工的活动，无论多么微不足道，都要被绩效评估，这些数据无一例外地被记录在算法程序中，每一次效率的提高或损失都会被实时记录"①。莫里茨·奥滕立德在《数字工厂》一书中生动描述了亚马逊订单履行中心针对拣货工人和打包工人的管理日常：②

从货架上取出被订购的商品后，拣货员会对其进行扫描、放入手推车。扫描仪会告诉拣货员，他或她下一步将要去往哪里。一旦拣货路线完成，拣货员就要把物品放上另一条传送带，通过分拣机将其发送至下一站。货物随着传送带来到邻近的打包站。在这里，另一组工人取出货物，再次扫描，将它们一一放入亚马逊经典的棕色硬纸板包装中。电脑屏幕上会显示订单和从库存中取出的包裹。一件或多件物品被放入包装盒后，还要加入纸张或气垫作为保护，密封后再被放上另一条传送带。接下来，包裹将到达"即时定位与地图构建站"，由一台机器进行扫描和称重，检查盒中的物品是否正确，并自动贴上运输标签。这也是客户的名字第一次以印刷的形式出现。另一条传送带会将包裹送往装运码头，由那里的工人搬上等待运货的卡车。

负责"打包"的工人也有配额要完成，通过扫描每个订单中的项目来精确测评。与整个订单履行中心一样，数字测评系统由严格的老式监控机制完成。包装流水线尽头的一个小高塔有时会被领导和区域经理用来检查职场纪律。整个订单履行中心不鼓励同事间聊天，即便是一些违反常规的小动作，也会受到仔细审查。一旦违反规定，员工有可能会被路过的领导批评，或者被要求和主管进行更加正式的"反馈谈话"。如果稍有违反条约协议、生产力下降的情

---

① ［美］杰里米·里夫金：《韧性时代：重新思考人类的发展与进化》，郑挺颖、阮南捷译，中信出版社 2023 年版，第 114 页。

② ［德］莫里茨·奥滕立德：《数字工厂》，黄瑶译，中国科学技术出版社 2023 年版，第 59—60 页。

况，员工在反馈谈话的过程中就会收到所谓的官方记录，上面会详细说明他们的错误。

第三节　平台经济与数字劳动出场

马克思劳动价值论认为，活劳动是商品价值创造的唯一源泉。在工业资本主义时期，雇佣劳动是资本吸纳劳动实现自我增殖的主要劳动形式。进入后福特制阶段，资本对"一般智力"的普遍攫取，极大地拓展了资本主义劳动物化的价值空间。迈入数字资本主义阶段，因大众数字化生存应运而生的各种数字劳动，正成为资本竞相捕获的"新宠"。正如莫里茨·奥滕立德所言："隐蔽在算法背后，被认为是自动化的，事实上它们依旧高度依赖人类劳动。"[①] 从数字经济发展的市场逻辑看，如图1.2所示，数字劳动的普遍物化，构成了数字资本主义时期价值创造的新源泉。

一　数字劳动与数据要素生产

从数据产品生产的劳动对象看，数据究竟是一种类似自然资源的"新石油"，还是本身含有劳动耗费的"新原料"？这不仅仅是关乎数据经济价值的实践问题，更是触及资本逻辑下用户活动性质、作用及劳动异化和剥削的理论命题。[②]

在笔者看来，在政治经济学语境下审视数据的劳动对象属性，既不能简单地认同"用户上网即免费劳动"的理论主张，[③] 一味地淡化数字

[①] [德] 莫里茨·奥滕立德：《数字工厂》，黄瑶译，中国科学技术出版社2023年版，第8页。

[②] Cockayne, D. G., "Affect and Value in Critical Examinations of the Production and 'Prosumption' of Big Data", *Big Data & Society*, Vol. 3, No. 2, 2016, pp. 1–11.

[③] Terranova, T., "Free labor: Producing Culture for the Digital Economy", *Social Text*, Vol. 18, No. 2, 2000, pp. 33–58.

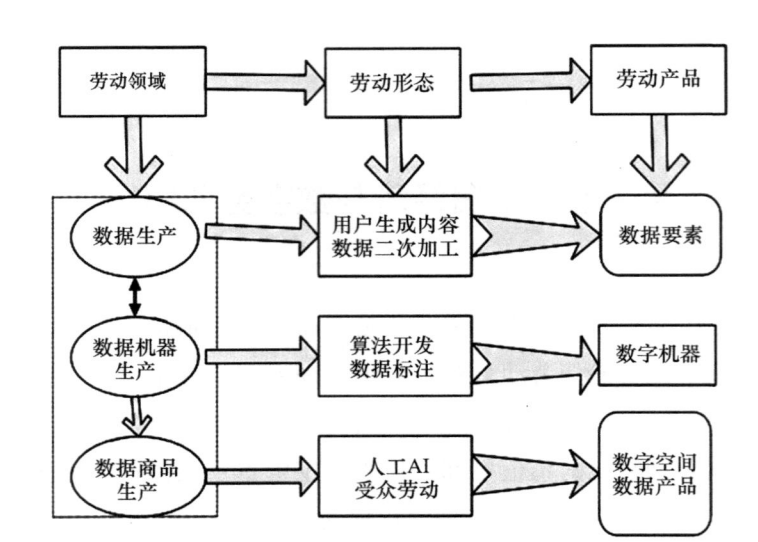

图 1.2 平台经济中的数字劳动图谱

资料来源：笔者自制。

时代生产和消费的区别；也不能笼统地默认"数据＝新石油"的相关论调，无视当下平台经济中用户参与所发挥的不可替代作用。进而言之，科学把握数据的劳动对象属性，需要进一步结合现实中数据来源来加以具体分析。

首先，伴随人类生产生活数字化程度的日益提高，从服务互联网到万物皆连的物联网，"我们正在进入一个普适记录的时代"[1]。无论是在线上的数字阅读、浏览与收听、闲聊、网络游戏，还是线下的衣食住行等活动，在现代信息通信技术应用下自动生成的数字足迹，本质上都是人们日常生活的"副产品"。数字平台利用网络日志技术和数字感知技术进行无征求数据抓取，形成的海量数据并无大众有意识的直接参与。因此，这些交易数据、浏览数据和传感数据的数据生成，不能被视作一种劳动，更谈不上是某种新形态的生产性劳动。

---

[1] 涂子沛：《数文明：大数据如何重塑人类文明、商业形态和个人世界》，中信出版社2018年版，第148页。

在数据商品生产中,针对上述观察数据(observed data)的挖掘分析,类似于传统采掘业对自然资源的开采利用。从数据交易定价看,除数据收集、清洗和处理需要一定的劳动耗费外,数据资源价格主要取决于数据要素市场供求状况。进一步地,在此类数据的资本剥夺性占有中,需要关注和讨论的并非用户"免费劳动"和"数字奴役"等劳资关系问题,而应该是大众生命政治议题下个人隐私权和数据人格尊严何以不受资本逐利的肆意侵犯。

其次,在平台经济发展中,数字内容发布、网页创建、点赞、转发、评分和评论等用户生成内容(UGC),在满足人们信息分享、知识交流和人际交往需要的同时,形成的海量数据精准反映了内在偏好、消费兴趣和行为模式。相比于大众数字化生存自然留下的数字足迹,此类交互数据的产生不仅需要耗费用户相当时间,而且其在线活动的目的性和创造性也体现得最为显著。从本质上讲,用户生成内容是"一般智力"在数字网络空间的普遍物化。因此,归结起来,用户生成内容过程就是一种典型的数字劳动。

进一步地,在对这些自愿贡献数据(volunteered data)的剥夺性占有中,资本竭力宣扬数字网络空间中的社区构建和用户权力,来遮蔽其对数字劳动的实质性吸纳。譬如,互联网中网页导入链接的数量和质量,是谷歌网页搜索排名得以建立的关键指标。而每一个网页链接的背后都凝结着网民免费劳动的付出。网页链接的庞大集合,自然物化了不容忽略的数字劳动耗费。元宇宙坐拥了关键资产——"社交图谱",须臾离不开数十亿用户在虚拟社交空间的自我表达和人际互动。大众点评(Yelp)、猫途鹰等点评网站的市场成功,无疑受益于活跃用户的集体贡献。

最后,从数据的使用价值看,"颗粒化"的个体数据并无实际应用价值。泛在连接下形成和积淀的海量数据,无论是数字足迹还是用户生成内容,都需要经过收集、清洗和整理。并且,这些原始数据经过初步加工后形成的衍生数据(inferred data),反映了目标客户等某类人群或对象的总体特征、基本态势和统计学分布。从数据应用看,这些衍生数据主要充作"中间产品",经过数字机器进一步深加工,才得以形成功能各异的数据产品或服务。大体上,这些充当半成品的数据集,对象化了极具专业性、复杂性的数字劳动,因而成为数据作为"新原料"价值形成的重要环节。

实践中,基于用户消费历史和社交图谱等方面的数据整合和统计关联,产生的社会信用评分,已日益广泛地应用于消费金融、小额信贷等信用查询服务。同时,随着智能穿戴和智能传感器等普及应用,数字资本开启了人类生产生活的全方位信息采集,经"二次加工"形成的行为模式、能耗统计和健康风险指数等有用信息,为智能经济新业态新模式新服务创新发展提供了坚实的数据支撑。而谷歌发掘的搜索热词,则在其关键词广告中直接作为数据产品来竞价出售。

二 数字劳动与数字机器制造

进入数字资本主义阶段,生产力发展的一个显著标志,就是固定资本智能化中数字机器的出场。以智能算法为代表的数字机器,通过对海量数据集的深度加工,形成的数据产品或服务,正推动着人工智能在人类生产生活领域中普遍应用。从资本构成看,数字机器就是数据商品生产的固定资本,脱胎于数字时代人类"一般智力"的直接生产力般应用。[1] 并且,数字资本主义为数字机器注入了独特的意识形态编码,使得数字机器背离了其自身,沦为服务于资本主义利益扩张与数字殖民的奴仆。[2] 从数字机器自身生产看,其价值形成也来源于数字劳动的物化,并集中体现在以下三个方面:

一是专门从事算法开发和算法优化的复杂劳动投入。"开发人工智能系统属于当代最需要创造力、最复杂的人类劳动之一。"[3] 不同于传统的

---

[1] Negri, A., "The Appropriation of Fixed Capital: A Metaphor", In Chandler, D. and Fuchs, C. (eds), *Digital Objects, Digital Subjects: Interdisciplinary Perspectives on Capitalism, Labor and Politics in the Age of Big Data*, London: University of Westminster Press, 2019, pp. 205 – 214.

[2] 吴红涛:《数字资本主义的机器生产及其空间话语》,《深圳大学学报》(人文科学版) 2022 年第 5 期。

[3] 李晓华:《人工智能的马克思主义解读》,《人民论坛》2019 年第 B08 期。

软件编程开发等知识型劳动，此类劳动创造片刻离不开海量数据的生产条件支持，因而应该被视作雇佣制下的数字劳动。正如有学者所言："提供数字信息通信技术的数字劳动，以数字平台为直接的劳动对象，或者说数字平台是这类数字劳动的直接劳动成果。"①

二是在智能算法开发和优化中用于人工训练的海量数据，特别是自愿贡献数据和衍生数据，作为数字机器的"燃料"，不言而喻包含相当可观的数字劳动耗费。正如一名外卖骑手所言：②

> 系统是会学习的。最开始跑外卖的时候，比方说到这样一个地方，系统给你规划的是一个路线，但是我们知道怎么走更近，好，等我们多走几趟，下次系统给你规划的直接就是更近的路线了。

三是在弱人工智能阶段，机器深度学习还需要数据标注等人工协作，才能实现图片、视频等数字内容的精确识别和细分归类。目前来看，"所有人工智能的运作都依赖人工的语义指派，可以说，有多少'人工'，就有多少智能"③。亚马逊土耳其机器人平台活跃着 50 万注册用户。这些遍布全球各地的数字劳工，对数据进行手工输入、分类和标注。更有甚者，谷歌验证码（ReCAPTCHA）将那些无法被光学文字辨识技术识别的字母显示在验证码中，让用户在回答问题时用人脑加以识别。因此，谷歌验证码不仅是一个人机验证程序，更是一个数字劳动平台。④

三　数字劳动与数据商品产消

进入数字资本主义新阶段，智能机器人取代劳动力的潮流正势不可

---

① 胡莹、钟远鸣：《平台数字劳动是生产劳动吗——基于〈政治经济学批判（1861—1863年手稿）〉的分析》，《经济学家》2022 年第 8 期。
② 孙萍、李云帆、吴俊燊：《身体何以成为基础设施——基于平台劳动语境下外卖骑手的研究》，《新闻与写作》2022 年第 9 期。
③ 夏永红：《人工智能时代的劳动与正义》，《马克思主义与现实》2019 年第 2 期。
④ Scholz, T., *Digital Labor: The Internet as Playground and Factory*, London: Routledge, 2013, p.79.

当。表面上看，在数据商品生产中，资本的自我价值增殖在数字机器助力下，似乎不再需要费尽心机实现对劳动的规训和吸纳。但实际上，近年来平台经济发展实践表明，数据产品或服务产消过程中，人类劳动不仅没有消失，反而显得愈发重要，只不过是劳动形式和劳动过程因现代数字技术应用而被重新形塑而已。具体而言：

首先，虚拟网络空间生产中的数字劳动。"空间本身，既是资本主义生产方式的产物，也是资产阶级的经济政治工具……。"① 在工业时代，机器厂房、生产流水线、办公场所等所构筑的现实物理空间，是资本主义剩余价值生产的主要场域。进而，资本价值运动赖以进行的空间生产，主要是资本家通过不变资本投资来实现的，基本上与普遍劳动者无涉。进入数字时代，数字网络空间成为资本攫取"一般智力"和进行数据商品生产流通的新场域。不同于以往的资本空间生产，数字网络空间的形成和维系，一方面，自然需要平台基础网络架构、用户界面设计、平台生态系统维护等方面的专业化劳动投入；另一方面，更是须臾离不开众多在线用户的平台接入与积极参与。

平台经济实践表明，一旦不能持续地通过用户网络效应积聚足够的用户流量，数字网络空间就迅速蜕化成为"数字空壳"而成为僵尸平台，谈不上数字资本通过数据资源的剥夺性占有来实现自我增殖。在这方面，对于依靠用户生成内容来构筑平台生态圈的数字资本而言，体现得尤为明显。譬如，元宇宙精准投放内容广告的虚拟空间——其平台"主页"，就是数以亿计活跃用户精心营造和维护的劳动结果。同时，社交媒体平台还以网络众包的形式间接雇用大量"内容审核员"，来审核和甄别不合规的数字内容。② 这些退居幕后、隐蔽的数字劳动，实际上通过维护网络空间秩序，直接参与了数字资本网络空间的再生产。此外，数字平台在线用户虚拟社区的形成，也遵行了同样的资本空间生产逻辑。譬如，甲骨文公司依靠其在线社区中的数百万名用户和 40 多万个论坛来

---

① ［法］亨利·列斐伏尔：《空间的生产》，刘怀玉等译，商务印书馆 2021 年版，第 189 页。
② Roberts, S. T., *Behind the Screen: Content Moderation in the Shadows of Social Media*, New Haven and London: Yale University Press, 2019, p. 68.

改善其产品。因此，从这个意义上讲，进入数字资本主义新阶段，数字劳动作为价值创造的新源泉，不仅体现在数据产品生产资料生产过程中；而且还突出地表现为数字网络空间的形成和维系，也对象化了海量的数字劳动。

其次，数据商品生产中的数字劳动。一方面，在目前弱人工智能阶段，人工智能驱动的数字机器并不能包揽一切，实现机器对劳动的彻底替代。正如有学者所言："所谓的'无人工厂'，只是直接生产过程并非总体生产过程的无人化。"① 实际上，数据商品生产中还存在大量人工智能难以处理的数字化任务，需要人类的认知干预和劳动协作。这类数字劳动在数字资本的刻意"包装"下，通常被"美化"成只是机器代码的一个片断而已，因而被美其名曰"人工的人工智能"②。譬如，为不断优化其网页排名算法，谷歌以隐秘外包方式间接雇用了近万名质量评分员，人工评估网页搜索自然结果的相关性。

另一方面，进入数字资本主义阶段，生产和消费的边界日趋模糊。生产性消费（prosumption）成为资本主义剩余价值生产的一个显著特征。③ 这其中，在提供匹配服务的零工经济中，用户收发查核订单信息、进行服务或声誉评价等"键盘上的劳动"，虽寥寥数秒就可完成，但需要持续的注意力投入，自然也是一种不可忽略的数字劳动。而谷歌、元宇宙等广告型平台中，在线用户点击广告的"受众劳动"，本质上是发生于数字网络空间的"运输劳动"，有助于待售商品的使用价值加速向潜在消费者的位置转移。因而，在以提供精准广告服务的数据商品价值运动中，众多活跃用户不仅是海量数据的生产者，而且也以自身的"受众劳动"促进了数据商品产消同一的最终实现。

马克思指出："任何时候，我们总是要在生产条件的所有者同直接生

---

① 肖峰：《从机器悖论到智能悖论：资本主义矛盾的当代呈现》，《马克思主义研究》2021年第7期。
② Irani, L., "The Cultural Work of Microwork", New Media & Society, Vol. 17, No. 5, 2015, pp. 720 – 739.
③ Fuchs, C., "Web 2.0, Prosumption, and Surveillance", Surveillance & Society, Vol. 18, No. 3, 2011, pp. 288 – 309.

产者的直接关系——这种关系的任何当时的形式必然总是同劳动方式和劳动社会生产力的一定的发展阶段相适应——当中,为整个社会结构,……发现最隐蔽的秘密,发现隐藏着的基础。"① 进入数字时代,资本主义攫取剩余价值的手段和方式发生深刻变化,但资本通过汲取活劳动而增殖自身的本性没有变。只不过,数字资本主义对技术的推崇和膜拜,只是掩盖和遮蔽了剩余价值的真正来源,使资本主义的存在更具有合理性和合法性,剥削更具有隐蔽性和迷惑性。② 鉴于此,后文在对数字劳动内涵、形态和特征一般考察的基础上,将重点运用马克思主义政治经济学的"解剖术",对数字资本主义生产方式下数字劳动的劳动过程、价值创造、异化与剥削以及劳动反抗等问题进行深入阐释。

---

① 《马克思恩格斯文集》第7卷,人民出版社2009年版,第894页。
② 白刚:《数字资本主义:"证伪"了〈资本论〉?》,《上海大学学报》(社会科学版) 2018年第4期。

第二章 数字劳动的内涵、形态与特征研究

自 20 世纪 70 年代末起,为应对经济增长停滞,提升生产效率和经济竞争力,发达资本主义国家资本极力推行劳动力市场自由化。跨国公司纷纷通过劳动外包、弹性用工等"制度创新",来规避监管规制,降低用工成本。其结果,一直以来广为实行的长期雇佣制度逐渐让位于有固定聘任期限或通过临时劳动机构的"非正规用工",从而促进了合同工、短工、临时工、自由职业者等非正规就业兴起。曾经对"终身雇佣制"引以为傲的日本企业也未能置身其外,从 20 世纪 80 年末起也开始推动雇佣关系灵活化,临时的、固定聘任期限的和机构用工等所谓"派遣劳工"现象也不断增加。[①]

进入 21 世纪,随着大数据、云计算和人工智能深度融合发展,数字经济的兴起,催生出形态各异的数字劳动,日渐成为数字时代就业方式和劳动组织最引人注目的新变化。在数字时代,资本主义生产方式下的劳资关系呈现出两个明显的趋势:一是传统的工作与闲暇、劳动与娱乐、生产与消费边界不断被消解,资本剥削的触角大肆向数字网络空间延伸,资本与劳动的阶级关系被数字网络空间社交化、娱乐化表象遮蔽;二是

---

① Shibata, S., "Gig Work and the Discourse of Autonomy: Fictitious Freedom in Japan's Digital Economy", *New Political Economy*, Vol. 25, No. 4, 2020, pp. 535-551.

伴随着劳动型平台的勃兴，劳动力不断"去商品化"，传统雇佣关系日趋让位于纯粹的市场交易关系，[①] 劳动权益保障日渐式微，[②] 劳动主体性的张扬反而进一步加深了资本对劳动的剥削。

实践中，以"平台+个人"为显著特征的数字劳动工作内容和工作方式迥异，从而又被冠以"云劳动"（cloud work）、"网络众包"（crowdwork）、"网约零工"（gig worker）、"工作优步化"、U盘式就业、玩乐劳动（playbor）[③]、生产性消费活动（prosumption）[④] 等不同称谓。近年来，来自劳动经济学、传播政治经济学、社会学和计算机科学等不同领域的学者对数字劳动新特征、劳动关系管理新挑战及其治理路径展开了诸多探索性研究，初步形成了数字时代劳动形态新形式新特点的规律性认识。

总体上看，数字劳动的兴起和发展，是人类生产生活网络化、数字化和智能化的必然产物，不仅进一步加剧了非正式的用工趋势，而且造就了与以往非正规就业迥异的劳动契约安排新特征。这主要体现在，数字劳动用工实践呈现出劳动市场关系双边化、劳动契约安排"去互惠化"、劳动过程管理算法化和劳动激励数字声誉化等典型特征。进一步地，数字劳动市场的发展，开辟了数字时代劳动力资源配置的新空间，不同程度上增强了用工弹性、就业包容性和灵活性；但同时劳务合同取代雇佣劳动合同的制度演化，也使得劳动关系管理遭遇"体面劳动赤字"新挑战。因此，妥善观照数字劳动者权益，促进就业公平和就业体面，直接关乎数字经济的普惠、包容和可持续发展。

---

① 根据 BCG 推出的《互联网时代的就业重构》白皮书，受雇于特定企业、通过企业与市场交换价值的"传统就业"，正向通过互联网平台与市场连接，实现个人市场价值的"平台型"就业转变。

② Boes, A., et al., "Cloud & Crowd: New Challenges for Labor in the Digital Society", tripleC: Communication, Capitalism & Critique, Vol. 15, No. 1, 2017, pp. 132 – 147.

③ Scholz, T., *Digital Labor: The Internet as Playground and Factory*, New York: Routledge, 2013.

④ Ritzer, G. and Jurgenson, N., "Production, Consumption, Prosumption", *Journal of Consumer Culture*, Vol. 10, No. 1, 2010, pp. 13 – 36.

第一节 数字劳动的内涵和形态

在资本主义生产方式下,劳动的具体形态随着科技进步和生产力发展而历经嬗变。进入数字时代,因社会大众数字化生存而应运而生的各种数字劳动,正成为数字资本竞相捕获的"新宠"。从根本上讲,"数字劳动"概念是数字技术和政治经济学理论相结合的产物。从理论演进看,"数字劳动"与"观众劳动"[1]"非物质劳动"[2]等概念有着密切的渊源关系。

一 数字劳动的内涵界定

大致上看,国内外学者对数字劳动概念的界定,主要沿袭了以下三条研究进路:

一是后结构主义者的文化研究视角。特兹安娜·特拉诺娃认为,数字劳动是和传统物质劳动有着显著区别的"非物质化劳动"模式,是"免费劳动"的一种表现形式。在数字经济发展过程中,网民自愿无偿从事信息发布、网页创建和维护、资料上传等活动,他们虽然能够在虚拟网络空间享受信息分享、展示自我、进行社会表达等便利,但同时也在不经意间受到资本盘剥。因此,她将数字劳动者称为网奴(netslaves),并认为数字劳动普遍存在于发达的资本主义社会中。[3]

二是批判政治经济学的研究视角。着眼于揭示国际分工背景下数字媒介领域资本与劳动的阶级关系,克里斯蒂安·福克斯秉持传播政治经

---

[1] Smythe, D. W., "Communications: Blindspot of Western Marxism", *Canadian Journal of Political and Social Theory*, Vol. 1, No. 3, 1977, pp. 1–27.

[2] Lazzarato, M., "Immaterial Labor", In *Radical Thought in Italy: A Potential Politics*, ed. P. Virno and M. Hardt. Minneapolis: University of Minnesota Press, 1996, pp. 133–146; Hardt, M. and Negri, A., *Empire*, Cambridge: Harvard University Press, 2000.

[3] Terranova, T., "Free labor: Producing Culture for the Digital Economy", *Social Text*, Vol. 18, No. 2, 2000, pp. 33–58.

济学的分析传统,从数字媒介产业链的视角来理解和阐释数字劳动。在他看来,数字劳动归根结底是物质劳动,涉及数字媒介生产、流通与使用所需的各种形式的脑力和体力劳动。从国际产业分工看,这既包括软件开发、在线平台设计与维护等互联网专业劳动,也涉及硬件生产的原料采掘、加工组装等体力劳动,以及社交媒体在线用户的生产性消费活动。进而,他强调,之所以对数字劳动作如此宽泛的定义,就是要突出数字媒介生产和使用过程中,资本剥削劳动的触角无处不在,人们不能被数字产品外表的时尚光鲜,以及互联网科技企业刻意宣扬的"参与文化"等种种表象迷惑。①

三是技术决定论的研究视角。基于信息技术发展对生产劳动组织方式的影响,亚当·费希(Adam Fish)和拉姆什·施尼瓦桑(Ramesh Srinivasan)指出,所谓数字劳动,实际上就是基于数字平台配置的劳动,也即通过网络化新媒体技术加以协调的劳动形态。② 安东尼奥·凯希里(Antonio Cassill)则强调,由于信息网络技术发展消解了物质生产的时空限制,数字时代资本剥削劳动的组织方式发生新变化,正经历从传统的基于雇佣劳动的工厂制向基于隐性劳动的平台经济模式过渡。③ 由此,当下需要重点讨论的数字劳动,并不是通常所指的信息网络行业专业劳动,而是主要指在平台经济运营中,鲜被关注但却是数字资本增殖不可或缺的各种无薪或低薪劳动,包括在线用户的数据生产和信息浏览、网络游戏开发中查找程序漏洞的临时工,以及从事毫无技术含量、只是代为他人制造流量的"键盘点击工"(click farmer),等等。

总体上看,如表2.1所示,国内外学界对数字劳动概念的定义人言人殊,以至于克里斯蒂安·福克斯指出,目前关于数字劳动的种种论争

---

① Fuchs, C., "Labor in Informational Capitalism and on the Internet", *The Information Society*, Vol. 26, No. 23, 2010, pp. 179 – 196; Fuchs, C., *Digital Labor and Karl Marx*, London: Routledge, 2014.

② Fish, A. and Srinivasan, R., "Digital Labor is the New Killer App", *New Media & Society*, Vol. 14, No. 1, 2011, pp. 137 – 152.

③ Cassill, A., "Is There a Global Digital Labor Culture? Marginalization of Work, Global Inequality, and Coloniality", *Working Paper*, 2016.

中，如何定义数字劳动这一概念并没有引起足够的重视。[①] 究其根源，主要是因为数字经济发展日新月异，与新业态、新商业模式相伴而生的劳动新形态、新样式层出不穷，难以用一词概其全貌。尽管受自身价值旨趣的影响，国内外学者们对数字劳动的定义或宽或窄，但早期的理论探讨大多聚焦 Web 2.0 时代社交媒体在线用户的免费劳动，来探究资本主义生产方式下数字劳动与资本积累的关系。[②]

表 2.1　　　　　　　　　数字劳动的不同定义

类型	内涵	代表性作者	基本命题
狭义	网络用户在数字平台上进行的、为互联网公司带来利润的自愿、无偿活动	Tiziana Terranova（2000）、Trebor Scholz（2013）	活跃用户在线活动为以互联网公司为代表的数字资本无偿创造剩余价值
中义	基于数字平台配置的劳动，包括云劳动、按需劳动和数字科技劳动，也统称为"平台劳动"	Graham et al.（2017）Lilly Irani（2015）Fish and Srinivasan（2011）	劳动型平台的资本积累通过算法管理实现对非雇佣劳动者的劳动控制与剥削
广义	数字媒介技术生产和内容生产过程中的所有劳动	Christian Fuchs（2014）	数字媒介产业的资本积累基于对价值链上所有劳动者的劳动控制与剥削
泛化	使用数字化生产资料的劳动	胡莹（2021）	包括数字产业化和产业数字化的资本积累利用信息网络技术加强劳动控制和剥削

资料来源：笔者根据相关文献整理而成。

在笔者看来，伴随着资本主义社会生产的数字化、网络化和智能化，泛在、无疆域的数字网络空间成为资本积累的新场域。从本质上看，数字劳动就是在数字资本主义生产方式下，以信息网络技术为基础，以互

[①] Fuchs, C., *Digital Labor and Karl Marx*, London: Routledge, 2014, p. 23.
[②] Scholz, T., *Digital Labor: The Internet as Playground and Factory*, New York: Routledge, 2013.

联网平台为载体，以基于数据驱动的算法管理为手段，实现劳动服务高效精准匹配和劳动过程智能化管理的一种劳动新形态。

二 数字劳动的具化形态

粗略地看，如图2.1所示，根据是否发生直接的劳动/劳务合同关系，数字劳动包括用户免费劳动和基于数字平台就业/兼职的有酬数字劳动。进一步地，就有酬数字劳动而言，既包括发生于云平台的在线劳动，即"云劳动"，又被称作远程零工；也包括基于App实现人单匹配，并通过线下活动完成交易闭环的零工，即"按需劳动"，又被称为本地零工。综观已有文献，学者们主要根据完成工作所需技能水平、工作性质、完成任务的线上/线下特征以及劳务供给的地域特征，对基于数字平台的

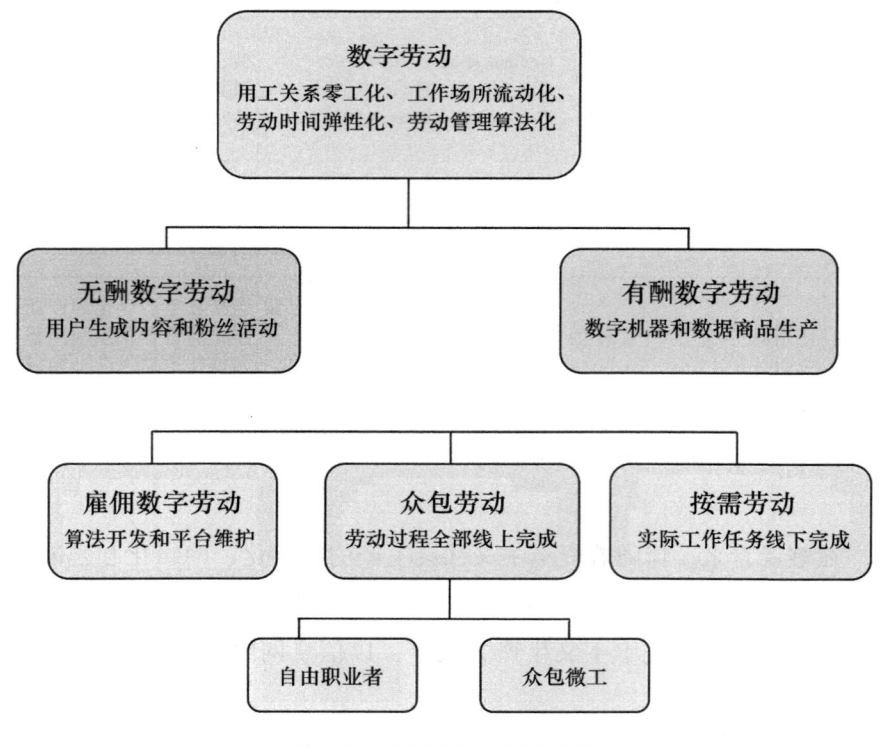

```
                        数字劳动
            用工关系零工化、工作场所流动化、
            劳动时间弹性化、劳动管理算法化
                ┌──────────────┴──────────────┐
         无酬数字劳动                    有酬数字劳动
      用户生成内容和粉丝活动           数字机器和数据商品生产
                        ┌──────────────┼──────────────┐
                  雇佣数字劳动        众包劳动          按需劳动
                算法开发和平台维护  劳动过程全部线上完成  实际工作任务线下完成
                                ┌────┴────┐
                             自由职业者   众包微工
```

图2.1 数字劳动的细化分类

资料来源：笔者自制。

数字劳动进行了分类。[①] 具体而言：

1. 雇佣型数字劳动

与传统企业一样，数字平台企业也雇用数量不等的全职员工。这些正式员工主要是从事两大类型的工作任务：一是平台数字基础设施搭建和维护，特别是平台算法系统的开发与优化；二是数据价值开发，包括数据整理、数据建模与商业智能应用等。不同于传统编程等知识性劳动，算法开发、页面设计和数据分析活动的价值创造离不开数据要素投入，因而是一种高级的、复杂的数字劳动。在数字时代，此类数字劳动通常呈现高度创新性，因而也被称作"风险投资型劳动"（venture labor）[②]，从业者薪酬待遇优渥，拥有诱人的股权激励，通常会心甘情愿地夜以继日地工作，期望有朝一日企业上市或被收购而一夜暴富。正因为如此，这些高级数字劳动者成为数字资本主义"编码精英"（coding elite）阶层中的重要群体。[③]

2. 基于云上的自由职业者

随着现代信息网络技术的快速发展和深入应用，大规模远程协作生产成为可能。有越来越多的自由职业者或高知群体，通过劳动型平台来实现灵活就业或兼职。这些遍布全球各地且拥有专长的从业者通常被称为"数字灵工""斜杠教授"等，通过顶级编码客（TopCoder）、跨境客、自由职业者（Freelancer）等数字平台接活，提供平面设计、软件开发、视频制作和内容、媒体采编以及网站建设等各种知识密集型远程服务。在此类劳动型平台上，劳动供给不受本地时空约束，包括实际工作任务在内的各个环节，都是在线上完成，因此，又被称为"远程劳务市场""自由签约平台""宏任务"等。

实践中，自由职业者从事的劳动任务对创意要求颇高，因而通常难以

[①] Vallas, S. and Schor, J. B. , "What Do Platforms Do? Understanding the Gig Economy", *The Annual Review of Sociology*, Vol. 46, No. 16, 2020, pp. 1 – 22.

[②] Neff, G. , et al. , *Venture Labor: Work and the Burden of Risk in Innovative Industries*, Cambridge, MA: MIT Press, 2012.

[③] Burrell, J. and Fourcade, M. , "The Society of Algorithms", *The Annual Review of Sociology*, Vol. 47, 2021, pp. 213 – 237.

被拆解而加以标准化，大都基于项目制展开，需要花费数天或数周才能完成。由于此类劳动任务的工作要求重在质量，因而用工方期望通过网络众包，交由技能最佳者来完成。进而，不同于下文所述的众包微劳动"先来先得"的任务分派规则，自由职业者通常由用工方选定，劳动报酬由双方协商确定。毋庸置疑，自由职业者平台的兴起，为遍布世界各地的高技能群体提供了以知识、经验、技术、特长来多元化创富的渠道；完成项目的时薪甚至可高达 100 美元以上，① 但是只有客户源充沛时，劳动者才能够获得稳定的收入流。99 设计（99Designs）、创新有奖（Innocentive）等众竞平台的创客也可纳入此类。此外，受到互联网接入程度、劳动成本、技能可获得性、情景化知识、文化与语言相近性等因素影响，此类劳动供给通常会聚集在某些特定地区，进而呈现出特定的数字劳动地理景观。② 从工作动机看，人们在自由职业者平台上接活，不仅仅是为了获得不菲的收入，而且也期望提升技能，积攒声誉，以增强自身的就业竞争力。

3. 基于 App 的按需劳动

实践中，有越来越多的劳动者通过互联网平台寻找线下零活，通常在本地提供日常衣食住行等劳动密集型服务，如从事网约车、食物递送、家庭维修和人员看护等。在以跑腿兔、优步等为代表的按需服务经济中，具体的实际工作任务在线下完成，但劳动的供需匹配、工资给付、评价监管等环节需要在线上完成。③ 相比于正式雇佣员工，网约零工呈现出如下四个显著特征：一是工作日程不固定；二是劳动者自备部分生产资料（如移动手机、汽车和自行车等）；三是实行按单提成的计件工资制；四是劳动过程由数字平台控制。④

---

① ［美］玛丽·L. 格雷、西达尔特·苏里：《销声匿迹：数字化工作的真正未来》，左安浦译，上海人民出版社 2020 年版，第 63 页。

② Ettlinger, N., "Paradoxes, Problems and Potentialities of Online Work Platforms", *Work Organization, Labor & Globalization*, Vol. 11, No. 2, 2017, pp. 107 – 113.

③ 李力行、周广肃：《平台经济下的劳动就业和收入分配：变化趋势与政策应对》，《国际经济评论》2022 年第 2 期。

④ Stewart, A. and Stanford, J., "Regulating Work in the Gig Economy: What are the Options", *Economic and Labor Relations Review*, Vol. 28, No. 3, 2017, pp. 420 – 437.

第二章　数字劳动的内涵、形态与特征研究　▶▶▶▶　63

　　大体上看，网约零工提供了一定的就业灵活和工作自主，这也是数字平台着力宣传的噱头。但是，按需劳动供给受到地域限制，从事网约零工的劳动者个体必须承担提供服务的运营成本和劳动风险，不能享受本应由雇主提供的劳动福利和社会保障。并且，他们还不得不适应订单需求的波动，这在很大程度上降低了工作自主性。此外，尽管网约零工的价值创造主要来自线下劳动服务，但也离不开供需双方的线上参与。对于劳动者而言，需要适时更新经营状况或服务经历信息，及时查核订单信息，精心维护服务声誉；对于消费者，则要收发订单信息、评价服务质量、打理个人客户积分等。这些"键盘上的劳动"虽寥寥数秒就可完成，但需要持续投入注意力、熟练掌握平台 App 和相关应用软件的操作流程，自然也是一项不可忽略的数字劳动工作内容。①

　　4. 基于云上的众包微劳动

　　以亚马逊土耳其机器人、点击工（Clickworker）和澳鹏（Appen）平台上的数字劳动为代表。这类劳动者从事 HIT（Human Intelligence Tasks），即人工智能还不能完成的数据处理任务，因而世界各地的注册用户均可参与其中。②"众包"（crowdsourcing）的概念由美国《连线》杂志记者杰夫·豪（Jeff Howe）在 2006 年 6 月提出，即"一定公司或机构把过去由员工执行的工作任务，以自由自愿的形式外包给非特定的（而且通常是大型的）的大众网络的做法"。以亚马逊土耳其机器人平台的微工为例，在一天之内，他们可能会翻译一个文本中的一段话；转录一段英国口音的音频；向算法展示如何识别自行车；为电子商务网站书写产品描述；标记色情暴力等令人不快的内容；完成关于新冠病毒的调查；去一家麦当劳拍摄"快乐进餐"的照片，并将其发布在网上。③

　　如表 2.2 所示，众包微工从事的工作大体可以分为两类，一类是与

---

　　① Cassill, A., "Is There a Global Digital Labor Culture? Marginalization of Work, Global Inequality, and Coloniality", *Working Paper*, 2016.
　　② 2006 年，亚马逊 CEO 在对亚马逊土耳其机器人平台进行市场推广时，宣称："你听过'软件即服务'（software-as-a-service），现在这是'人工即服务'（human-as-a-service）。"
　　③ [英] 菲尔·琼斯：《后工作时代：平台资本主义时代的劳动力》，陈广兴译，上海译文出版社 2023 年版，第 67 页。

人工智能与机器学习相关的任务，如数据收集、数据分类、内容审核、数据转录和验证等；另一类是与产品或服务营销相关的任务，如内容访问、市场调查与评介、网络调查与实验、内容生成与编辑等。[1] 并且，从人工智能运行过程看，众包微工从事的工作内容进一步细分为三个方面，即为人工智能开发准备训练数据、在人工智能运行中进行人机协作（human-in-the-loop），以及针对人工智能运行结果进行人工核验。[2] 众包微劳动的兴起，使得大量重复性、可标准化的数字任务可以在极短时间内快速完成，并且劳动者之间无须交流合作。正如莉莉·伊拉尼（Lilly Irani）所指出的："不必雇用数百名居家工人工作几周的时间，你可以雇用6万名工人只工作2天。速度和规模的转变会产生质的变化，人工逐渐被理解成计算过程。"[3]

表2.2　　　　按劳动内容区分的众包微劳动类别

数据收集（data collection）	收集特定的商业地址、网络邮箱地址等信息
数据分类（categorization）	图片分类等
内容访问（content acess）	网页访问、内容转发和点赞、网络投票和挖掘游戏金币等
内容验证（verification and validation）	搜索结果相关性评估网站信息一致性确认等
内容审核（content moderation）	网站内容是否涉黄涉恐和违法等合规性核查
市场调查与评价（market research and review）	针对指定产品或服务的线上评价等
机器学习训练（machine learning input）	提供人工智能算法优化的数据输入等
数据转录（transcription）	视频、声音和图片的文本生成等
内容生成与编辑（content creation and editig）	网页内容创制和更新等
网络调查与实验（surveys and experiments）	作为被试参与网络学术问卷调查与实验等

资料来源：笔者根据公开资料自制。

---

[1] Rani, U. and Furrer, M., "Digital Labor Platforms and New Forms of Flexible Work in Developing Countries: Algorithmic Management of Work and Workers", *Competition & Change*, Vol. 25, No. 2, 2021, pp. 212–236.

[2] Tubaro, P., et al., "The Trainer, the Verifier, the Imitator: Three Ways in Which Human Platform Workers Support Artificial Intelligence", *Big Data & Society*, Vol. 7, No. 1, 2020, pp. 1–12.

[3] 转引自［德］莫里茨·奥滕立德《数字工厂》，黄瑶译，中国科学技术出版社2023年版，第136页。

第二章 数字劳动的内涵、形态与特征研究　　▶▶▶▶　65

　　实践中，任务发起者大致可分为三类：第一类是学界的研究者，尤其是人文社会科学类学者，主要利用数字平台在线获取社会调查数据。第二类是大型互联网企业和 AI 初创企业，通过网络众包方式将大量数据收集处理任务交给遍布全球的廉价劳动力来完成，以降低用工成本，规避用工风险，他们构成了平台发布众包任务的主要用工群体。以亚马逊土耳其机器人平台为例，如图 2.2 所示，众包微劳动的基本工作流程是：任务发起者在平台发布众包任务—众包微工选择并完成任务—任务发起者审查（批准或拒绝）任务。对于需要多至十个"托客"同时完成的每项任务，平台收取 20% 的佣金；如所需的"托客"人数超出十人，平台则额外收取 20% 的佣金。

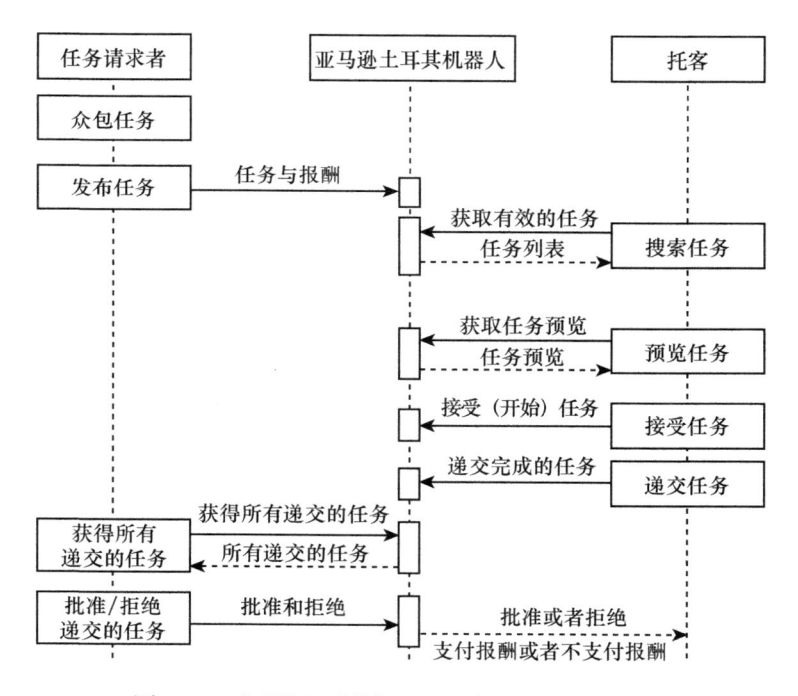

图 2.2　亚马逊土耳其机器人平台的基本工作流程

资料来源：姚建华：《在线众包平台的运作机制和劳动控制研究——以亚马逊土耳其机器人为例》，《新闻大学》2020 年第 7 期。

相比于基于云的专业化服务，此类劳动就业门槛甚低，对职业培训和工作经验几乎无要求。因此，"这些工作收入微薄、朝不保夕，大多数情况下，都是由经济学认为的可有可无或'低技能'的人完成"[①]；并且，从业人员成分杂，地域分布广，通常按任务计酬。如表 2.3 所示，在线民族志调查显示，尽管众包微工的动机多元，从赚取额外收入到提升自身专业技能，不一而足，[②] 但客观上微劳动的出现，通过任务分割进一步加剧了劳动异化，[③] 并通过劳资关系隐匿化加深了资本剥削。

表 2.3　　　　　众包微工的工作动机（N = 675）

入行原因	非洲地区	亚洲地区	拉丁美洲地区	总体
找不到其他工作	5.2	6.8	9.5	7.3
只能留在家里工作	6.9	11.3	6.1	9.8
喜欢在家里上班	22.4	25.1	21.8	24.1
报酬比其他工作高	3.4	7.9	22.4	10.7
赚取额外收入	27.6	22.5	21.1	22.7
边上学边赚钱	17.2	8.7	9.5	9.6
作为一种消遣或娱乐	17.2	17.6	9.5	15.8

资料来源：Rani, U. and Furrer, M., "Digital Labor Platforms and New Forms of Flexible Work in Developing Countries: Algorithmic Management of Work and Workers", *Competition & Change*, Vol. 25, No. 2, 2021, pp. 212 – 236.

并且，由于抢单激烈和完成任务的报酬极低，在发达国家从事众包微劳动难以过上体面的生活。换言之："他们被放逐在全球化体系的边

---

① ［美］玛丽·L. 格雷、西达尔特·苏里：《销声匿迹：数字化工作的真正未来》，左安浦译，上海人民出版社 2020 年版，第 12 页。

② Rani, U. and Furrer, M., "Digital Labor Platforms and New Forms of Flexible Work in Developing Countries: Algorithmic Management of Work and Workers", *Competition & Change*, Vol. 25, No. 2, 2021, pp. 212 – 236.

③ Aytes, A., "Return of the Crowds: Mechanical Turk and Neoliberal States of Exception", In *Digital Labor: The Internet as Playground and Factory*, Edited by Trebor Scholz, New York: Routledge, 2013, pp. 79 – 97.

缘，缺乏其他选择，被迫清理数据和监督算法，仅能换得几美分的报酬。"① 玛丽·L.格雷和西达尔特·苏里在畅销书《销声匿迹：数字化工作的真正未来》中将众包微劳动称作"幽灵工作"（ghost work），并生动地描述了实际的工作景象：②

> 你的办公室可能是厨房的操作台，或者是靠在卧室墙上的摇晃的桌子。最有可能的情况是，你要在工作和照顾家中老幼之间来回切换。而是否有稳定的电力和网络，则取决于你在哪里。如果手机服务比宽带便宜，那么手机可能是你工作的唯一入口。如果你是雇主，那么与你联系的不是人类，而是一个计算机接口。大多数任务的薪水只有几美分，但你会多做一些，指望积少成多。完成一项任务时，你永远不会听到"干得好！"，所以你必须自己成为啦啦队长和监工。报酬丰厚的工作，也就是每小时 15 美元的工作，总是转瞬即逝，但你不知疲倦地浏览数据面板，希望能找到一份。

5. 用户免费劳动

与有偿数字劳动相区别，也与家务劳动等其他形式无薪劳动不同，此类劳动是为数字媒介公司生产利润却得不到报酬的在线用户活动。③ 数字平台众多用户热衷于在线分享信息、表达自我和经营社会交往的同时，产生海量的数据资源，形成流量积聚的虚拟空间，通过商品化而被资本积累觊觎。换言之，在商品化机制的作用下，用户的上网时间被对象化，在线活动成了生产数据商品无处不在的"活劳动"④。一言以蔽之，作为数字劳动的一种典型形态，用户免费劳动的重要特征就是"自

---

① ［英］菲尔·琼斯：《后工作时代：平台资本主义时代的劳动力》，陈广兴译，上海译文出版社 2023 年版，第 2 页。
② ［美］玛丽·L.格雷、西达尔特·苏里：《销声匿迹：数字化工作的真正未来》，左安浦译，上海人民出版社 2020 年版，第 159—160 页。
③ 燕连福、谢芳芳：《简述国外学者的数字劳动研究》，《中国社会科学报》2016 年 5 月 17 号第 2 版。
④ 黄铭、何宛怿：《"数字劳动"平台化的辩证分析》，《国外社会科学》2021 年第 2 期。

愿付出"和"零报酬"。①

具体来看，如表 2.4 所示，根据用户生产性与主体性的彰显程度，这类数字劳动又可以细分为四种子形态。

表 2.4　　　　　　　用户免费劳动的四种主要类型

类型	劳动形式	劳动内容
元数据	算法投喂	点赞、转发、评论和收藏等
用户生成内容（UGC）	原创作品	为平台生产数字内容
	内容改编	对内容改写、续写和扩写，以"二次创作"制造与延续热度
	创建内容目录	免费人工推荐
粉丝活动	刷数据或自发推广	冲单、打榜、轮博、控评等，在算法推荐中置顶；分享、转发，搭建主题社区，延展官方叙事
UP 主	数字内容创作	上传数字内容，制造流量和形成 IP，力图商业变现

资料来源：笔者根据公开资料自制。

一是围绕元数据的劳动。不同于大众数字化生存自然留下的"数据足迹"，网络用户在阅读、浏览与收听、闲聊、网络游戏时进行的点赞、转发和收藏等，在轻松点击键盘之间实时表达和记录自己的场景碎片与情感瞬间，同时将反映个人偏好、兴趣和行为模式的元数据源源不断地供应给平台算法。

二是围绕用户生成内容（UGC）的劳动，即诸如个人信息发布、评分和评论、歌单创建、音视频上传等用户在线活动，网民的生产性和主体性体现得最为充分，在满足用户认知、交流和合作需要的同时，产生的海量数据、信息和关系资源也因被数字资本进一步商品化而带来丰厚利润。

---

① Terranova, T., "Free Labor: Producing Culture for the Digital Economy", Social Text, Vol. 18, No. 2, 2000, pp. 33 – 58.

三是粉丝活动。即忠实的活跃用户通过社交媒体平台分享、转发，不断延展所钟爱品牌或产品的官方叙事，"免费"承担了品牌的市场推广；或者为心仪公众人物冲单、打榜、轮博、控评等，在算法推荐中置顶，不断丰富和维护其"人设"。其结果，传统福特制中不被视为工作形式的、体力劳动以外的智力性、情感性活动及其产品逐渐进入价值生产的领域，包括游戏、休闲、人际关系在内的大量个人生命经验被纳入资本再生产中。①

四是数字内容平台的 UP 主、博主和网红的劳动。与 UGC 不同的是，这些活跃用户的在线活动，意在形成流量和 IP，进而实现商业变现。但是，由于这些数字劳动者并没有固定薪酬，并且其中绝大多数人只是挣扎于"一夜成名"的数字梦想与充满不确定性的劳动现实之间，因而也可以被视作一种用户免费劳动。

综上观之，基于数字平台的数字劳动形式多样，可完成的任务类型非常广泛，从低技能、重复性劳动到高技能型的专业化劳动，不一而足。② 仅从有报酬的数字劳动而言，本质上，无论是拥有一技之长的自由职业者，还是众包微工的云劳动，都是数字资本利用数字平台的连接性将"大众"和"外包"结合起来，打破时空阻隔，以灵活用工方式来实现"劳动套利"。但从平台赋能看，如前文所述，由于工作通常是复杂的知识密集型的，线上自由职业者在与用工方打交道和安排工作日程等方面拥有更高的自主性。

第二节 数字劳动的主要特征

进入数字时代，工业资本主义意义上以薪酬为纽带的雇佣关系逐渐

---

① 翁旭东、姜俣：《一种隐蔽的展演劳动——音乐流媒体平台中的自我展演与数字劳动》，《新闻记者》2021 年第 12 期。
② Boes, A., et al., "Cloud & Crowd: New Challenges for Labor in the Digital Society", tripleC: Communication, Capitalism & Critique, Vol. 15, No. 1, 2017, pp. 132–147.

瓦解，逐渐让步于偶然性和随机性的流众式关系。① 尽管不同类型的数字劳动在工作关系、劳动内容和劳动过程管理方面有所不同，但如表2.5所示，相比于传统的农业劳动、工业劳动，数字劳动大体呈现出劳动市场关系双边化、劳动契约安排"去互惠化"、劳动过程管理算法化和劳动激励数字声誉化等典型特征。

表 2.5　　　　　　　　劳动形态的演进与特征

类型	劳动对象	劳动资料	劳动场所	劳动关系	劳动监督
农业劳动	土地	手工具	固定	人身依附	强制监督
工业劳动	原料、半成品	机器化生产线	固定	标准雇佣	强制监督 + 责任自治
数字劳动	数据	算法系统	不固定	标准雇佣 + 临时雇佣 + 非雇佣劳动	算法监督 + 社会化监督 + 自我监督

资料来源：笔者根据公开资料自制。

一　数字劳动市场关系双边化

数字劳动市场是一个典型的双边市场，如图2.3所示，以零工经济为例，涉及数字平台、劳动者、平台第三方与消费者。进而，在劳动型平台经济实践中，盛行于传统雇佣制的契约逻辑渐行渐远，利益相关方的角色定位也不再是泾渭分明、不言而喻。并且，正如菲尔·琼斯（Phil Jones）所指出的："平台资本的残酷逻辑正在将本已相当凄凉的全球劳动力市场转变成为一个临时和短暂就业的灰色地带。"②

首先，数字平台通常自身描述成"中介"或"市场"，其作用仅限于提供匹配交易服务。正如莫里茨·奥滕立德所言："它们倾向于在战略上将自己定义为网络劳动力市场或科技公司，以避免对工人承担

---

① 蓝江：《数字资本主义批判和重建无产阶级集体性——21世纪国外马克思主义新趋势探析》，《华中科技大学学报》2021年第1期。
② ［英］菲尔·琼斯：《后工作时代：平台资本主义时代的劳动力》，陈广兴译，上海译文出版社2023年版，第4页。

责任。"① 但现实中，提供按需服务的数字平台却又通过如后文所述的算法控制和数字声誉系统，来确保劳动者任务完成契合平台政策与顾客要求。

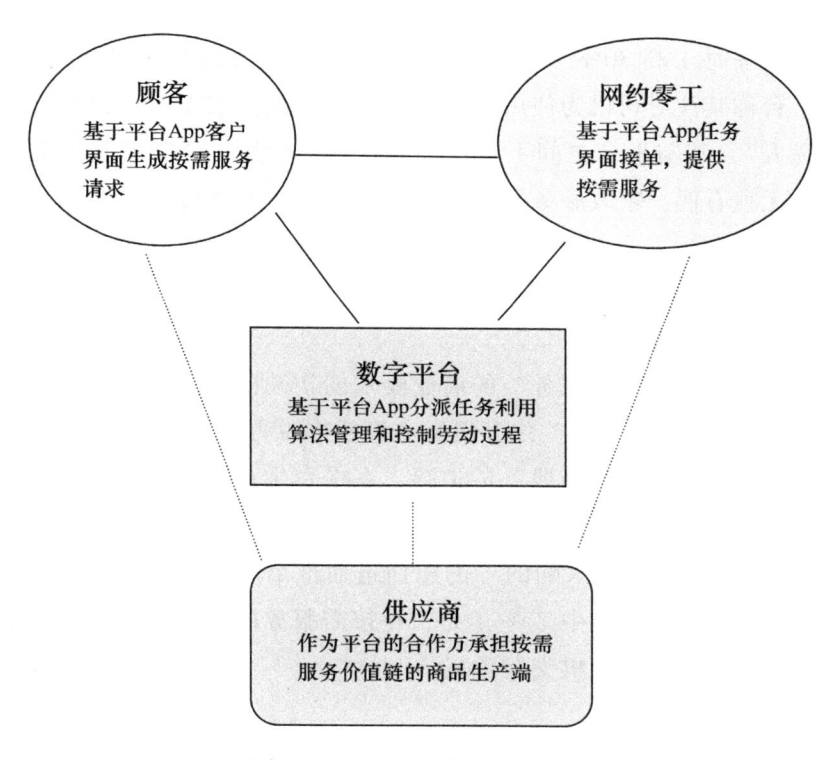

图 2.3 零工经济中的双边关系

资料来源：笔者自制。

其次，"按需平台通常假定工人是使用公司软件的另一类客户"②。如此一来，由于数字资本意图避开稳定的劳动关系，以合作协议代替劳动合同，平台经济中的用工关系变得模糊不定：劳动的从属性消失了，

---

① ［德］莫里茨·奥滕立德：《数字工厂》，黄瑶译，中国科学技术出版社 2023 年版，第 138 页。
② ［美］玛丽·L. 格雷、西达尔特·苏里：《销声匿迹：数字化工作的真正未来》，左安浦译，上海人民出版社 2020 年版，第 182 页。

劳动法让位于商法,雇主和雇员看似无处可寻。在这种"就业灰色地带"(employment grey zone)[1] 实践下,数字劳动者"接包方""独立承包商"的市场指认,直接导致其"雇员"身份被虚化和劳动权益被稀释。在美国,如果考虑到纳税、保险和福利等额外成本,聘用全职员工的成本比临时工高30%—40%。[2] 譬如,在面向网约车司机的协议中,优步平台称其注册司机为使用平台App向乘客提供按需出行服务的"独立承揽人",其与平台之间不存在任何代理、合伙、合资或其他联合关系等。无独有偶,家政服务平台——跑腿兔的服务协议也申明:家政服务提供者系"独立商人"(Independent Business Owner)和客户的独立承包商,而非平台的雇员、合作伙伴、代表、代理商、合资方以及独立承揽人或特许经营者。[3]

最后,在"人工即服务"的商业模式创新助推下,用工方"轻装上阵",大都以"弹性用工"之名将雇主责任推脱得一干二净。更有甚者,为迎合资本市场对"科技股"的追捧,在平台生产系统设计中,网络众包微劳动刻意被"美化"成只是机器代码的一个片断而已。[4] 换言之:"将工人转变为某种'采购的'的东西进而推出产品,这种雇佣做法被植入到幽灵工作的代码中。"[5] 于是,在按需服务的双边博弈中,鲜活的人际关系被冷冰冰的人机交互遮蔽。

二 数字劳动交易"去互惠化"

在传统雇佣制下,雇主为员工提供长期的劳动权益保障与就业风险分担,以换回对其劳动过程的长期控制,并借以培育员工忠诚和组织归

---

[1] Dieuaide, P. and Azais, C., "Platforms of Work, Labor, and Employment Relationship: The Grey Zones of a Digital Governance", *Frontiers in Sociology*, Vol. 5, No. 2, 2020, pp. 1–13.
[2] [美]戴安娜·马尔卡希:《零工经济》,陈桂芳译,中信出版社2017年版,第210页。
[3] 许可:《平台是不是雇主——化解平台劳动悖论的新思维》,《文化纵横》2022年第1期。
[4] Irani, L., "The Cultural Work of Microwork", *New Media & Society*, Vol. 17, No. 5, 2015, pp. 720–739.
[5] [美]玛丽·L. 格雷、西达尔特·苏里:《销声匿迹:数字化工作的真正未来》,左安浦译,上海人民出版社2020年版,第97页。

属感，降低其道德风险。① 自20世纪70年代，后福特制积累模式逐渐成为资本主义生产方式的主导形态，劳资之间的力量平衡被打破。② 进入数字时代，数字劳动的双边市场逻辑对劳动力资源配置的契约模式和制度安排产生了根本性冲击。其结果是，在劳动型平台经济中，基本契约安排只关注劳动成果交割，而无问"员工"忠诚与组织归属。③

这集中体现在，数字劳动短工化、项目化的市场实践，因利益相关方风险分担的制度性弱化而不断走向"去互惠化"。即一方面，从用工双方的关系看，随着工作内容的模块化、粒度化和去场景化，④ 劳动任务商品化大行其道，以往长期化的雇佣合同制被合作协议取代。在数字平台算法管理助力下，劳动供给规模化按单付酬（pay-as-you-go），不再因交易成本过高而遥不可及。用工方在"陌生人交易"中以"发包方""合作者"面目出场，以极低的招募成本获得U盘式用工的劳动者。正如一家知名网络众包平台首席执行官所作的描述：

> 在互联网之前，要找一个人坐下来，为你工作十分钟，随后就将其解雇，的确是一件难事。但现在，在数字技术的加持下，你能够很容易找到他，给他一点报酬，不再需要时就将其打发掉。

另一方面，从劳动者与数字平台关系看，数字平台借助所谓商业模式创新的战略营销，通过用户协议安排和平台操作界面设计，刻意与劳动者保持一定的"市场距离"。譬如，相比于标准劳动关系，优步与驾驶员签订"合作协议"等。而本处于弱势谈判地位的众多劳动者却在

---

① Friedman, G., "Workers without Employers: Shadow Corporations and the Rise of the Gig Economy", *Review of Keynesian Economics*, Vol. 2, No. 2, 2014, pp. 171 – 188.

② Gonzalzez, A. J., "Code and Exploitation: How Corporations Regulate the Working Conditions of the Digital Proletariat", *Critical Sociology*, Vol. 48, No. 2, 2022, pp. 361 – 373.

③ Dunn, M., "Digital Work: New Opportunities or Lost Wages", *American Journal of Management*, Vol. 17, No. 4, 2017, pp. 10 – 27.

④ Bucher, E. and Fieseler, C., "The Flow of Digital Labor", *New Media & Society*, Vol. 19, No. 11, 2017, pp. 1868 – 1886.

"工作优步化"中，以工作收入不稳定为代价，换回大都名实不符的"灵活就业"和"工作自主"。

三 数字劳动过程管理算法化

进入数字时代，伴随着劳动型平台经济"陌生人交易"的制度演化，数据驱动的算法管理，成为数字劳动过程控制的主要方式。[①] 所谓算法管理，就是算法以高度自动化、数据驱动的方式代替管理者针对平台工作者的劳动过程执行管理职能的实践过程。[②] 实践中，算法几乎在没有人工干预的工作环境下扮演着传统管理者角色，重塑了人们的工作方式以及人们与组织之间的工作关系。[③] 正如菲尔·琼斯所指出的："没有管理人员，只有算法；没有同事，只有符号化的竞争对手；无法明确接触任何人或任何信息。"[④]

以网约车司机和外卖骑手等数字零工为例，如图2.4所示，在高效便捷的算法管理下，数字平台凭借数据驱动的智能化决策，快速完成人单的精准匹配、劳动过程的瞬时优化、劳动定价的动态调整以及平台准入/退出的即时管理。尤其是在劳动分工与合作方面："三个世纪前，被亚当·斯密认为是组织生产能力关键的劳动分工细化还会继续，这得益于越来越来智能的算法，复杂工作能够分解成很小、很简单的任务，由数百名工人分别处理，然后再重新组装成一个整体。亚马逊的土耳其机器人已经将这种逻辑应用于许多任务。"[⑤] 如此一来，在数字劳动关系管

---

① Kuhn, K. M. and Maleki, A., "Micro-entrepreneurs, Dependent Contractors, and Instaserfs: Understanding Online Labor Platform Workforces", *Academy of Management Perspectives*, Vol. 31, No. 3, 2017, pp. 183 – 200.

② 刘善仕等：《在线劳动平台算法管理：理论探索与研究展望》，《管理世界》2022年第2期。

③ Gandini, A., "Labor Process Theory and the Gig Economy", *Human Relations*, Vol. 72, No. 6, 2018, pp. 1039 – 1056.

④ ［英］菲尔·琼斯：《后工作时代：平台资本主义时代的劳动力》，陈广兴译，上海译文出版社2023年版，第81页。

⑤ ［美］杰奥夫雷·G. 帕克、马歇尔·W. 范·埃尔斯泰恩、桑基特·保罗·邱达利：《平台革命：改变世界的商业模式》，志鹏译，机械工业出版社2017年版，第278页。

理中，以往面对面的人际交往变得少无踪影，取而代之的是即时的、看似"高冷"的人机互动。进一步地，虽然原本充斥于企业组织的公司政治在算法管理中被化于无形；但与此同时，员工心理契约、团队学习、组织支持等社会化情境因素，在劳动型平台用工实践中也难觅踪迹。

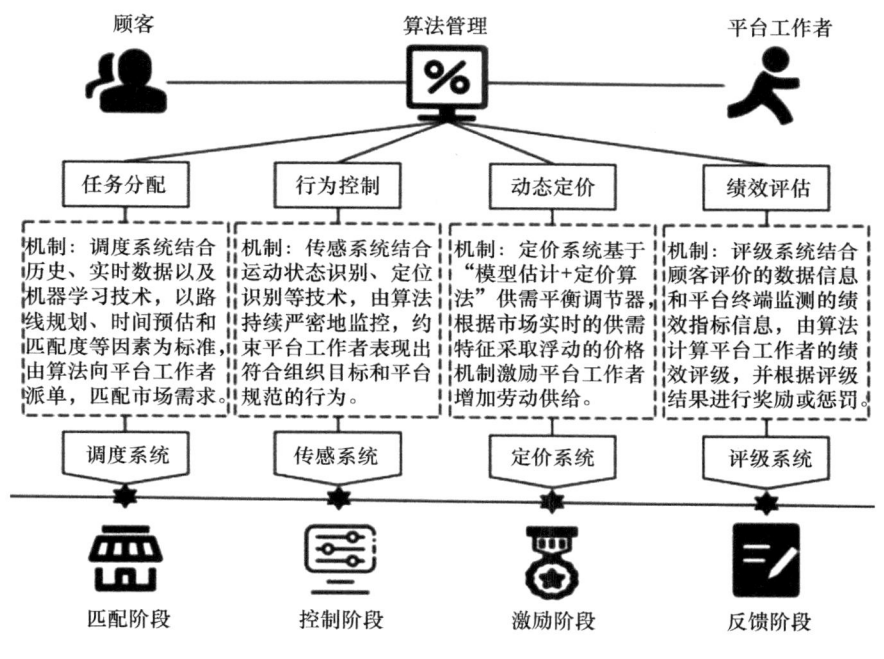

图2.4　数字劳动算法管理的运作机制

资料来源：刘善仕等：《在线劳动平台算法管理：理论探索与研究展望》，《管理世界》2022年第2期。

四　数字劳动激励数字声誉化

劳动型平台经济的实践表明，数字劳动双边博弈的"陌生人"化，导致传统雇佣制中的显（隐）性激励机制要么制度性缺场，要么发生功能性弱化。首先，传统雇佣制中盛行的股权激励、内部晋升等长期性激励机制，因按需服务的短期化、项目化用工特征而无法在数字劳动中进行制度复制。其次，基于劳动结果的固定报酬给付（悬赏、竞价或按单付酬），是数字劳动市场交割的通常做法。动态调价是数字平台调配不同时段地点按需服务供给的一种手段,而非旨在提升劳务质量而设置的价格激励。再次,数字劳动供给的原子化,使得劳动者之间几无社会化交往,从而导致群体性规范等非正式激励机制也无法形成与发挥功效。最后,用工方在"协同创新"中推卸掉对劳动者的风险分担和资源支持,但同时也弱化了其诚实履约的事前激励。加之,数字劳动者集体行动的缺失和政府规制的滞后和缺位,进一步降低了用工方的违约成本,助长了其损害劳动者权益的道德风险。

实践中,正是由于维系劳动关系契约激励的传统制度安排无法嫁接或内生演化,如表 2.6 所示,数字平台就充分利用 Web 2.0 交互性和算法管理,构建起以用户打分、顾客评价和劳动者诚信档案等为基础的数据声誉机制,来控制道德风险和保护交易环境,以防止因劳动型平台经济"柠檬化"而导致市场崩塌。[①]

表2.6　　　　　　　数字声誉的形成、作用与影响

	自由职业者平台	数字零工平台
工作任务类型	多样化的知识型工作	常规性、低技能服务
顾客作用	负责选定劳动者,以及对劳动者业绩表现进行评价	负责对劳动者业绩表现进行评价
劳动评价系统	顾客多维评分与留言评论	顾客五星评价与留言评论
对劳动者的影响	声誉积分决定劳动者的任务搜索排名和算法推荐的优先程度	声誉积分是智能派单的重要依据,并直接影响未来接单机会
对顾客的影响	几无影响,并无须说明评价结果正当性,也不受平台监管	几无影响,并无须说明评价结果正当性

资料来源:笔者根据公开资料自制。

本质上,数字声誉就是一种网络口碑,是维系数字劳动市场"陌生

---

① Silberman, M. S. and Irani, L., "Operating an Employer Reputation System: Lessons from Turkopticon: 2008 – 2015", *Comparative Labor Law & Policy Journal*, Vol. 37, No. 3, 2016, pp. 472 – 505.

人交易"运转的信任之基。相比于口口相传的声望和信誉，数字声誉的载体化、可视化和传媒化，有效地摆脱了面对面的人际传播局限而更加容易"声名远播"。正因如此，"关注度、名气、影响力，以及其他形式的无形价值可以在平台上扮演货币的角色"①。从制度功效看，数字声誉机制通过信号显示和质量甄别，来实现劳动型平台按需服务的高效精准对接。进一步地，数字声誉及其积分变化又直接影响市场主体的发（承）包资质，从而对用工双方的履约行为产生规范约束作用。譬如，亚马逊土耳其机器人平台上劳动任务的通过率，即任务合格的比例就相当于数字声誉。由于平台通常要求数字劳动者的任务通过率超过95%，因此，即使一次不合格，也会限制劳动者未来参与工作的机会，从而严重影响他们的创收能力。②

第三节 数字劳动的实践挑战

进入数字时代，劳动型数字平台的兴起和发展，不仅开辟了劳动力资源市场化配置的新空间，客观上增加了用工弹性，开辟了新的就业渠道，③ 但同时在劳动力市场双边化的制度实践中，劳动服务合同取代雇佣劳动契约，也为劳动关系管理提出了新问题新挑战。正如有学者所言："劳动者平台是所谓自由职业者或1099经济的保护壁垒，也导致了关于社会影响和公平的其他问题。毕竟，像Upwork、跑腿兔和提供洗衣服务的Washio之类的平台对于那些重视弹性工作计划的人而言很好，但是对于那些必须基于自由工作的原则，在不享有法律通常规定应该享有的福利和工作保护的情况下，从事全职工作而且别无选择的员工而言，就存

---

① ［美］杰奥夫雷·G. 帕克、马歇尔·W. 范·埃尔斯泰恩、桑基特·保罗·邱达利：《平台革命：改变世界的商业模式》，志鹏译，机械工业出版社2017年版，第38页。
② ［美］玛丽·L. 格雷、西达尔特·苏里：《销声匿迹：数字化工作的真正未来》，左安浦译，上海人民出版社2020年版，第43页。
③ Schörpf, P., et al., "Triangular Love-hate: Management and Control in Creative Crowdworking", *New Technology, Work and Employment*, Vol. 32, No. 1, 2017, pp. 43 – 58.

在更多问题。"① 这集中表现在：数字平台的算法专制，加剧了劳资双方的力量失衡；工作任务的拆解导致劳动者的"去技能化"和劳动报酬水平下降；零工经济精益化加剧了就业不稳定化和劳动基本权益的消解。

一　数字平台的单边垄断

双边市场的一个典型特征就是存在间接网络外部性。② 目前来看，由于成规模的劳动型平台数量有限，平台生态系统中信息不对称，加之数字劳动供给相对过剩催生"逐底竞争"，导致数字劳动市场蜕变成为一个买方垄断市场。③ 其结果，在劳动型平台用工实践中，劳动控制权的分解和重构，并没有实现"去中心化"对等配置；相反，数字平台凭借撮合交易的技术、信息和资本优势，不断内部化间接网络外部性，实际左右着双边市场交易的规则设置和信息发布，重塑市场交易的权力关系和劳资关系，形成了数字平台单方决定的市场格局。正如有学者所言："在一个无限供给—无限需求的空间，零工无法依靠传统分销模式来扩散自己的劳动，无论是产品还是服务，供给与需求之间的匹配完全依赖数字平台，依赖算法道德与效率。"④

首先，一方面，亚马逊土耳其机器人、优步等数字平台进行"技术中介"的自我市场营销，竭力消弭在风险分担和权利保障方面的"雇主责任"。⑤ 譬如，在 2019 年 IPO 招股说明书中，优步就直言不讳地强调：

> 如果，因为立法或司法判决的结果，我们不得不将网约车司机定性为企业员工……这将因劳动补偿给我们带来额外的巨大财务支

---

① [美] 杰奥夫雷·G. 帕克、马歇尔·W. 范·埃尔斯泰恩、桑基特·保罗·邱达利：《平台革命：改变世界的商业模式》，志鹏译，机械工业出版社 2017 年版，第 234 页。
② Rochet, J. C. and Tirole, J., "Platform Competition in Two-sided Markets", *Journal of the European Economic Association*, Vol. 1, No. 4, 2003, pp. 990–1029.
③ Tammy, K., "Collective Action in the Digital Reality: the Case of Platform-Based Workers", *Modern Law Review*, Vol. 84, No. 5, 2021, pp. 1005–1040.
④ 邱泽奇：《零工经济：智能时代的工作革命》，《探索与争鸣》2020 年第 7 期。
⑤ Kennedy, E. J., "Employed by an Algorithm: Labor Rights in the On-demand Economy", *Seattle University Law Review*, Vol. 40, No. 3/4, 2017, pp. 987–1048.

出，包括劳动合规（包括执行最低工资标准，支付加班工资，以及保证司机就餐与休息时间等）的费用支出、员工福利支出、社会保障金缴纳、纳税支出以及支付违规罚金等。进一步地，类似的用工性质重新定位，还将根本改变平台商业模式，因而会对企业业务和财务状况产生不利冲击。

另一方面，通过服务协议和平台操作界面设计，又不同程度变相获取调配生产的"雇主权威"，在平台接入、服务定价（价格或价格范围）、劳动过程管理和用工评价等方面发挥着关键作用。并且，数字平台的这些算法规则秘而不宣，极大地降低了数字劳动过程管理的透明性。譬如，优步决定什么样的车型符合平台的规定，有时候它还会随心所欲地修改适配车型的清单。它可以按自己的意愿设置和变更费率，控制着派单系统，用补贴和奖励政策来区别和筛选司机，甚至保留了无理由终止或辞退一名司机的全部权力。[①]

进一步地，在破解"鸡生蛋还是蛋生鸡"难题的市场策略选择中，劳动型平台通常对多归属（multi-homing）的数字劳动者实施监管套利，以规避法定福利和劳动保护；但对单归属的用工方通常"偏爱有加"，以形成和巩固排他性关系激励。正如玛丽·L. 格雷和西达尔特·苏里所指出的："平台把请求者当成可见的、有价值的客户，请求者可以在不受指责的前提下中途更改工作要求；而按需工人大多销声匿迹，被认为是可替换的。"[②] 同时，数字平台通过劳务信息发布的精心操控，放大平台与劳动者之间的信息不对称，以压缩劳动者工作自主空间，实现对其"软控制"[③]。

其次，数字劳动者地域分布高度分散，人员异质性强，劳动供给的

[①] ［美］亚历克斯·罗森布拉特：《优步：算法重新定义工作》，郭丹杰译，中信出版社 2019 年版，第 99 页。

[②] ［美］玛丽·L. 格雷、西达尔特·苏里：《销声匿迹：数字化工作的真正未来》，左安浦译，上海人民出版社 2020 年版，第 117—118 页。

[③] Shapiro, A., "Between Autonomy and Control: Strategies of Arbitrage in the 'On-demand' Economy", *New Media & Society*, Vol. 20, No. 8, 2018, pp. 2954–2971.

原子化和匿名化特征明显。特别是，"连接性的扩大在带来潜在的就业机会的同时，也给劳动者带来潜在的威胁。其中的一个威胁，就是劳动者的可替代性（fungibility）大大提高"①。数字劳动市场中"抢单"现象常态化，导致劳动者之间形成事实上的竞争关系。② 数字劳动供给的上述特征，相当程度上弱化了数字劳动者的群体身份认同和结社维权的意愿，自然使其难以通过集体行动，有效参与数字劳动平台的协议创制和规则制定。其结果，在劳动型数字平台多边关系中，数字劳动者大都成为最为弱势的一方，身陷算法控制、全景监控和匿名顾客评价的"数字旋涡"。对此，本书第七章将作进一步细述。

实践中，数字平台注册服务协议大都是冗长且充斥技术性用语的附合合同（adhesion contracts），普通劳动者"要么全盘接受，要么退出"。并且，平台对合同的修改并不或仅临时通知用户，还将用户的继续使用视为用户接受相关修改。③ 以众包微劳动平台——亚马逊土耳其机器人为例，平台把工作的最低报酬设定为每项微任务 1 美分，劳务酬金由用工方报价，劳动者不拥有议价权；用工方在占有数字劳动成果的同时，可以以任何理由拒绝支付。并且，数字平台可以单方面屏蔽劳动者账户，而无须反馈任何理由。一名在亚马逊土耳其机器人接活的"托客"说道:④

> 众所周知——但平台就不告诉你——如果你在一定期限内数次被平台阻断抢单——我们只能猜算具体次数，我认为是 3 次——平台就会注销你的账户。你甚至不知道何时被阻断过。有时，你会收到一封邮件，有时什么也没有……这很令人揪心，带来不必要的焦

---

① 王宁：《连接性和可替代性：零工之别的内在逻辑》，《探索与争鸣》2020 年第 7 期。
② Wood, A. J., et al., "Good gig, Bad Gig: Autonomy and Algorithmic Control in the Global Gig Economy", *Work, Employment and Society*, Vol. 33, No. 1, 2018, pp. 56–75.
③ [意] 圭多·斯莫尔托：《平台经济中的弱势群体保护》，《环球法律评论》2018 年第 4 期。
④ Rani, U. and Furrer, M., "Digital Labor Platforms and New Forms of Flexible Work in Developing Countries: Algorithmic Management of Work and Workers", *Competition & Change*, Vol. 25, No. 2, 2021, pp. 212–236.

第二章　数字劳动的内涵、形态与特征研究　81

虑。你总是担心"谁在阻断我?""我的账户会被注销吗?"……我知道平台能够解决这一问题,但他们就是什么也不做。我憎恨在时刻面临被平台封号的威胁下工作,这不公平……在这方面,工人们需要帮助。

一名优步司机也吐槽道:[1]

优步实际上在施加强迫。平台会说没有必要在某些时段保持在线,除非你愿意。但是,如果你上线,并没有接单,那你的接单率就会下降。……平台要求至少95%的接单率,低于这一水平,就可能被封号。……不仅对接单率有要求,订单取消率也是如此,尽管平台说你有百分之百的权利来取消订单……。

面对用工方劳动成果的核验错误,甚至"工资偷窃"等用工欺诈行为,劳动者往往投诉无门。而一旦发生用户欺凌现象,即使在像跨境客等劳动型平台中,劳动者通常也选择忍气吞声,以免因劳动仲裁不利而影响自身的数字声誉。

最后,从劳动型平台发展实践看,用工方作为数字平台的"补贴方",在数字劳动市场双边博弈中实际享有多方面的交易权利,甚至可以在全球范围内进行"劳动套利"[2]。譬如,对于"云劳动"而言,处于需求垄断的用工方在接单资质和工作条件设置等方面拥有决定权。[3] 并且,在数字劳动"逐底竞争"影响下,无论是按件付酬,还是以时薪给

---

[1] Schor, J. B., et al., "Dependence and Precarity in the Platform Economy", *Theory and Society*, Vol. 49, No. 2, 2020, pp. 833 – 861.

[2] Graham, M., et al., "Digital Labor and Development: Impacts of Global Digital Labor and the Gig Economy on Worker Livelihoods", *Transfer: European Review of Labor and Research*, Vol. 23, No. 2, 2017, pp. 135 – 162.

[3] Aloisi, A., "Commoditized Workers: Case Study Research on Labor Law Issues Arising from a Set of On-demand/Gig Economy Platforms", *Comparative Labor Law & Policy Journal*, Vol. 37, No. 3, 2016, pp. 620 – 653.

付，用工方实际掌控了劳动定价权。在日本自由职业者平台——Lancers 和 Crowdworks，都设置了针对劳动者的评价系统，用工方可以对接单后的劳动者进行评价，进而可以根据评价积分来挑选接单者。[①] 对于 99 设计等众创平台，用工方在提交的众多劳动成果中"优中选优"，充分享有了无边界的人才红利，但客观上又不免有滥用劳动力资源之嫌。更重要的是，作为发包方的技术公司通过亚马逊土耳其机器人平台来利用数字劳工，就可以免受承担雇主义务。同时，发包方可以在点击鼠标之间"雇用"和"解雇"他们。不同于解雇传统的正式员工，用工方不用向政府报备，也不会引发任何法律风险。正如莫里茨·奥滕立德所指出的："从资方角度来看，众包工作创造了一支高度灵活、调控自如、按需应变的劳动力队伍，可以随时雇用或解雇工人，且雇主几乎不用承担任何责任。"[②]

二 数字劳动过程管理的算法专制

实践表明，在数字劳动实践中，算法管理虽然极大地降低了数字劳动市场的交易成本，但其供需匹配规则和定价机制具有不透明性。[③] 并且，在日益激烈的平台竞争中，为维持自身的核心竞争力，数字平台通常对算法功能及其评分标准"秘密而宣"，进一步加剧了数字劳动过程管理的不透明。劳动型平台算法管理的"黑箱化"，极易引发基于用户画像的"算法偏见"，从而不同程度影响数字劳动者的接单机会、交易公平感知和从业满意度。其结果，渴望拥有工作自主的劳动者逃离传统"朝九晚五"的"时钟的枷锁"，却在不知不觉中又落入"算法专制"的巢穴。[④] 对此，菲尔·琼斯一针见血地指出："在所谓的'零工经济'

[①] Shibata, S., "Gig Work and the Discourse of Autonomy: Fictitious Freedom in Japan's Digital Economy", *New Political Economy*, Vol. 25, No. 4, 2020, pp. 535–551.

[②] [德] 莫里茨·奥滕立德：《数字工厂》，黄瑶译，中国科学技术出版社 2023 年版，第 151—152 页。

[③] ILO, *Digital Labor Platforms and the Future of Work: Towards Decent Work in the Online World*, International Labor Office, Geneva, 2018.

[④] Lehdonvirta, V., "Flexibility in the Gig Economy: Managing Time on Three Online Piecework Platforms", *New Technology, Work and Employment*, Vol. 33, No. 1, 2018, pp. 13–29.

中，工人被剥夺了赋予雇员的所有权利，但没有获得独立承包商的自由。尽管人们声称他们可以免受他人的监督，但不得不处于压迫性算法更大的暴政之下。"①

第一，数字平台通过注册用户账户管理，实际决定着数字劳动者的接单机会。换言之："平台可以方面决定谁有访问权限、谁没有访问权限，这意味着平台可以决定谁能赚钱、谁不能赚钱。平台使用自己的内部软件工具决定谁留下和谁离开。工人往往没有追索权。"② 对此，数字平台还通常美其名曰"终止合作关系"。

第二，对于劳动结果的核验，基于数据驱动的智能化决策通常采用"多数法则"，对不同劳动者完成同一任务的结果进行一致性比照，出现频次占优但实际上并不准确甚至错误的结果往往被认定为"标准答案"③。相反，劳动结果质量高的"少数派"则可能无法通过审核而劳而无获。对于饱受"逐底竞争"之苦的数字劳动者而言，这种"算法偏见"进一步降低了其分配公平感知；并且还可能因影响劳动成果审核通过率，而无法进一步获得接单机会，造成事实上的就业机会不公平。

第三，基于机器深度学习的算法管理，是一个不断演化迭代的过程。随着用户大数据指数级增长，基于数据驱动的算法规则也持续进行优化。由此，面对内生于算法管理的实践偏差，不仅数字劳动者无力应对，而且平台自身通常也不置可否。从程序公平感知看，面对冷冰冰、缺乏透明度的智能化决策结果，劳动者通常只能被动接受。并且，平台企业蓄意侵害数字劳动者利益的不当行为，如"工资偷窃"等，一旦被发现，就将其归咎于平台算法系统故障而一推了之。④ 一名受访的

---

① [英]菲尔·琼斯：《后工作时代：平台资本主义时代的劳动力》，陈广兴译，上海译文出版社2023年版，第29页。
② [美]玛丽·L.格雷、西达尔特·苏里：《销声匿迹：数字化工作的真正未来》，左安浦译，上海人民出版社2020年版，第215页。
③ Irani, L., "The Cultural Work of Microwork", *New Media & Society*, Vol. 17, No. 5, 2015, pp. 720–739.
④ Farrai, F. and Graham, M., "Fissures in Algorithmic Power: Platforms, Code and Contestation", *Cultural Studies*, Vol. 35, No. 4–5, 2021, pp. 814–832.

外卖骑手谈道：[①]

> 程序员把我们视为数字，平台算法也是这样……他们不能对我们置之不理，不考虑我们奔波于大街小巷的真实感受。因为，他们变更平台规则会直接影响我们生计，我们并不确知平台规则为何以及作了何种更改。我们只是第二天一觉醒来，面对呈现附带新特征的 App 升级版。

第四，为增强用户黏性，防止劳务供需双方的场外交易，数字平台刻意利用网络架构，限制用工双方的信息交流。[②] 以亚马逊土耳其机器人平台为例，劳动者不仅无法基于数字平台进行直接交流，其接单后也不能从用工方获取详尽的任务信息和积极的业绩反馈。从交互公平看，算法管理大行其道，固化了数字劳动过程管理的去人际化，不仅导致"员工声音"缺场，甚至劳动尊严在新的"机器膜拜"中也不断被侵蚀。并且，"由于 API 控制着工人和请求者之间的交互，如果工人需要指导或帮助，也没有人可以求助"[③]。

三 劳动数字声誉的激励扭曲

如前文所述，劳动数字声誉在化解数字劳动市场逆向选择和道德风险方面发挥着不可替代的作用。但劳动型平台市场发展表明，受利益相关方逐利行为的影响，劳动数字声誉的功效发挥，也遭遇诸多实践障碍而产生激励扭曲。其结果，正如菲尔·琼斯所指出的："评分系统是一种压迫性的存在，通常代表着再次找到工作和被剥夺权利之间

[①] Mendonca, P. and Kougiannou, N. K., "Disconnecting Labor: The Impact of Intraplatform Algorithmic Changes on the Labor Process and Workers' Capacity to Organize Collectively", *New Technology, Work and Employment*, Vol. 38, No. 1, 2023, pp. 1 – 20.

[②] D'Cruz, P. and Noronha, E., "Target Experiences of Workplace Bullying on Online Labor Markets: Uncovering the Nuances of Resilience", *Employee Relations*, Vol. 40, No. 1, 2018, pp. 139 – 154.

[③] [美] 玛丽·L. 格雷、西达尔特·苏里：《销声匿迹：数字化工作的真正未来》，左安浦译，上海人民出版社2020年版，第215页。

第二章 数字劳动的内涵、形态与特征研究

的差别。"①

首先，从数字声誉形成过程看，相比于传统的口碑、声望和名誉，数字声誉积分由平台算法自动生成。由于算法评分的标准不透明且频繁变更，导致依赖平台营生的数字劳动者身陷一个"无形牢笼"之中，②时刻为维持一个好的网络口碑而心神不定。通常情况下，由顾客评价形成的数字声誉直接决定数字劳动者的平台排名、参与奖励计划的资格以及未来的接单机会。譬如，在跑腿兔平台，劳动者声誉积分越高，其线上简历的平台曝光度就高。而在优步推出的"Uber Pro"奖励计划中，网约车司机的声誉积分至少达到 4.85 分才有资格加入。美国线上杂货配送平台——Instacart 则根据劳动者声誉积分，来决定其可以浏览和选择的平台派送任务。③

进而，实践中仅有"一面之缘"的发包方或消费者一键点评，就很大程度上左右了劳动者的就业命运，但同时却不用为此承担多大责任。在对待数字劳动者方面，这自然会使一些顾客任性而为。同时，因在性别、地域或种族等方面抱持成见，任务发包方或消费者对劳动者给出差评的现象也时有发生。这种"认知偏见"降低了劳动者数字声誉，导致其无法接单，甚至丧失平台接入资格（deactivation），从而造成事实上的"就业歧视"④。并且，更为常见的是，顾客对平台评分等级认知不一，实际给出的分数往往会"误伤"劳动者。一名自由职业者在网络论坛留言板上吐槽道：⑤

---

① ［英］菲尔·琼斯：《后工作时代：平台资本主义时代的劳动力》，陈广兴译，上海译文出版社 2023 年版，第 62 页。
② Rahman, H. A., "The Invisible Cage: Workers' Reactivity to Opaque Algorithmic Evaluations", *Administrative Science Quarterly*, Vol. 66, No. 4, 2021, pp. 945–988.
③ Chan, N. K., "Algorithmic Precarity and Metric Power: Managing the Affective Measures and Customers in the Gig Economy", *Big Data & Society*, Vol. 9, No. 2, 2022, pp. 1–13.
④ Rosenblat, A., et al., "Discriminating Tastes: Uber's Customer Ratings as Vehicles for Workplace Discrimination", *Policy & Internet*, Vol. 9, No. 3, 2017, pp. 256–279.
⑤ Rahman, H. A., "The Invisible Cage: Workers' Reactivity to Opaque Algorithmic Evaluations", *Administrative Science Quarterly*, Vol. 66, No. 4, 2021, pp. 945–988.

许多顾客不会给出 9 分或 10 分，即使对劳动成果非常满意。他们就是这样的人。在他们眼中，给出一个 8 分甚至 7 分已经非常不错了。他们并不知道的是，他们给出的分数会严重影响劳动者随后的接单机会。

此外，虽然数字劳动市场不易发生"刷好评"等声誉造假行为，但研究发现，数字劳动者的网络口碑却存在声誉注水现象（reputation inflation）。即随着时间推移，劳动者数字声誉积分均值水平不断走高。据统计，在乘客给出的 5 星级评价中，95% 的优步司机均为 4.5 分以上。不言而喻，劳动数字声誉名实不符降低了其信号显示质量，弱化了其"存优去劣"的激励功效。

其次，从劳动数字声誉的作用发挥看，网络口碑积分的高低直接关乎劳动者的接单资格和抢单成功概率。一方面，劳动者数字声誉不佳，就会面临接单机会减少，甚至被封号的就业风险。譬如，在优步平台，在基于乘客反馈的 5 星评级制下，注册司机声誉积分一旦低于 4.6 分，其账户就会被暂停甚至屏蔽除名。进而，在平台算法评分下，劳动者的数字声誉变动不居，实际导致依托数字平台就业的劳动者身陷"无穷尽的试用期"之中。[1] 相比之下，网络口碑上佳的劳动者不仅更容易抢单成功，而且有更多机会在更短期时间内接到报酬相对优厚的"好活"[2]。而对于"新手"而言，数字劳动供给存在的这种"明星效应"，意味着受数字声誉积分低下和平台工作经历单薄的拖累，即使自身能力素质过硬，也通常难以如愿接单。数字声誉积分累积而形成事实上的"进入壁垒"，一定程度上造就了数字劳动供给的"再中介化"现象，即那些

---

[1] Aloisi, A., "Commoditized Workers: Case Study Research on Labor Law Issues Arising from A Set of On-Demand/Gig Economy Platforms", *Comparative Labor Law & Policy*, Vol. 37, No. 3, 2016, pp. 620–653.

[2] Wood, A. J., et al., "Good gig, Bad Gig: Autonomy and Algorithmic Control in the Global Gig Economy", *Work, Employment and Society*, Vol. 33, No. 1, 2018, pp. 56–75.

"明星"劳动者接单后,再转包给新手,以从中获取佣金。[1]

最后,从数字声誉的资产价值看,网络口碑是数字劳动者最重要的数字资产。现实中,那些依靠劳动型平台维持生计的劳动者通常注册多个平台,以尽可能多接单,来对冲按需服务不可预期的影响。但劳动数字声誉无法实现跨平台自由流动,虽然有利于增强平台用户黏性,但放大了劳动者的退出成本,加剧了其对注册平台的实质性依附。同时,劳动数字声誉资产缺乏流动性,也使得劳动者无法提供最基本的工作经历信息,以顺利进入传统行业就业。

四 数字劳动的工作不稳定

相比于传统雇佣劳动,一方面,数字劳动不同程度上实现劳动赋能,增强了就业灵活和工作自主;另一方面,在"有劳动关系无劳动合同"的制度安排下,使原本附着于雇员身份的劳动权益不断被稀释,引致和加剧了劳动者工作收入的不稳定性。并且,数字劳动的不稳定性将公众(public)转变为个体(private),促使数字劳动者承担起政府先前承担的责任,将他们的行为和可能的失败视为自己的选择。[2]

大量在线民族志调查表明,碎片化和弹性化雇佣方式没有给数字劳动者带来"去等级化和平等化"的劳资关系。数字劳工遭遇的"体面劳动赤字",在发达国家众包微劳动中体现尤甚。因而,数字劳动的兴起与发展,实际上是"工作场所裂化"[3]趋势在数字时代的延续,如表2.7所示,表面上的就业灵活,给劳动者带来的却是劳动风险自担和工作收入不稳定。

---

[1] Graham, M., et al., "Digital Labor and Development: Impacts of Global Digital Labor Platforms and the Gig Economy on Worker Livelihoods", *Transfer: European Review of Labor and Research*, Vol. 23, No. 2, 2017, pp. 135–162.

[2] 文军、刘雨婷:《新就业形态的不确定性:平台资本空间中的数字劳动及其反思》,《浙江工商大学学报》2021年第6期。

[3] Weil, D., *The Fissured Workplace: Why Work Became so Bad for so Many and What Can be Done to Improve it*, Cambridge, Massachusetts: Harvard University Press, 2014.

表 2.7　　　　　　　　　数字劳动的工作不稳定

表征维度	主要表现	主要原因	典型劳动类型
工作任务	在线抢单	劳动供给过剩	自由职业者、众包微劳动和按需劳动
就业安全	平台随时冻结账户或封号	算法管理	自由职业者、众包微劳动和按需劳动
劳动收入	报酬低下和收入不稳定	逐底竞争 平台或顾客单边定价 订单不可预见性	自由职业者、众包微劳动和按需劳动
经营风险	劳动者自备生产工具	平台"轻资产"经营	按需劳动
社会保障	社会保障缺失	用工关系模糊	按需劳动、众包微工
工作安全	人身伤害	平台严苛制度、顾客无理要求和劳动规制滞后	按需劳动
职业生涯	职业天花板低	劳动任务分割	按需劳动、众包微工
身心健康	过劳、职业歧视与心理伤害	平台严苛制度、顾客偏见、劳动规制滞后	按需劳动、众包微工

资料来源：笔者根据公开资料自制。

首先，在数字平台用工模式实现从"公司+雇员"到"平台+个人"的组织变革中，数字劳动者通常被定义成"自雇者"或"独立承包商"，而非传统意义上的雇员。譬如，在欧盟国家，每 10 个劳动型平台中就有 9 个将劳动者定义成"自雇者"。至少有 550 万名数字劳动者被"不当归类"[①]。进而，原本附着于雇员身份的各种法定劳动权益保障，如最低工资保障、就业安全、退休养老保险等，在劳动者"就（创）业自主"的市场吹捧中不断被规避和"悬空"。数字劳动者在获得"工作自由"的背后，大多却陷入无劳动合同、无社会保险、无劳动保障的"三无"窘境，从而使劳动者的制度性地位倒退回 19 世纪计件工

---

① European Commission, *Proposal for a Directive of the European Parliament and of the Council on Improving Working Conditions in Platform Work*, Brussels, 2021.

作的水平。① 尤其当数字平台走向垄断时，数字劳动者的境遇就更加堪忧。

实证分析发现，劳动报酬低是数字劳动者不公平感知的主要致因。② 如表2.8所示，在"托客"等众包经济微劳动中，劳务时薪的平均水平远低于美国最低工资标准，以至于这些劳动者就是数字血汗工厂中的计件工。在劳动型平台中，劳动者更多来自处于弱势地位的社会群体，他们绝大多数是非白种人，年龄30岁以下，高中教育水平，年收入在3万美元以下。因此，正如菲尔·琼斯所言："虽然比糟糕的非正规就业更加安全，在某些情况下报酬也更高一些，但微工作通常仍然是那些走投无路之人的专利。"③

表2.8　　　　　　　**数字劳动的时薪水平（以美元计价）**

数字平台	按实际支付劳动时间计算的时薪		包括未支付劳动时间计算的时薪	
	均值	中位数	均值	中位数
Mturk（USA）	7.50	8.51	5.63	6.54
Mturk（India）	1.50	3.40	1.67	2.53
Crowdflower	1.50	2.65	1.11	1.95
Clickworker	3.19	4.49	2.13	3.19
Prolific	4.55	5.45	3.56	4.26
Microworkers	1.60	3.00	1.01	2.15
All platforms	3.00	4.43	2.16	3.31

资料来源：ILO（2018）。

在日本东京，从事零工的平均时薪在1英镑至3英镑，远低于每小

---

① 邱泽奇：《零工经济：智能时代的工作革命》，《探索与争鸣》2020年第7期。
② Berg, J., "Income Security in the On-demand Economy: Findings and Policy Lessons from a Survey of Crowdworkers", Comparative Labor Law & Policy Journal, Vol. 37, No. 3, 2015, pp. 543–576.
③ [英] 菲尔·琼斯：《后工作时代：平台资本主义时代的劳动力》，陈广兴译，上海译文出版社2023年版，第14页。

时7英镑的最低工资。① 即使对于那些被公认为"好工作"的高技能型职业，在劳动型平台就业所获报酬也明显低于传统正规就业时的薪酬水平。② 对于那些全职的低技能数字劳工而言，不得不更多通过"自我剥削"、自我压榨的方式来维持必要的收入水平。

其次，数字劳动者"雇员"身份的丧失换回的所谓"就业灵活""工作自主"，在数字劳动市场的制度演化中大多名不符实。灵活的资本主义自然化了"临时的工作场所"，催生了自由工作的情绪和想象。③ 在劳动型平台创立初期，数字资本蓄意勾勒出一幅劳动乌托邦式的蓝图：劳工与平台之间是"更为自由的平等协作关系；算法规则是为了更有效率地规划劳动过程，劳动者不仅多做多得、绝对公正，更可以选择随时关闭App，根据需求规划个人时间……"④。正如戴安娜·马尔卡希在《零工经济》中所指出的：

> 优步（Uber）司机的工作环境和大多数出租车司机的工作环境很相似，他们都是合同工，没有福利，没有加班费或最低工资保障，更没有失业保险。但是很多人愿意成为Uber司机而不是出租车司机，其中一个原因就是前者能够自己掌控工作时间和强度。⑤

但实际上，随着数字平台算法管理的日益精进，数字平台"通过数字化全景式监管、订单奖励诱导、精准的惩罚压力、落后淘汰的竞争压力等多种手段，使置身其中的劳动者经常处于'高度紧张但又欲罢不能'的焦虑状态中"⑥。以优步为例，一方面，数字平台蓄意制造劳动

---

① Shibata, S., "Gig Work and the Discourse of Autonomy: Fictitious Freedom in Japan's Digital Economy", *New Political Economy*, Vol. 25, No. 4, 2020, pp. 535–551.

② Dunn, M., "Digital Work: New Opportunities or Lost Wages", *American Journal of Management*, Vol. 17, No. 4, 2017, pp. 10–27.

③ 文军、刘雨婷：《新就业形态的不确定性：平台资本空间中的数字劳动及其反思》，《浙江工商大学学报》2021年第6期。

④ 周安安：《平台劳动：从"乌托邦"到"利维坦"》，《文化纵横》2020年第4期。

⑤ [美] 戴安娜·马尔卡希：《零工经济》，陈桂芳译，中信出版社2017年版，第XIII页。

⑥ 王星：《零工技能：劳动者"选择的自由"的关键》，《探索与争鸣》2020年第7期。

过程的信息不对称，使网约车司机在选择是否确认接单之前，无从知晓乘客目的地等信息，这自然极大地限制了数字零工实际拥有的工作自主性；另一方面，数字平台还通过设置必须在15秒内确认接单、拒单率超过一定值就会面临"被封号"等规定，以及动态推出高峰定价措施等，来实现对表面上拥有接单自由的众多网约车司机的有效控制。

除了算法管理对劳动过程的"软控制"，数字劳动按需服务性质直接造成工作时间零碎不定。为防止错失抢单机会，劳动者只能无论昼夜与闲暇而保持时刻在线。① 其结果，"害怕错过"（fear of Missing Out）成为数字劳动者日常生活中挥之不去的工作心结。一名在亚马逊土耳其机器人平台有5年工作经历的女性"托客"说道：

> 如果一天工作12—16小时，我赚取的时薪可能大概为5美元。但那只是有活可干时的情形。但当你把等待下一个任务或寻找工作的时间计算在内，时薪水平就会大大降低。现在从事这类工作的人很多，但好的任务却在变少。有时，我得在深夜爬起来，只是想看看能不能抢到一些好活。如果你下手不够快，绝大多数HIT会被他人抢走。②

另外一名印度"托客"讲述了对账户被禁的恐惧：③

> 我们通过完成土耳其机器人上的工作来经营家庭、支付抵押贷款、赎买食物、养家糊口。你懂得，需求无穷无尽。如果我们失去了账户，就像失去了近5年时间没日没夜燃烧的热血。

---

① Huws, U., "Logged Labor: A New Paradigm of Work Organization", *Work Organization, Labor & Globalization*, Vol. 10, No. 1, 2016, pp. 7 - 26.
② Dubal, V. B., "The Time Politics of Home-Based Digital Piecework", *Perspectives on Ethics, Symposium Issues: The Future of Work in the Age of Automation and AI*, 2020, p. 30.
③ ［德］莫里茨·奥滕立德:《数字工厂》，黄瑶译，中国科学技术出版社2023年版，第166页。

同时，数字劳动的兴起打破了时空限制，一方面，给全球各地拥有一技之长的劳动者提供"劳动套利"机会；另一方面，也不同程度造成劳动供给过剩，催生劳动者之间的逐底竞争。这在身处发展中国家的自由职业者之间表现得尤其突出。一名越南的软件测试员在解释自己竞价策略时谈道：[1]

> 实际上这很简单，我想只要设定最低水平时薪，就能够获得更多任务。全球有众多的自由职业者。我特别关注来自菲律宾的接单者，他们给出的劳务报价极低，我得与他们相比较。

需要指出的是，在24/7工作模式下，数字劳动者通常需要在夜间和周末等非常规工作时段长期劳作。按需服务发单节奏的"时冷时热"，必然造成劳动者时而拼命赶工，时而"无所事事"。这种"工作自主悖论"，自然使数字劳动者难以兼顾就业与家庭、工作与生活的平衡，不同程度加剧了工作焦虑和就业不安全感。活跃于亚马逊土耳其机器人平台的"托客"们经常抱怨需要时时刻刻奔波于家务活动和数字劳动之间。他们得保持经常在线，疯狂争抢报酬优厚的任务，在忙于标注数据的同时，还得惦记着何时送孩子去看病或去药店配药。

不容忽略的是，劳动者通常难以获得足够的接单量而实现"充分就业"，进一步导致其工作收入不稳定。劳动者在搜寻任务信息、参加能力测试、积攒声誉积分、利用论坛信息甄别客户等方面花费的时间精力，也得不到任何补偿。有调查表明，在远程零工经济中，数字劳动者每周平均要花费16小时在线上寻找工作机会，申请接单和琢磨工作任务要求。[2] 对于网约车司机而言，数字平台只是将司机把乘客从出发点送往

---

[1] Graham, M., et al., "Digital Labor and Development: Impacts of Global Digital Labor and the Gig Economy on Worker Livelihoods", *Transfer: European Review of Labor and Research*, Vol. 23, No. 2, 2017, pp. 135 – 162.

[2] Wood, A. J., et al., "Networked but Commodified: The (Dis) Embeddedness of Digital Labor in the Gig Economy", *Sociology*, Vol. 53, No. 5, 2019, pp. 931 – 950.

目的地过程中的劳动认定为"有效"劳动。而其他劳动包括充电、清洗车辆、寻找订单以及从司机接单时刻的位置行驶至乘客的上车地点等,无须向司机支付任何费用。①

此外,数字平台设计缺陷或技术故障,也会使数字劳动者面临得不到报酬的实际风险。正如有学者所指出的:"按需平台网站的设计者假定工人拥有高速宽带和可靠的电源。实际上,数以百万计的人使用过时的电脑、有故障的网络连接甚至共享的 IP 地址来完成任务。平台设计者对产品使用者的设想与现实之间存在巨大的鸿沟,而这其中横亘着一片潜在错误的雷区。一个错误的步骤会使工人彻底得不到工资。"②

最后,在职培训等人力资本投资,不仅有利于企业价值创造,而且也有助于提升个体就业竞争力,增加就业安全。在劳动型平台运行中,劳动者享受不到组织化的职业支持,甚至连劳动工具也要自行配备。"企业不愿意分享他们的工具、培训和其他资源,不是因为技术上太难,而是因为他们不想被视为'名义上的雇主'。"③ 更为重要的是,虽然数字劳动消解了时空限制,为那些技能型劳动者创造了无边界实现人力资本价值的新机会;但从劳动者技能生成看,数字劳动任务的颗粒化和劳动过程的去场景化,割裂了劳动者个体努力投入和最终劳动成果之间的联系,不仅使劳动者难以理解所从事任务的工作性质和工作意义,而且也使其无法基于产品价值链来创造性地开展工作,以不断促进自身的职业成长和就业提升。④ 譬如,亚马逊土耳其机器人平台在针对那些数据处理需求的技术公司和研究者即发包方所作的营销时就声称:"将那些需要费力耗时的项目分拆成微小的、更加易于管理的任务,交给在线的

---

① 佟新主编:《数字劳动:自由与牢笼》,中国工人出版社 2022 年版,第 36 页。
② [美] 玛丽·L. 格雷、西达尔特·苏里:《销声匿迹:数字化工作的真正未来》,左安浦译,上海人民出版社 2020 年版,第 120 页。
③ [美] 玛丽·L. 格雷、西达尔特·苏里:《销声匿迹:数字化工作的真正未来》,左安浦译,上海人民出版社 2020 年版,第 225 页。
④ Graham, M., et al., "Digital Labor and Development: Impacts of Global Digital Labor and the Gig Economy on Worker Livelihoods", *Transfer: European Review of Labor and Research*, Vol. 23, No. 2, 2017, pp. 135 – 162.

劳动者去完成,是一个不错的做法。"对此,一名从事数据标注的众包微工讲道:①

> 他们告诉你:在西红柿图片上画个圈。我们不知道为何。我想每个人都知道西红柿长什么样……接着我就琢磨:这样做,一定对某个人有用处,但是……我并不知道。

从这个意义上讲,马克思所指出的"机器不是使工人摆脱劳动,而是使工人的劳动毫无内容"②,在数字时代得以再次应验。此外,劳动过程的原子化也使得数字劳动者失去工作场所社会化交往的浸润,无法在群体学习和同侪扶助中实现自身人力资本的持续累积。进而,"这可能会创造一种毫无生机的环境,没有福利,没有进步,没有领导,没有同事,没有午餐伙伴,没有下班后的饭局"③。由此观之,虽然基于平台的数字劳动的出现一定程度上创造了新的就业机会,但从事过于碎片化的、单调重复的工作任务,导致劳动者技能退化,不可避免地加剧了劳动异化。特别是对于提供程序化、标准化按需服务的数字劳动者,如网约车司机、外卖骑手和快递员等,虽终日奔波辛劳,但迟早会被平台企业无人化配送替代,从而正面临陷入更加彻底的不稳定就业窘境之中。④

---

① Tubaro, P., et al., "The Trainer, the Verifier, the Imitator: Three Ways in Which Human Platform Workers Support Artificial Intelligence", *Big Data & Society*, Vol. 7, No. 1, 2020, pp. 1 – 12.
② 《资本论》(第一卷),人民出版社 2018 年版,第 487 页。
③ [美] 玛丽·L. 格雷、西达尔特·苏里:《销声匿迹:数字化工作的真正未来》,左安浦译,上海人民出版社 2020 年版,第 211 页。
④ Vertesi, J. A., et al., "Pre-Automation: Insourcing and Automation the Gig Economy", *Sociologica*, Vol. 14, No. 3, 2020, pp. 167 – 193.

第三章 数字劳动的中国情境研究

进入21世纪,随着移动互联网、大数据、云计算和人工智能等现代数字技术持续发展,中国数字经济步入快车道。数据显示,2022年我国数字经济规模50.2万亿,占GDP的比重已经高达41.5%,数字经济在国民经济中地位更加稳固、支撑作用更加明显。[1] 在平台革命推动下,新产业、新业态和新模式竞相涌现。截至2023年底,网上外卖、在线政务、在线医疗、网络视频等数字服务蓬勃发展,用户规模分别达到5.45亿、9.73亿、4.14亿和10.67亿。[2]

总体上看,互联网拓展"职业版图",形形色色的数字劳动应运而生,丰富了劳动者职业选择。这些职业既有人工智能训练师、区块链应用操作员、信息安全测试员、互联网营销师等知识密集型就业岗位,也有外卖骑手、网约车司机、快递员等劳动密集型就业岗位。截至2022年7月,我国标注为数字职业的职业达97个。[3] 毋庸置疑,廓清中国情境下数字劳动的职业图景,把握其制度性特征,洞察其实践挑战,对于促进新就业形态规范发展、强化灵活就业和新就业形态劳动者权益保障有所裨益。

---

[1] 中国信息通信研究院:《中国数字经济发展报告》(2023),第10页。
[2] 中国信息通信研究院:《中国数字经济发展报告》(2022),第16页。
[3] 中国互联网络信息中心:《第53次中国互联网络发展状况统计报告》,第1页。

第一节　中国情境下数字劳动的职业图景

与欧美国家相仿,中国情境下的数字劳动也主要归结为两大类别,即完全发生于数字网络空间的云劳动,也称为"网络众包";基于数字平台 App 的按需劳动,也称为"网约零工"。但就数字劳动的具体形态而言,既有数字技术赋能传统职业的再创新,又有数字化、网络化、智能化生产催生的全新职业。

一　零工经济中的网约零工

在中国,"打零工"现象也早已存在。现代数字技术的普遍应用和劳动型平台的崛起,大大拓宽了零工经济(也称跑腿经济、按需经济)的适用场景,催生了网约车司机、外卖骑手、快递员、家政服务员等一大批从事线上至线下服务(O2O)的灵活从业者。他们通过平台自主接单承接工作任务,准入和退出门槛低,工作时间相对自由,劳动所得从消费者支付的费用中直接分成,其与平台的关系有别于传统的"企业 + 雇员"模式。实践表明,零工经济成为吸纳低学历、低技能劳动者就业的蓄水池。[①]

1. 网约配送员

在中国,以外卖骑手为例,网约配送员至少有三种类型,即平台自雇型、外包型和众包型。2008 年左右,饿了么、美团等外卖平台相继上线,配送服务转由外卖平台统一招募、直接雇用外卖员完成。随着平台竞争白热化,为扩大运力规模,2015 年各外卖平台开始引入众包模式。外包型网约配送员(也称专送骑手)由分包商或劳动派遣机构等劳务中介招募,通常是全职的,接受配送站的管理,有固定的工作时间和配送范围。相比之下,众包型网约配送员不受固定工作日程的束缚,配送范

[①] 莫怡青、李力行:《零工经济对创业的影响——以外卖平台的兴起为例》,《管理世界》2022 年第 2 期。

围不限，接受平台的算法管理。在平台服务协议中，众包型网约配送员被认定为"自雇者"，因而无法受到现行《劳动合同法》的保护，不享有保底工资和社会保障福利。

目前，中国外卖行业主要由美团和饿了么两大平台主导，占据了超过九成的市场份额。截至 2020 年底，中国外卖小哥总人数超过 700 万；美团作为主要的外卖平台，每天活跃骑手就多达 100 万，完成的日送单量高达 2400 万单。2021 年，114 万人通过蓝骑士工作获得稳定收入。[①] 从人口学特征看，网约配送员大多是年轻人，以男性居多，且主要是外来农民工。他们受教育程度普遍不高，学历大多在高中及以下。这表明，网约配送业不仅就业门槛低，而且并没有延续传统服务业的女性化趋势，反而成为平台服务业中典型的男性化职业。[②]

如表 3.1 所示，对于外卖平台而言，不同类型的网约配送员在劳动供给稳定性、用工灵活性、劳动服务专业程度，以及用工成本等方面各有优劣。目前来看，专送骑手和众包骑手日渐成为外卖骑手的主力军。加入平台生态圈的餐馆饭店可以选择由专送骑手还是众包骑手来送单。由于专送骑手劳动供给稳定可期，因而尽管其服务费率更高，大型连锁餐馆通常还是会选择由专送骑手来送单。

表 3.1　　　　　　网约配送员的用工模式与用工特点

用工模式		众包模式	专职模式	
			劳务派遣	全日制用工
		非全日制的灵活用工形式	外包	平台自雇
劳动供给特征	稳定性	★	★★	★★★
	灵活性	★★★	★★	★
	专业性	★	★★	★★★
	经济性	★★★	★★	★

资料来源：笔者根据公开资料自制。

---

① 饿了么：《2022 年蓝骑士发展与保障报告》，第 7 页。
② 梁萌：《男耕女织：互联网平台劳动中的职业性别隔离研究》，《中国青年研究》2021 年第 9 期。

2. 网约车司机

网约车是通过互联网平台对接运力（驾驶员、车辆）和乘客，提供非巡游出租车服务的经营活动。在中国，根据运力归属和市场定位的不同，整个网约车市场又可以细分为网约出租车、快车、专车、顺风车四种主要形式。截至2023年12月，网约车用户规模达5.28亿，占网民整体的48.3%。① 从日单量和月活跃人群两个指标来看，滴滴出行市场份额占比为90%左右。

实践中，网约车模式借助算法技术提高用户和出行供给之间的匹配效率，逐步成为城市综合交通体系的重要组成部分。由于出行平台是一种特殊的数字基础设施，因而网约车司机也被称作"数字公用事业劳动者"（digital utility labor）。② 目前，网约车司机主要有四种类型：出租车司机、私家车司机、由平台或加盟商直接雇用的专职司机，以及"接单还车贷"（drive-to-own）司机。在C2C（个人私家车服务个人消费者）的轻资产模式下，网约车企业扮演中介角色，不与劳动者签订正式的劳动合同。

二 共享经济中的自由职业者

近年来，随着中国数字经济腾飞，创意经济、服务经济、娱乐经济等赢得新发展。劳动型数字平台的出现，打破时空束缚，一方面，为拥有一技之长的高知群体提供了以知识、经验、技术、特长进行多元化创富的新渠道；另一方面，又"使生活在边远地区的就业弱势人员成为'意料之外'的创意工作者，成为自雇的数字文化创客"③。

1. 威客

自2007年K68威客网创立起，"威客"（Witkey）这一群体逐渐进

---

① 中国互联网络信息中心：《第53次中国互联网络发展状况统计报告》，第2页。
② Chen, J. Y. and Qiu, J., "Digital Utility: Datafication, Regulation, Labor and DiDi's Platformization of Urban Transport in China", Chinese Journal of Communication, Vol. 12, No. 3, 2019, pp. 274–289.
③ Lin, J. and de Kloet, J., "Platformization of the Unlikely Creative Class: Kuaishou and Chinese Digital Cultural Production", Social Media + Society, Vol. 5, No. 4, 2019, pp. 1–12.

入人们的视野。这一新词是由英语单词"智慧"（wit）和"钥匙"（key）组合而成。近年来，威客型劳动平台迅速发展，提供的项目任务多种多样，大多需要一定的专业化技能。一项针对猪八戒网（ZBJ.com）、一品威客网（EPWK.com）和时间财富网（680.com）的抽样调查显示，最受欢迎的工作任务主要有 Logo 和网页设计、市场推介和营销、IT 和软件开发、财产和专利服务、商业和税收服务以及虚拟游戏开发。[1] 在威客群体中，青年男性居多，大多具有本科以上学历。他们希望拥有更灵活的工作时间，做自己喜欢的事，在追求自我价值的同时赚取收入。

2. 数字灵工

进入数字时代，平台某种程度上消解了精英与素人的鸿沟，赋予个体成为创作者的可能性，一个平台账号就是个人创作的窗口，个体的知识、生活的展演都可能成为引发共鸣的文化产品。[2] 数字灵工就是指依托互联网平台进行文化内容创作，提供线上文化服务的青年群体。[3] 不同于网约车司机、外卖骑手等网约零工，网络文学写手、视频博主、音频广播/播客等数字灵工以脑力劳动或精神劳动为主，生产出有创造力的内容和服务。本质上讲，数字灵工从事的是一种"希望劳动"[4]，目前工作虽然没有报酬或报酬甚微，但却能够获得经验和积攒声誉。公众号、知乎、抖音等成为数字灵工就业的主要数字平台。

在中国，依托公众号、知乎、小红书、文学网站等数字平台，大量网民乐于尝试进入故事生产领域，导致作者也即网文劳动力数量大幅度增加，网络写作几乎成为网上的"全民运动"[5]。阅文集团发布的《2021

---

[1] Chen, J. Y., *Online Digital Labor Platforms in China: Working Conditions, Policy Issues and Prospects*, ILO Working Paper 24 (Geneva, ILO), 2021.
[2] 牛天：《数字灵工的内卷化困境及其逻辑》，《中国青年研究》2022 年第 3 期。
[3] 牛天：《赋值的工作：数字灵工平台化工作实践研究》，《中国青年研究》2021 年第 4 期。
[4] Kuekn, K. and Corrigan, T. F., "Hope Labor: The Role of Employment Prospects in Online Social Production", *The Political Economy of Communication*, Vol. 1, No. 1, 2013, pp. 9 – 25.
[5] 许苗苗：《"网文"诞生：数据的权力与突围》，《探索与争鸣》2021 年第 10 期。

网络文学作家画像》显示，中国有超过 2000 万人在从事网络文学创作。网络文学写手性别比例较为均衡，以"90后"为主，绝大多数都受过高等教育。① 在资本逻辑的操控下，签约平台的网络写手们的写作，由原本追逐文学梦想和艺术品格的创意劳动蜕变成为迎合读者喜好趣味的流水化作业。②

进入 Web 2.0 时代，一些互联网用户自愿通过视频记录生活，并将之上传至网络进行传播，逐渐形成一个网络视频博主群体。随着爱奇艺、腾讯视频和优酷—土豆视频平台的出现，视频博主们自发的行动汇集成为众包生产，并借助平台分润完成对日常生活的"变现"③。而 B 站、快手、抖音等短视频平台的出现，日益成为数字时代满足用户碎片化娱乐场景需求的内容新载体和新趋势。从文化内容生产上看，过去极为复杂的视频生产、输出与传播过程，简化为一键快速完成，由此激活了男女老少记录、创作与传播的欲望，成功将用户转化为数字平台的数字劳工。④ 从 TOP100 内容创作者标签来看，抖音头部创作者主要由明星和网红构成；相比之下，快手主要由草根和网红构成，其内容中大量呈现的是普遍人真实工作和生活。⑤ B 站已经发展成为一个"无所不包"的亚文化社区，汇集了 7000 多个垂直兴趣圈层，内容主要由专业用户自制内容（PUGV）组成，UP 主在平台不同分区下制作并上传原创或非原创视频。⑥

3. 电竞主播

2019 年，国家人力资源和社会保障等设立"电子竞技员"和"电子竞技运营师"新职业而引起广泛关注。随着电子竞赛日渐融入当代青年

---

① 朱迪等：《中国新业态与新就业青年调查报告》，载《社会蓝皮书：2022 年中国社会形势分析与预测》，社会科学文献出版社 2021 年版，第 213 页。
② 许苗苗：《"网文"诞生：数据的权力与突围》，《探索与争鸣》2021 年第 10 期。
③ 吴彗敏：《可以"变现"的日常生活》，博士学位论文，山东大学，2020 年。
④ 吴鼎铭、吕山：《数字劳动的未来图景与发展对策》，《新闻与写作》2021 年第 2 期。
⑤ 王烽权、江积海：《互联网短视频商业模式如何实现价值创造？——抖音和快手的双案例研究》，《外国经济与管理》2021 年第 2 期。
⑥ 孙冬鑫、刘鸣筝：《大众文化视角下数字劳动的主体性解读》，《劳动哲学研究》2021 年第五辑。

人的生活,在网络直播经济的推动下,还孕育出电竞主播这一新兴的职业群体。以青年男性为主的电竞主播通过直播电竞比赛,或录制和编辑与电竞相关的视频,上传至网络来获取报酬。观众通过弹幕、评论、赠礼、打赏等方式,与电竞主播展开互动。实践中,如表3.2所示,电竞主播主要有技术主播、陪玩主播、娱乐主播和颜值/声优主播四种类型[①]。

表3.2　　　　　　　　　电竞主播的具体类型

类型	直播内容特色	直播收益来源
技术主播	游戏操作、知识分享	粉丝礼物
陪玩主播	有偿陪玩、带粉上分	有偿陪玩
娱乐主播	通过知识和互动来制造节目效果	粉红礼物、有偿陪玩、主播之间互刷礼物
颜值/声优主播	以身体或声音来愉悦粉丝	粉丝礼物、有偿陪玩

资料来源:任桐、姚建华:《平台经济中的"数据劳动":现状、困境与行动策略——一项基于电竞主播的探索性研究》,《国际新闻界》2022年第1期。

4. 互联网营销师

近年来,我国庞大的用户基数和与消费需求推动直播电商等直播经济形态高速增长,互联网营销师群体迅速壮大,以每月8.8%的速度快速增长,[②]产生了选品员、带货主播、脚本策划、场控等一系列围绕直播营销的新型就业岗位。根据人社部2021年6月出台的《互联网营销师国家职业技能标准(征求意见稿)》,互联网营销师细分为四个工种:选品员,负责产品选择、产品卖点提炼、商务谈判、直播流程设计中参与实施管理等;直播销售员,负责在直播过程中针对企业产品进行宣传推广,以及进行直接的直播营销人员;视频创推员,负责通过视频的创作

[①] 任桐、姚建华:《平台经济中的"数据劳动":现状、困境与行动策略——一项基于电竞主播的探索性研究》,《国际新闻界》2022年第1期。

[②] 中国信息通信研究院:《中国信息消费发展态势报告(2022)》,第5页。

及推广，为后续的直播销售充分预热和赋能，并进一步开展用户互动工作；平台管理员，针对直播平台进行后台管理，包括账号管理、数据监控，并通过分析指导进一步的直播销售过程。①

三　众包经济中的数字微工

进入数字时代，依托互联网平台的众包经济发展势头迅猛。有越来越多用工单位把过去由员工执行的工作任务，以自由自愿的形式外包给非特定的大众网络，用以增强雇佣弹性，降低用工成本。相比于自由职业者，众包微工主要从事与人工智能与机器学习相关，但大多是简单、重复的数字任务。在中国情境下，承揽网络众包任务的劳动者群体，既有数据标注员、互联网内容审核员，也有其他国家鲜见的网游代练员等。

1. 数据标注员

数据标注是指借助特定软件标注工具以人工的方式将图片、语音、文本、视频等数据内容打上特征标签，使计算机通过大量学习这些带有特征标签的数据，最终具备自主识别特征的一种行为。考虑到用工成本，除隐私数据外，欧美国家一般将数据标注工作转移至第三世界国家。2010年以后，随着国内人工智能巨头的崛起，数据标注和采集需求激增，数据标注市场逐渐形成，其提供的数据标注服务中，文本标注较为基础，多以语音标注、计算机视觉标注为主。从运营模式看，众包模式通过搭建互联网众包平台，如蚂蚁众包、阿里众包等，汇聚数据标注兼职人员力量，成为数据需求方和数据标注员的中介。现阶段，我国数据标注产业快速发展，已经吸纳就业超过10万人，成为欠发达地区发展人工智能、大数据产业的选择。②

2. 互联网内容审核员

近年来，互联网围绕着听书、短视频、直播迅速步入音视频时代。

---

① 艾瑞咨询研究院：《在线新经济背景下的新职业与新就业发展白皮书》，第31页。
② 国家工业信息安全发展研究中心：《中国数据要素市场发展报告（2020—2021）》，第17—18页。

在全民自媒体热潮下，网络内容也裹挟进了大量色情、违禁、暴恐等不良有害信息。针对低俗污秽内容、违规内容、垃圾广告、诈骗信息的及时删除或清理，催生了互联网内容审核员这一新劳动形态。在互联网头部企业的市场营销下，互联网内容审核员通常被冠以"内容安全人员""内容运营人员""内容质量管理员""风控专员"等极具互联网特色的名称。田野调查表明，名义上为互联网"大厂"工作的互联网内容审核员，大部分是身处天津、济南、西安、成都、重庆、武汉等二线城市的外包合同工。他们是互联网"大厂""线上流水线"的蓝领工人，通常24小时轮班，在严格的绩效考核下从事简单重复的内容审核，不仅薪酬待遇与正式员工无法相提并论，而且也难以通过工作本身的经验积累来实现自我提升。更不容忽略的是，这些数字劳动者日复一日地观看含有大量色情暴力的低俗内容，不同程度造成身体心理创伤。

3. 网游代练员

进入21世纪，中国网络游戏产业异军突起，成为全球网游经济的领跑者。网游业的快速发展而日益形成的产业链，不断催生游戏管理员、数值策划师、电子竞技、周边外包等逐渐被社会认可的新就业形态，而且也衍生了一种备受争议的数字劳动——网游代练。即为获取金钱收入，通常受雇于代练工作室（即所谓的"黄金农场"）的普通玩家专职从事囤积道具和挖掘"游戏币"，进而有偿转让给其他玩家，以帮助其快速提升游戏角色级别或者获取高级装备武器。从事网游代练的人在英语媒体上通常被称为"金币农夫"（gold farmer），他们的劳动过程被称作"打金"[①]。田野调查表明，网游代练员大多是进城务工人员中的青年男性。从薪酬待遇看，典型的报酬模式是基薪+奖金，但实际收入因地区而异。从入行动机看，"打游戏的同时还能够赚钱"是最大驱动因素。尽管网游代练员通常在电脑前连续奋战至少10—12小时，出卖身体和透

---

① 曹书乐：《作为劳动的游戏：数字游戏玩家的创造、生产与被利用》，《新闻与写作》2021年第2期。

支生命，但很少有"从业者"表达倦怠和过劳等不满。①

4. 网络水军

网络水平是一个游走在灰色甚至黑色地带的典型互联网产业，但是由于其弹性雇佣制度和低门槛的"优势"，也吸引了大量互联网用户投身其中，甚至成为众包劳动方式在数字时代的最主流模式之一。② 处于法律灰色地带的"刷单员""发帖员／跟帖员"等网络水平，以刷分、注水、提量、刷单等"游击式"数字劳动，③ 试图为幕后买家左右互联网生态的舆论。

四 粉丝经济中的数字产消者

进入 Web 2.0 时代，形形色色的互联网活跃用户，在虚拟网络空间随性、自由地分享信息、表达自我和经营社会交往的同时，自愿而无偿地为平台企业贡献海量数据、流量和用户注意力，成为数量惊人且价值创造不容忽略的数字产消者。就我国而言，截至 2023 年 12 月，国内网民规模为 10.92 亿，互联网普及率达 77.5%；手机网民规模为 10.91 亿人，即时通信用户规模达 10.60 亿人，网络视频用户规模达 10.67 亿人，短视频用户规模达 10.53 亿人，网络支付用户规模达 9.54 亿人，搜索引擎用户规模达 8.27 亿人，网络直播用户规模达 8.16 亿人。④ 实践中，粉丝经济的崛起与兴盛，离不开数量众多的互联网忠实用户的免费劳动。

1. 字幕组

进入数字时代，一些活跃互联网用户自发地为海外影音文化作品配上字幕，并无偿发表于国内互联网之上，形成了颇具规模的字幕组。字

---

① Tai, Z. and Hu, F., "Play between Love and Labor: The Practice of Gold Farming in China", *New Media & Society*, Vol. 20, No. 7, 2018, pp. 2370-2390.
② 罗峰：《在不确定中生产满足——网络时代下中国青年数字劳动研究述评（2010—2020）》，《中国青年研究》2021 年第 4 期。
③ 吴鼎铭：《量化社会与数字劳动：网络水军的政治经济学分析》，《现代传播》2019 年第 5 期。
④ 中国互联网络信息中心：《第 53 次中国互联网络发展状况统计报告》，第 1 页。

幕组的劳动，是基于产消合一的"迷文化"下对翻译作品的二次创作，体现了礼品经济和共产主义工作伦理在数字时代的回归。田野调查表明，中国网络字幕组成员以大学生居多，大多具有本科以上学历，或是大学毕业的白领阶层。①

2. 数据女工

在日渐勃兴的粉丝经济中，拥有共同情感的女性粉丝借助微博平台，自发成立偶像数据站，通过打榜、轮博、控评等"数字劳动"的形式为偶像创造数据流量，逐渐沦为了被网络流量"捆绑"的数字产消者。②于是，一个新的"工种"或者说"身份标签"正在形成，即"数据女工"（也称"工蚁""轮博女工"和"饭圈女孩"）。田野调查表明，数据女工群体有专业细致的组织分工，比如，打投组、宣传组、反黑组、净化组等。依据不同的分工，粉丝被定位成前线粉、数据粉、氪金（花钱）粉等。③

3. 网游玩家

在网络游戏产业中，那些足够喜爱所玩游戏的玩家，会逐渐形成粉丝身份，形成游戏主题虚拟社区，通过"为爱发电"的粉丝创作和模组创作，自愿地为网络游戏公司贡献免费劳动。具体地，在粉丝创作中，玩家基于游戏的世界架构、角色和主要剧情进行改写、扩写和续写，形成同人小说、同人绘画、同人音视频以及基于游戏角色的条漫等。相比之下，模组创作涉及的只是极少数玩家，但积少成多，其出于热爱的无偿劳动被网络游戏公司攫取，成为一支无须支付报酬的研发大军。④

---

① 张斌：《中国字幕组、数字知识劳（工）动与另类青年文化》，《中国青年研究》2017年第3期。
② 庄曦、董珊：《情感劳动中的共识制造与劳动剥削——基于微博明星粉丝数据组的分析》，《南京大学学报》（哲学·人文科学·社会科学）2019年第6期。
③ 童祁：《饭圈女孩的流量战争：数据劳动、情感消费与新自由主义》，《广州大学学报》（社会科学版）2020年第5期。
④ 曹书乐：《作为劳动的游戏：数字游戏玩家的创造、生产与被利用》，《新闻与写作》2021年第2期。

4. 网文读者

在网络文学中，读者对网文的消费并不结束在"支付—购得"/"订阅—阅读"这个看似银货两讫的环节。在交易完成后，网文读者还会自发地在虚拟社区内对作品内容展开交流讨论，写"扫文""推文"等读后测评以进行网络推介，或基于原作或原作提供的故事设定、人物形象等，进行但不限于图、文、音视频形式的二次创作。①

五 数字经济中的"科技工人"

互联网行业是典型的高科技行业，其优越的工作条件和薪酬吸引了大量高学历人才，但其相对高强度的工作性质又使得男性从业者更多。② 如表3.3所示，自2019年人社部重启新一轮新职业发布工作以来，已陆续发布过五批共74个新职业。其中，人工智能工程技术人员、数字孪生应用技术员、云计算工程技术人员、人工智能训练师等新职业从业者，已经日益成为新兴互联网科技从业人员的新生力量。

起初，在弹性工作制下，就职于百度、阿里、腾讯、美团、京东这些互联网"大厂"的高级数字劳动者自我管理和工作灵活性强，但项目开发的催逼使其中大多数陷入"自主性悖论"，倾向于工作更努力、工作时间更长。其后，"996"工作制在互联网行业悄然盛行，加班俨然成为这些"工人新贵"的"新常态"。由于这些互联网大厂体量庞大，业务需求量高，要求短时间内产出新内容，这种紧凑的工作安排难免需要通过加班才能完成。因而，即使在官方明确"996"违法、互联网"大厂"纷纷实行"1075""965"工作制大背景下，员工加班现象仍普遍存在。③ 此外，互联网行业"35岁"现象的蔓延和持存，也使相当数量的高数字技能劳动者处于"就业焦虑"和"职业迷茫"之中。

---

① 项蕾：《推介去中心与消闲货币化：数字资本主义对网络文学场域的重塑》，《文艺理论与批评》2021年第4期。
② 朱迪等：《中国新业态与新就业青年调查报告》，载《社会蓝皮书：2022年中国社会形势分析与预测》，社会科学文献出版社2021年版，第213页。
③ 林佳鹏：《赶工或反内卷？90后"大厂"青年加班现象研究》，《中国青年研究》2022年第6期。

表 3.3　　2019—2022 年我国发布的数字技术新职业

批次	数字技术新职业
第一批（12 个）2019 年 4 月	人工智能工程技术人员、物联网工程技术人员、大数据工程技术人员、云计算工程技术人员、数字化管理师、物联网安装调试员、建筑信息模型技术员、电子竞技员、电子竞技运营师、无人机驾驶员、工业机器人系统操作员、工业机器人系统运维员
第二批（6 个）2020 年 2 月	智能制造工程技术人员、工业互联网工程技术人员、虚拟现实工程技术人员、网约配送员、人工智能训练师、无人机装调检修工
第三批（4 个）2020 年 7 月	区块链工程技术人员、互联网营销师、信息安全测试员、区块链应用操作员
第四批（3 个）2021 年 3 月	服务机器人应用技术员、电子数据取证分析师、工业视觉系统运维员
第五批（9 个）2022 年 6 月	机器人工程技术人员、数据安全工程技术人员、数字化解决方案设计师、数据库运行管理员、信息系统适配验证师、数字孪生应用技术员、商务数据分析师、民宿管家、农业数字化技术员

资料来源：笔者根据公开资料自制。

第二节　中国情境下数字劳动的制度性特征

总体上看，中国情境下的数字劳动既具有平台用工关系模糊、数字劳动管理算法化等典型特征；但同时受到中国独特的制度环境、就业结构和社会文化等因素的影响，具体形态的数字劳动又呈现出鲜明的"中国特色"。正因为如此，考察数字劳动在中国的发展，"必须将平台技术的应用与中国的经济体制、社会制度和文化环境相结合，将普遍性融入特殊性之中，审视数字劳动平台化从欧美到中国的不同境遇"[①]。

一　数字劳动用工关系更趋多样化

目前，国内数字劳动用工实践主要采用灵活用工形式。具体而言，

[①] 黄铭、何宛怿：《"数字劳动"平台化的辩证分析》，《国外社会科学》2021 年第 2 期。

如表 3.4 所示，劳动型数字平台主要采用三种不同用工模式。①

表 3.4　　　　　　　　劳动型数字平台的用工模式

商业模式	特征	用工形式	与平台的劳动关系	案例
平台自营	B2C	劳动合同	有	神舟专车 首汽约车 曹操专车
加盟合作	B2B2C	劳动服务合同 或劳动合同	无	云家政
新型共享	C2C、B2C	劳动服务合同	一般没有	滴滴出行 美团打车 美团外卖 猪八戒网

资料来源：Zhou, I., *Digital Labor Platforms and Labor Protection in China*, ILO Working Paper 11, 2020.

一是平台自营。即在 B2C 模式下，平台通常与数字劳动者签订劳动关系，控制人员招募、服务标准和工作条件。这些数字劳动者主要是从事平台技术开发和平台管理的核心人员，在最低工资标准、工作时间、职业安全与健康、工会代表和社会保障等方面享受劳动法规的保护。

二是加盟合作。即在 B2B2C 模式下，平台与第三方中小企业广泛商业合作，平台作为信息中介以"轻资产"方式快速扩张市场，加盟商直接雇用劳动者。数字劳动者与平台或第三方劳务机构，或发包方签订劳动服务合同。②

三是新型共享。即在 C2C 或 B2C 模式下，平台运用大数据、云计算和人工智能等现代数字技术，汇聚劳动力资源，发现多样化需求，实现

---

① Zhou, I., *Digital Labor Platforms and Labor Protection in China*, ILO Working Paper 11, 2020.
② 譬如，美团平台与约 1000 家加盟商或代理机构签订了民事合作协议，签订劳动服务合同的外卖骑手人数为 25 万至 27 万，并接受这些第三方建立的"站点"管理。第三方劳务公司主要提供用工撮合、工资结算、税收筹划、税费代缴、社保缴纳等服务。

供需双方快速匹配。通常情况下，数字劳动者是自我雇佣，即成为"新个体工商户"。

二　数字劳动主市场呈现高度异质性

"提供劳动机会，让人们都有机会参加劳动，正是数字时代社会发展最大的积极面向。"[1] 在中国情境下，数字劳动力市场促使就业生态逐渐年轻化、产业链条延长、线上价值带动线下就业等特点，为大学生、退役军人、农民工、家庭主妇、残联人士等重点群体提供了大量灵活就业机会。[2] 总体上，数字劳动形成一个难以识别的"新兴劳动群体"，男工/女工、移民/本地人、全职工/临时工/派遣工之间的差异非常巨大，因而"数字劳动者"的人员成分呈现高度异质性。

从工作模式看，有的劳动者仅为一家平台工作，有的则同时在多家平台注册；有的劳动者提供长期稳定的网约服务，有的则只是提供临时服务；有的劳动者为全职，有的则只是兼职劳动；有的劳动者提供一种网约服务，有的则同时提供多种服务。[3] 从入行动机看，尽管提高收入是众多劳动者选择平台就业的重要原因，但从事的数字劳动具体形态不同，劳动者的工作动机还是呈现明显差异。大体上看，个人兴趣爱好是威客在线接活的重要驱动因素；而对于网约零工而言，工作灵活和可以自由安排时间则是除赚取收入之外最为吸引人的因素。在职业认同上，尽管数字劳动力市场竞争激烈，但威客对平台工作的接受程度较高。相比之下，网约零工大都从传统制造业或建筑业等非正式部门流动而来，只是将送外卖等看作兼职或过渡，或赚取快钱的一种途径而已。在工作满意度上，网约零工对快递或外卖工作的满意度不高。相比之下，威客的工作满意度普遍较高，绝大多数享受工作自由，以及满意闲暇时间还

---

[1] 邱泽奇：《劳动与尊严——数字时代"不躺平"的逻辑前提》，《探索与争鸣》2021年第12期。

[2] 戚聿东、丁述磊、刘翠花：《数字经济时代新职业发展与新型劳动关系的构建》，《改革》2021年第9期。

[3] 李力行、周广肃：《平台经济下的劳动就业和收入分配：变化趋势与政策应对》，《国际经济评论》2022年第2期。

能够赚取外快的就业机会；仅有为数不多的抱怨主要是不满平台接单机会太少或平台派单不公平。①

三 数字劳动实践促进灵活就业"正规化"

1972年，国际劳工组织提出"非正规部门就业"这一概念，主要是指那些参与规模小、资金少、技术和技能要求不高、收入不稳定的生产经营服务机构的从业者以及自雇型就业等经济活动。② 在包括中国在内的广大发展中国家，一直以来就存在大量的非正规就业。世界银行2019年发展报告指出，新兴经济体有高达2/3的非正式工人，在低收入和中等收入国家该比例甚至达到90%。

在发达资本主义国家，数字劳动实践，特别是网约零工的兴起，作为"工作场所裂化"（fissured workplace）的新发展，不同程度上消解了传统雇佣劳动制度安排，推动了工作岗位的非正规化和劳动成果的商品化。正如菲尔·琼斯所指出的："人工智能倾向于将工作非正规化。"③ 从制度演化意义上讲，这是一种劳动保护上的"社会脱嵌"，不可避免地造成劳动者的工作收入不稳定和劳动权益保障缺失。相比之下，对于广大发展中国家而言，数字劳动的出现引发劳动组织方式的数字化革新，一定意义上反而推动原先"小而散"的非正规劳动走向"前台"，至少在经济统计层面实现用工"正规化"。有研究表明，在新兴市场国家，劳动型数字平台的兴起，促使原先诸如家政服务等非正规经济活动得以被经济监管，劳动收入得以报备，个税征收范围得以扩大。④ 正因为如此，在发达资本主义国家，社会各界关注的焦点是零工经济的兴起带来

---

① Chen, J. Y., *Online Digital Labor Platforms in China：Working Conditions, Policy Issues and Prospects*, ILO Working Paper 24 (Geneva, ILO), 2021.
② 金贻龙、周缦卿、张寒：《遭遇灵活就业时代》，《财经》2022年第8期。
③ ［英］菲尔·琼斯：《后工作时代：平台资本主义时代的劳动力》，陈广兴译，上海译文出版社2023年版，第45页。
④ Weber, C. E., et al., "Steering the Transition from Informal to Formal Service Provision：Labor Platforms in Emerging-Market Countries", *Socio-Economic Review*, Vol. 19, No. 4, 2021, pp. 1315 – 1344.

的工作临时化和劳动过程分割，以及按单付酬对最低工资标准的冲击；但在广大中低收入国家，数字劳动因有利于拓宽就业渠道、促进经济增长，而被政府奉为增收脱贫的有力抓手。[1]

在中国，"非正规就业"更多地被称为"灵活就业"[2]。随着数字经济的疾速发展，各种形态的数字劳动作为灵活就业的新形态，正在形成巨大的"虹吸效应"，大量曾经是建筑工人、卡车司机和工厂工人的劳动者选择平台灵活就业。对他们而言，打短工、做临时活，工作不稳定原本就是一种生活常态。劳动型数字平台的出现，虽然没有为收入带来更多的稳定，但是劳动管理的算法化使许多饱受克扣或拖欠工资、同工不同酬、拒不支付加班费用等"欠薪"之苦的打工人，实实在在地感受到"互联网+"赋能传统服务业的"数字红利"[3]。实践中，数字劳动实践展现的"按单结算""多劳多得"等制度性安排，促使众多处于次级劳动力市场的非正规就业群体趋之若鹜。正因为如此，新就业形态增强了对劳动者劳动报酬权的保障，特别是增强了从原来的非正规就业转移而来劳动者的劳动报酬权保障。[4] 对此，一名先前在建筑工地打工的外卖骑手讲道：[5]

> 每个月的26号或27号，只要不是星期天，我的工资会被自动存入我的个人银行账户。我感到劳有所获。而之前我的建筑公司老板连续几个月都不发工资，或只是随意发一点少得可怜的零花钱。

---

[1] Lata, L. N., et al., "New Tech, Old Exploitation: Gig Economy, Algorithmic Control and Migrant Labor", *Sociology Compass*, Vol. 17, No. 1, 2023, e13028.

[2] 金贻龙、周缦卿、张寒：《遭遇灵活就业时代》，《财经》2022年第8期。

[3] 譬如，滴滴平台通过算法系统，不断推动出行服务标准化、正规化。以往就服务费的讨价还价和现金交易，都算法定价以及一体化第三方支付系统取代。

[4] 张成刚：《新就业形态劳动者的劳动权益保障：内容、现状及策略》，《中国劳动关系学报》2021年第6期。

[5] Chen, Y. J. and Sun, P., "Temporal Arbitrage, Fragmented Rush, and Opportunistic Behaviors: The Labor Politics of Time in the Platform Economy", *New Media & Society*, Vol. 22, No. 3, 2020, pp. 1561–1579.

四 数字劳动发展备受政府支持

就业是最基本的民生。实践表明，中国数字经济发展中涌现的新就业态新模式，在提供就业机会、创造多元化创富机会方面显示出巨大潜力。特别是在解决大学生、退役军人、农民工、家庭主妇、残联人士等重点群体就业压力，应对就业市场不确定性，增加劳动者收入和帮助改善民生等方面，发挥着愈发显著的促进作用。仅以微信生态为例，由公众号、小程序、视频号等共同构成的微信生态，在2020年衍生就业岗位3684万个。① 不言而喻，形态各异的数字劳动作为新就业形态的重要形式，已经成为我国劳动者就业的重要渠道。正因为如此，中国劳动型平台经济的蓬勃兴起被看作推动市场创新和创造就业机会的重要力量，而备受政府支持和主流媒体推介。实践中，各级政府积极推行鼓励创新的审慎监管政策，大力支持和推动劳动型平台规范健康发展。

2015年10月，党的十八届五中全会公报首次提及"新就业形态"，强调"加强对灵活就业、新就业形态的支持"。此后，2018年至2022年的《政府工作报告》先后提出运用"互联网＋"发展新就业形态、支持和规范发展新就业形态。如表3.5所示，2019年以来，中共中央、国务院出台多项政策，多渠道鼓励数字经济新就业形态健康发展，取消不合理限制新就业的政策规定，为新就业劳动者在审批管理、资金、场地等方面提供政策支持。2020年9月，国务院办公厅发布的《关于新业态新模式引领新型消费加快发展的意见》提出要"进一步支持依托互联网平台的外卖配送、网约车、即时送达、住宿共享等新业态发展"。"强化就业优先政策。……支持和规范发展就业形态，促进灵活就业机制"，被列入《"十四五"规划和2035年远景目标纲要》。《"十四五"数字经济发展规划》更是明确提出，要"有序引导新个体经济"。"鼓励个人利用电子商务、社交软件、知识分享、音视频网站、创客等新型平台就业创

---

① 中国信息通信研究院、微信：《2020年数字化就业新职业新岗位研究报告——基于微信生态观察》，第3页。

业，促进灵活就业、副业创业。"2022 年全国两会《政府工作报告》中首次提出"开展新就业形态职业伤害保障试点……着力解决侵害劳动者合法权益的突出问题"。2022 年 12 月 15 日，中央经济工作会议强调，要支持平台企业在引领发展、创造就业、国际竞争中大显身手。

表 3.5 数字劳动发展的政策支持

时间	发文单位	文件名称	支持新职业发展相关内容
2019 年 5 月	国办	《关于印发职业技能提升行动方案（2019—2021 年）的通知》	完善技能人才职业资格评价、职业技能等级认定、专项职业能力考核等多元化评价方式，动态调整职业资格目录，动态发布新职业信息，加快国家职业标准制定修订
2019 年 12 月	中办、国办	《关于促进劳动力和人才社会性流动体制机制改革的意见》	畅通新职业从业人员职业资格、职称、职业技能等级认定渠道
2020 年 8 月	国办	《关于支持多渠道灵活就业的通知》	支持发展新就业形态。加快推动网络零售、移动出行、线上教育培训、互联网医疗、在线娱乐等行业发展，为劳动者居家就业、远程办公、兼职就业创造条件推进新职业发布和应用。密切跟踪经济社会发展、互联网技术应用和职业活动新变化，动态发布社会需要的新职业、更新职业分类
2021 年 3 月	中共中央	《"十四五"规划和 2035 年远景目标纲要》	深入实施职业技能提升行动和重点群体专项培训计划，缓解人才结构矛盾，注重发展技能密集型产业，支持和规范发展新就业形态
2021 年 9 月	人社部、财政部	《关于拓宽职业技能培训资金使用范围提升使用效能的通知》	结合高质量发展对技能人才的急迫需求，结合平台经济和共享经济发展的新就业需求和新就业形态，进一步健全新职业培训的支持政策。大力开展新职业培训，将新职业培训及时纳入职业培训补贴范围

资料来源：笔者根据公开资料自制。

第三节　中国情境下数字劳动的实践挑战

毋庸置疑，中国情境下数字劳动的出场，创造了大量灵活就业机会，彰显出数字经济中新就业形态的活力、韧性和潜力。同时，基于数据驱动的算法管理取代传统的科层化管理，的确在聚合资源、发现需求和实现精准匹配等方面极大地提高了劳动力资源配置效率和服务供给效率。但不可否认的是，与传统用工实践相比，数字劳动者收入稳定、就业保障和劳动保护等方面也面临一系列突出问题，日益成为困扰我国数字经济发展中灵活就业和新就业形态健康发展的实践顽疾。

一　数字劳动的平台依附日趋加深

在中国，当下的年轻人对所谓的"单位""组织"已不再抱有执念，他们更追求合兴趣、匹配专业技能的工作，更享受工作中的自主性以及工作和生活的平衡。正因为如此，灵活就业由以往被动选择转变成许多青年人、女性、大学生等群体自愿或者主动选择的职业。[①] 不言而喻，数字劳动是在平台技术加持下，促进灵活就业的一种新就业形态。相比于朝九晚五的传统雇佣劳动，"工作自主"成为数字劳动的最大卖点。表面上看，劳动者的工作地点、工作时间更具有灵活性，不再受固定地点、岗位、时间的限制，获取报酬的方式有日结、月结、每单结算等，更加丰富多样，使整个社会呈现出一幅青年劳动者"奔赴零工"的择业景观。[②]

但实际上，数字劳动的就业灵活和工作自主能够在多大程度上实现，则受到多种结构性因素的制约，如劳动者对平台的经济从属程度、工作

[①] 戚聿东、丁述磊、刘翠花：《数字经济时代新职业发展与新型劳动关系的构建》，《改革》2021 年第 9 期。

[②] 唐晓琦：《工作情景、时间体验与不同劳动体制下的自由感知——关于青年群体"奔赴零工"现象的反思》，《中国青年研究》2022 年第 4 期。

任务的可获得性，以及劳动者集体谈判力的高低等。实践表明，随着平台经济垄断程度不断走强，网约零工等数字劳动者拥有的工作自主程度不断下降。对于那些依赖平台营生的劳动者而言，所谓的"就业灵活"已经蜕变成为一种"黏性劳动"（sticky labor）。[①] 具体而言，这种数字劳动的"去灵活化"体现在以下三个方面。

一是劳动者在平台体制下的劳动时间长度和工厂工作时长相差无几，甚至更长。以网约配送员为例，近年来全职且工作日程固定的专职骑手占比不断走高。相比于兼职骑手，全职骑手通常被指派轮班，每日工作至少 8 小时，参加每日小组会，并保持随时应答。另根据清华大学《2021 年中国一线城市出行平台调研报告》，网约车司机每日平均工作时间为 11.05 小时，每周平均出车时间为 6.45 天，其中每日出车 8—12 小时的网约车司机占比 49.21%，其次为每日工作 12—16 小时的司机占比约 27.38%。过长的工作时间不仅损害着网约零工的身体健康，也加剧了劳动过程中的不安全。

二是平台企业和第三方劳动派遣机构针对数字劳动控制程度不断强化。一方面，数字平台不断优化算法系统，对劳动者施加愈加苛刻的劳动控制。以外卖平台为例，平台通过基于数据驱动的即时配送系统，自动计算"预计送达时间"（ETA），并利用严苛的奖惩机制对"超时"骑手进行规训。另一方面，与平台合作或加盟的第三方人力资源经理利用微信群等社交工具，对数字劳动者施加更加严格的直接控制。

三是数字劳动者因生产资料投资"锁定"而难以全身而退。这在网约车司机中表现得尤为显著。实践中，虽然网约配送员、家政工、网络主播等数字劳动者均须自备生产工具，但网约车司机与他们相比，投入的经营成本数额巨大。网约车司机需要在开始工作前投资 10 万—20 万元购置"合规车"。但是，正是因为购置"合规车"而背负的经营成本，使他们在劳动过程之前便被资本"俘获"，被牢牢地捆绑在"合规车"

[①] Sun, P., Chen, et al., "From Flexible Labor to 'Sticky Labor': A Tracking Study of Workers in the Food-Delivery Platform Economy of China", *Work, Employment and Society*, 095001702110215, 2021, https://doi.org/10.1177/09500170211021570.

上，为盈利而不得不"自我剥削"①。一名受访问的网约车司机感叹道：②

> 我就是被车给绑架了。裸车13万多，乱七八糟费用算下来16万左右……跑了几个月发现这车就是黏在身上的"吞金兽"。每月还贷3500元，再加上电费、保养、保险等费用下来，一个月的成本约5000元。人一旦身上有了债，人家（W平台）让你干啥你就得干啥，不然怎么赚钱？我每天起早贪黑的，在线时长一般都在12小时以上，这不算充电、强休的时间。三年把车赚回来就自由点，就不用这么辛苦了。

二 数字劳动保障权益缺失问题突出

一直以来，我国劳动保障制度建立在典型新业形态基础上，劳动者享有的休息休假权和最低工资保障，以及在遭遇工伤、疾病等劳动风险时享有工伤保险和医疗保障的权利，均以与用人单位之间存在劳动关系为基础和前提。③ 实践中，大多数社交媒体平台和零工平台没有与数字劳动者签订书面合同，并且由于许多平台在建立和登记时是以信息服务、数据提供、科技为主要业务，平台与数字劳动者之间不符合劳动提供与企业业务的相关性这一"劳动关系"标准。④ 进而，数字劳动者大都"以个体的力量独自应对复杂多变的市场风险，整体上处于缺权的状态，不能像正规就业一样享受社会保障体系、集体劳动协议以及劳动法律规定的基本社会福利"⑤。

从劳动条件权看，除了劳动报酬权、休息休假权、劳动安全权等难

---

① 赵磊、邓晓凌：《被"车"捆绑的自由——T市W网约车平台劳动控制研究》，《中国青年研究》2021年第4期。
② 赵磊、邓晓凌：《被"车"捆绑的自由——T市W网约车平台劳动控制研究》，《中国青年研究》2021年第4期。
③ 张荣芳：《突破传统劳动框架的时机已经到来》，《上海法治报》2022年4月30日。
④ 文军、刘雨婷：《新就业形态的不确定性：平台资本空间中的数字劳动及其反思》，《浙江工商大学学报》2021年第6期。
⑤ 闻效仪：《去技能化陷阱：警惕零工经济对制造业的结构性风险》，《探索与争鸣》2020年第11期。

以得到保障，劳动者社会保障缺失问题突出，成为影响数字劳动就业质量的重要因素。在社会保障方面，除灵活就业者职业伤害保险外，我国社会保障制度已经实现了制度上的全覆盖。这意味着，数字劳动者可以以灵活就业者身份参与城镇居民养老、医疗等社会保险。但在政策操作层面，现行制度对数字劳动者的保障仍然存在痛点和阻碍。譬如，灵活就业者参加城镇基本养老、医疗保险需要以户籍为前提；生育保险在大部分地区仅覆盖城镇职工，未覆盖灵活就业劳动者；工伤保险参保以劳动关系为前提，灵活就业劳动者无法参与工伤保险。① 并且，由于新业态就业人员参保手续较为复杂、个人缴费金额较高、最低缴费年限较长，而且异地转移续接难，劳动者参保意愿和能力不足。特别是数字劳动者的失业很难被认定，工伤保险面临缴费主体、费用分担机制、取证认定等难题。② 一项针对全国范围内近万名新业态青年的调查显示，不论是社会保障还是商业保险，在养老、医疗、失业、工伤、公积金和其他各项中，有26.3%的新业态从业者没有任何保障。③ 其结果，"被算法追逐的网约工群体权益保障频频缺位，近乎在城市中加速'裸奔'，由此引发一系列的权利危机"④。

三　数字劳动者职业发展前景堪忧

马克思在考察工业化大生产中"机器换人"现象时指出，被排挤的工人会"涌向所有比较容易进去的工业部门，充斥劳动市场，从而使劳动力的价格降低到它的价值以下"⑤。在美欧等发达资本主义国家，在"产业空心化"和生产智能革命的双重冲击下，大量被排挤的劳工被迫

---

① 张成刚：《新就业形态劳动者的劳动权益保障：内容、现状及策略》，《中国劳动关系学报》2021年第6期。
② 艾瑞咨询研究院：《中国灵活用工市场研究报告》，2022年，第21页。
③ 朱迪等：《中国新业态与新就业青年调查报告》，载《社会蓝皮书：2022年中国社会形势分析与预测》，社会科学文献出版社2021年版，第216页。
④ 李营辉：《被算法裹挟的"裸奔人"：新就业形态下网约工群体劳动权益调查》，《学术探索》2019年第3期。
⑤ 《马克思恩格斯文集》第5卷，人民出版社2009年版，第496页。

涌入低端、重复、可替代性强的零工经济，日益陷入报酬微薄和就业不稳定的"数字贫困"之中。相比之下，在中国情境下，有相当比例的劳动者依托数字平台灵活就业，却是一种主动的"职业选择"或"职业转换"，而并不是"技术性失业"下的次优选择。并且，由于数字经济就业吸纳能力强，新就业形态容量大，部分岗位门槛较低，数字劳动发展有助于提高就业的便利性、公平性和包容性。

但同时也应该看到，在数字劳动实践中，秉持"不求所有、但求所用"的平台企业热衷于劳动力资源的即时集聚和高效利用，不仅无意于为劳动者提供长期职业培训和职业成长通道，而且还借助数字化、网络化和智能化的生产技术系统，持续推动生产过程模块化、劳动任务标准化和工作流程编码化。其结果，直接劳动过程被进一步拆解、分割和编码，劳动者成为按平台指令"从事简单劳动的操作工"，不可避免地引发劳动技能数字化衰退和劳动力价值加速贬值。这在众包微工和网约零工中表现得尤其明显。数据标注员、网约配送员、网约车司机等从事低技能、重复性工作的数字劳动者，一方面在劳动过程中没有新技能形成的条件与可能，自然窄化了其职业发展空间；另一方面由于行业发展本身强调智能化与无人化，进一步使其职业发展前景黯淡。其结果，"由于缺乏稳定收入和安全保障，无法学习和提升技能，也没有职业生涯可言，他们缺乏基于工作的认同"[1]。

正因为如此，零工经济中新就业形态从业人员流动性极高。饿了么平台针对 5 万名蓝骑士的调研问卷显示，有超四成受访者希望一边跑单，一边寻找留在这座城市的其他工作机会。[2] 一项针对北京市外卖骑手群体的研究表明，工作 3 年以上的只有 2.97%。[3] 有相当数量的劳动者是在生活遇到变数、需要暂时缓冲时才选择送外卖，直到找到更好的工作。

---

[1] 闻效仪：《去技能化陷阱：警惕零工经济对制造业的结构性风险》，《探索与争鸣》2020 年第 11 期。
[2] 饿了么：《2022 年蓝骑士发展与保障报告》，第 7 页。
[3] 冯向楠、詹婧：《人工智能时代互联网平台劳动过程研究》，《社会发展研究》2019 年第 3 期。

从这个意义上讲，网约配送行业实际上蜕变成为一种"过渡经济"。而对于不被社会认可，甚至被视为"不务正业""无所事事""游手好闲"的数字劳动，如网游代练，尽管大多数年轻从业者游走于"热爱与劳动"之间（play between love and labor），选择安于现状，但对将来职业发展却不置可否。①

四　数字劳动关系治理亟待完善

推动社会主义市场经济高质量发展，需要建立健康和谐的劳动关系。在传统雇佣劳动制下，劳资之间的利益博弈虽然始终存在，但政府充当了劳动关系治理的"立法者"、劳资矛盾的"调解者"、集体协商的"推动者"，"资强劳弱"并没有蜕变成为资本对劳动的恣意宰制。数字劳动市场的形成与发展，变革和重塑了劳动关系的治理格局。一方面，平台企业凭借撮合交易的技术、信息和资本优势，实际左右着数字劳动力市场的规则设置和算法秩序；另一方面，由于成规模的劳动型平台数量有限，平台生态系统中信息不对称，加之数字劳动供给相对过剩催生"逐底竞争"，导致深陷"制度化的个体主义"的劳动者集体谈判力量薄弱。在算法天平明显倾向"至高无上"的用户前提下，"平台利用算法在满足平台经济利益和用户情感诉求两方面可谓炉火纯青，但却忽视了被算法不断侵蚀的劳动者合法权益"②。

实践中，劳动型平台头部企业不断强化算法控制，日趋严格的时效要求、单方面不透明地调低费率、近乎苛刻的惩罚政策，很大程度上侵蚀了数字劳动的从业优势，引发和加剧了数字经济用工关系的不和谐。这集中体现在：在平台进入退出、订单分配、计件单价、抽成比例、报酬构成及支付、工作时间、奖惩等平台规则设置和优化上，数字劳动者缺乏制度性话语权；在平台企业"最强算法"管理下，劳动报酬、休息

---

① Tai, Z. and Hu, F., "Play between Love and Labor: The Practice of Gold Farming in China", *New Media & Society*, Vol. 20, No. 7, 2018, pp. 2370-2390.
② 李莹辉：《被算法裹挟的"裸奔人"：新就业形态下网约工群体劳动权益调查》，《学术探索》2019年第3期。

休假等合法权益不断被侵蚀,"被商家催、被顾客催、被算法催",使众多劳动者实际沦为"困在系统里"的数字赶工者;面对消费者蓄意"恶评"、平台随时封号和限制多平台就业等劳动利益受损情形,劳动者申诉往往得不到及时回应和客观公正处理;面对新就业形态新情况新问题,政府规制相对滞后加之多头管理,群团组织有效介入不足,进一步加剧了数字劳动关系治理的权力失衡和利益扭曲。

第四章 数字劳动的劳动过程研究

伴随生产数字化、网络化、智能化和数据价值化，数字经济蓬勃发展，当代资本主义进入数字资本主义新阶段。基于数字基础设施的"数字工厂"（digital factory）[①]，日益成为数字经济价值创造的"生产车间"和"装配流水线"。形态各异的数字劳动，如跨境客平台的自由职业者、亚马逊土耳其机器人平台的微工、优步的网约车司机、户户送的外卖骑手等竞相涌现，资本吸纳劳动的方式和路径发生引人瞩目的新变化。

众所周知，马克思主义劳动过程理论（LPT）重返资本主义"生产的隐秘之处"，锚定劳动不确定性的在场与挑战，揭示资本主义"掩饰和获得剩余价值"的管理控制和劳资双方的"结构性对抗"。简言之，从通过高压和专制手段组织劳动生产过程，到通过劳动的科学管理来推进"去技能化"过程，从技术组织层面的劳动控制到注重对劳动者主体意识层面的控制，资本通过深化劳动分工、布展技术系统和推动组织创新，以强制的管理控制来实现劳动从属和劳动规训，以劳动参与的"同意制造"促进资本对劳动主体性的裹挟和驯服。进一步地，在"充满斗争"的工作场域，来自劳动的反抗总是与资本的统治如影随形，时起时伏的阶级斗争持续形塑资本主义劳动方式和劳动过程。

---

① ［德］莫里茨·奥滕立德：《数字工厂》，黄瑶译，中国科学技术出版社2023年版，第12页。

研究表明，劳动过程理论是研究数字劳动过程的有益视角。① 在数字平台就业的制度安排中，数字劳动者成为自我当责的"一次性工人"和"无雇主工人"。② 组织内部劳动市场和人力资源管理系统不复存在，取而代之的是"原子化"的劳动者与平台系统之间的人机交互。在精心构筑基于多边市场关系的劳动秩序中，资本表面上不再强调劳动的规训和服从，而是高调许诺赋予劳动者充分的"就业灵活"和"工作自主"。

由此，与工业时代生产相比，在依托虚拟生产网络的数字经济生产中，资本价值运动面临的劳动"双重不确定性"呈现出新特点新挑战。一是在劳动供给"不确定性"方面，数字经济用工实践的"去劳动关系化"③，不同程度弱化了劳动对资本的形式隶属。表面上看，依托数字平台就业的劳动者可以自由地安排工作日程，自主决定上班时间和工作时长。在不能依赖组织权威进行直接控制的情况下，数字资本面临的最大挑战是如何集聚和维持一支"招之即来，挥之即去"的劳动力队伍④。二是就劳动努力"不确定性"而言，提供高效即时服务的数字平台，如何激励数字劳动者在付出体力劳动的同时，又能甘愿额外投入情感劳动，满足"顾客至上"的按需服务需求。

马克思指出，资本主义劳动过程的特殊规定，就是"工人在资本家的监督下劳动，他的劳动属于资本家"⑤。就数字经济而言，在面对"没有雇主"用工关系和数字劳动者"工作自主"的情形下，资本对劳动的控制和榨取是如何实现的？进一步地，在依托数字平台就业反而日益加

---

① Gandini, A., "Labor Process Theory and the Gig Economy", *Human Relations*, Vol. 72, No. 6, 2018, pp. 1039 – 1056; Veen, A., et al., "Platform-Capital's 'App-etite' for Control: A Labor Process Analysis of Food-Delivery Work in Australia", *Work, Employment and Society*, Vol. 34, No. 3, 2020, pp. 388 – 406.

② Friedman, G., "Workers without Employers: Shadow Corporations and the Rise of the Gig Economy", *Review of Keynesian Economics*, Vol. 2, No. 2, 2014, pp. 171 – 188.

③ 韩文龙、刘璐：《数字劳动过程中的"去劳动关系化"现象、本质与中国应对》，《当代经济研究》2020 年第 10 期。

④ Wells, K. J., et al., "'Just-in-Place' Labor: Driver Organizing in the Uber Workplace", *Environment and Planning A*, Vol. 53, No. 2, 2021, pp. 315 – 331.

⑤ 《资本论》（第一卷），人民出版社 2018 年版，第 216 页。

剧工作不稳定的经济现实中，众多数字劳动者为何还趋之若鹜，心甘情愿地长时间保持时刻在线？而在劳动主体性方面，进入数字资本主义阶段，身陷"算法牢笼"[1]而"无处可逃"的数字劳动者，又何以反抗平台资本算法权力的恣意宰制？

从根本上讲，基于西方马克思主义 LPT "控制—同意—抗争"的研究视角，打开数字资本主义"数字工厂"黑箱，深化对其数字劳动过程及其演进的规律性认识，科学揭示数字劳动对资本的隶属、资本对数字劳动的剥削，以及数字劳动反抗和斗争的新特点新趋势，是推动 21 世纪马克思主义政治经济学创新发展的重要议题；同时，对于中国情境下维护新就业形态劳动者劳动保障权益，促进平台经济规范健康持续发展，也不无实践启迪和经验镜鉴。

第一节 算法控制的劳动秩序

在资本主义剩余价值生产中，资本不遗余力地开发管理技术和监视手段，来指挥、考核和规训劳动，以最大程度地用死劳动来吮吸活劳动。实践表明，每一次重大技术进步，必然会推动资本主义生产方式革新，资本针对劳动的监督和控制的方式和路径也随之发生嬗变。进入数字资本主义阶段，资本凭借现代数字技术的应用，创设算法控制（algorithmic control）[2]并不断加以完善，将面向劳动过程的理性控制实践推向一个新阶段。

一 算法控制的出场与实践特征

进入数字资本主义阶段，数字平台 App 成为虚拟生产网络的"生产

---

[1] Woodcock, J., "The Algorithmic Panopticon at Deliveroo: Measurement, Precarity, and the Illusion of Control", *Ephemera: Theory & Politics in Organization*, Vol. 20, No. 3, 2020, pp. 67 – 95.

[2] Wood, A. J., et al., "Good gig, Bad Gig: Autonomy and Algorithmic Control in the Global Gig Economy", *Work, Employment and Society*, Vol. 33, No. 1, 2018, pp. 56 – 75.

流水线"。实践表明，算法系统不仅仅是数字时代的生产资料，而且也成为决定"数字无产阶级"（digital proletariat）工作条件的劳动私法。①由此，得益于现代数字技术的疾速发展和大数据分析的场景应用，算法控制应运而生，并迅速成为数字经济劳动控制的新形态。从本质上讲，所谓算法控制，就是资本开发的一套"数据驱动"的自动决策系统，来高效地实现对劳动过程的工作指挥、绩效评价和行为规训。可以说，算法控制发端于数字劳动力市场的兴起；但随着产业数字化和生产组织平台化持续推进，作为劳动过程理性控制的新手段，也正日益嵌入传统组织 HRM 流程和管理实践之中。从工具理性看，算法控制在平台经济劳动过程中大显身手，根源于其具有的如下四个显著特征。

1. 算法决策精准化

"用数据说话、凭数据决策"，成为算法控制的核心原则。无论是在人员筛选、任务分配，还是绩效评价和人员奖惩方面，数字平台系统自动决策，都是建立在对劳动过程全方位数据的记录、收集和处理分析基础之上。现实中，推行"轻资产"运营模式的数字资本却不惜成本，大规模进行智能监测设备的投资与更新，通过摄像机、传感器、录音设备和智能穿戴设备的密集布置，精心构筑"算法牢笼"，来实时监视数字劳动者的"一言一行"。进一步地，数字资本通过对海量劳动过程数据的挖掘分析，形成和积聚前所未有的算法权力，自动地实现对平台进入退出、劳动—订单的优化匹配、服务定价的动态调整、劳动绩效评价的高效处置。因而，相比于直接控制的主观性和人为随意性，算法控制最大程度地排除了管理者非理性因素的干扰。同时，算法控制不仅通过持续地系统优化，克服了传统技术控制和官僚控制的相对僵化；而且还基于劳动者个体画像，实现了数字资本主义劳动过程的精准控制。

2. 算法执行即时化

进入数字资本主义阶段，根植于虚拟生产网络的数字经济生产过程，

---

① Gonzalzez, A. J., "Code and Exploitation: How Corporations Regulate the Working Conditions of the Digital Proletariat", *Critical Sociology*, Vol. 48, No. 2, 2022, pp. 361-373.

同步地实现了对劳动过程数据全方位、全时域的记录、收集和聚合。进而，数字资本利用先进的文本数据、音频识别技术和自然语言处理算法，实时进行高频多维数据的深度分析，以评估数字劳动者情绪、相对业绩表现和职场行为倾向。在此基础上，数字资本利用人工智能反馈系统，实时将计算和评价结果应用到劳动控制的具体决策之中。实践中，无论是数字声誉积分的动态更新、工作任务的实时分派，还是平台准入的随时封号，算法控制的决策即执行，使得传统生产组织中按部就班、科层化 HRM 相形见绌。

3. 算法管理人机交互化

数字经济的兴起，使资本主义劳动组织方式发生颠覆性变化，"一个高高在上处于金字塔顶端的雇主被一个带有开源软件文化形象的平台代替"①，点对点的数字工厂成为劳资关系博弈新的"充满斗争的领域"。数字平台算法系统充当虚拟的"智能经理"，以前的倒班主管、领班以及中高层管理人员遁形于屏幕后，以往面对面的人际交往变得杳无踪影，取而代之的是即时的、看似"高冷"的人机互动。其结果，"键盘点击工甚至不知晓究竟是在为谁打工"②。虽然原本充斥于组织内部的公司政治在算法管理中被化于无形；但与此同时，员工心理契约、团队学习、组织支持等社会化情境因素，在数字资本主义劳动过程中也难觅踪迹。③

4. 算法系统运行"黑箱化"

伴随数字资本主义的快速发展，数字资本通过算法系统的开发和优化，将体现资本逻辑的技术路线、用户行为模式和组织目标加以编码并高度集成，并最终有机嵌入平台用户界面的功能设置和操作流程之中。但与以往做法迥异的是，数字资本大都将算法系统视为核心商业秘密，鲜有公开。同时，在日益复杂、精深的机器学习应用下，算法决策的实

---

① ［美］亚历克斯·罗森布拉特：《优步：算法重新定义工作》，郭丹杰译，中信出版社 2019 年版，第 16 页。

② Staab, P. and Nachtwey, O., "Market and Labor Control in Digital Capitalism", *tripleC: Communication, Capitalism & Critique*, Vol. 14, No. 2, 2016, pp. 457–474.

③ 黄再胜：《网络平台劳动的合约逻辑、实践挑战与治理路径》，《外国经济与管理》2019 年第 5 期。

际结果少有规律可循，甚至令人费解，因而遑论透明可释。尤其是，数字声誉积分的算法生成过程令人捉摸不定。进一步地，数字劳动者不能确知数字平台追踪和采集了何种数据，以及是否被应用于支付或派单智能决策之中，因而平台算法系统运行的不透明，很大程度上制约了劳动者选择的自主性。[①]

二 算法控制的具化形态

理查德·埃德沃兹（Richards Edwards）在《充满斗争的领域》中，将资本主义劳动过程中的控制细分成三个相互联系的具体环节，即指挥、评价和规训。[②] 进入数字资本主义阶段，资本针对劳动的控制内容并没有发生变化，但在平台革命推动下，算法控制的出场，使资本主义劳动控制的具体形式和实现路径呈现出全新的变化。沿袭理查德·埃德沃兹的分析框架，凯瑟林·科劳格等将数字资本主义劳动过程中的算法控制，进一步分解成六个具体维度，即资本通过信息茧房和算法推荐来实现劳动指挥；通过行为记录和算法评分来实现劳动评价；通过平台准入和算法奖惩来实现劳动规训。[③] 具体而言，如图4.1所示，数字平台通过算法系统的应用，一方面，维持了数字劳动者表面上的"工作自主"；另一方面，实际上进一步加深了劳动对数字资本的实际隶属。

1. 信息茧房 + 算法推荐 = 劳动指挥

现实中，依托数字平台就业的劳动者拥有"工作自主"，表面上可以自主决定接单时机、工作地点及在线时长。为解决劳动供给"不确定性"，数字资本有意制造信息不对称，预设数字劳动者"自由"选择的可能集合，并通过界面功能和操作顺序设置自动嵌入平台系统之中。其结果，处于信息劣势的数字劳动者通常难以自主地做出合意的工作决策，

[①] Shapiro, A., "Between Autonomy and Control: Strategies of Arbitrage in the 'On-demand' Economy", *New Media & Society*, Vol. 20, No. 8, 2018, pp. 2954–2971.

[②] Edwards, R., *Contested Terrain: The Transformation of the Workplace in the Twentieth Century*, New York: Basic Books, 1979.

[③] Kellogg, K. C., et al., "Algorithms at Work: The New Contested Terrain of Control", *Academy of Management Annals*, Vol. 14, No. 1, 2020, pp. 366–410.

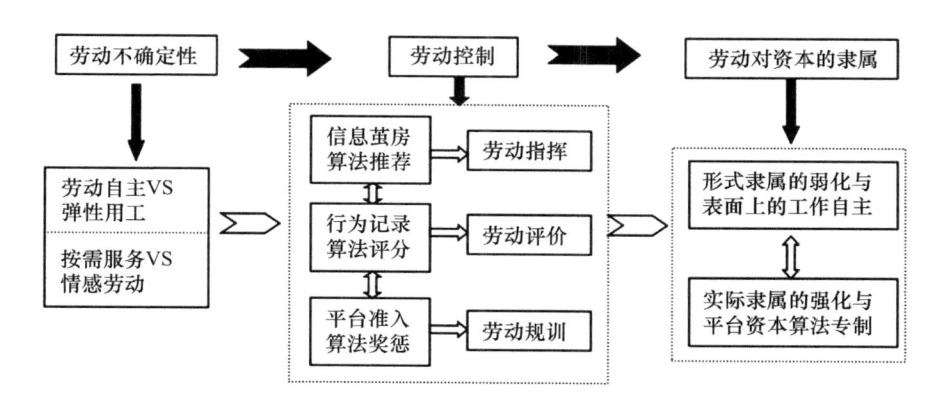

图 4.1 数字劳动过程的算法控制

资料来源：笔者根据公开资料自制。

不可避免地逐渐沦为只是按平台 App 信息提示，机械地滑屏确认的"点击工"①。

除了通过构筑"信息茧房"来消解数字劳动者"工作自主"，数字资本还处心积虑地利用行为心理学中的暗示技巧和助推策略，开发和完善算法推荐系统，诱使数字劳动者以资本所期望的方式行事。实践中，算法推荐就是基于劳动过程数据的模式发现和行为预测，来引导数字劳动者自我决策的。在这方面，"优步的短信比传统的公司经理鼓励你深夜加班时所用的说辞更具煽动性"②。为满足高峰时段的订单需求，网约车平台和外卖平台都普遍推出峰时定价，向数字劳动者展示存在溢价的区域地图，以诱使数字劳动者竞相前往抢单。

2. 行为记录＋算法评分＝劳动评价

数字平台充分利用现代数字技术，全方位、全时域和全过程记录、收集和聚合虚拟生产网络中的人与人、人与机和机与机之间的

---

① 譬如，优步实行无差别派单的政策，平台在网约车司机确认接单后才显示乘客目的地信息。
② ［美］亚历克斯·罗森布拉特：《优步：算法重新定义工作》，郭丹杰译，中信出版社 2019 年版，第 148—149 页。

交互数据。① 同时，数字资本还充分利用 Web 2.0 交互性和算法技术，构建起以用户打分、顾客评价的数字声誉机制，来控制道德风险和保护交易环境，以防止在线劳动力市场"柠檬化"而引致市场崩塌。从本质上看，顾客评分作为一种网络口碑，是数字资本将本应由组织 HRM 承担的员工考核职能"外包"给消费者来完成。在数字资本竭力宣扬的所谓"共创""共享""赋能"等说辞鼓动下，众多平台用户自愿地为数字平台创收而无偿劳动。由此，在顾客参与的行为记录下，数字资本得以收集和汇聚海量的、映射数字资本主义劳动过程的定性和定量数据。进而，通过不公开的算法计算，得出反映劳动生产率和就业竞争力的算法评分，用以提供劳动者绩效的定量和定性反馈。

譬如，在零工经济中，外卖平台会根据骑手日完单量、送单准时率、每单平均用时以及日送单里程，对每名骑手进行算法评分，并加以排名，位列前三的还将会得到额外奖励②。2020 年 1 月国内某网约车平台开始推行"口碑值"。"口碑值"由出行分、服务分、安全分和合规分组成，其中出行分考核网约车司机高峰期在线接单以及活跃度，服务分考核网约车司机服务乘客的态度和质量，安全分考核网约车司机是否遵守平台规则及其驾驶行为是否安全，合规分考核网约车司机是否合规化运营③。在数字内容 IP 经济中，网络文学平台制定各种数字化的评价指标，如总字数、更新频率、点击率、订阅数、点赞数、推荐票数、打赏次数、排行榜等，来直接决定网络文学写手的 IP 潜质④。在秀场直播平台中，平台会根据主播直播时段的礼物金额、在线时长、互动频率等因素进行打

---

① 譬如，优步依赖其 App 应用产生的数据——安装于司机和乘客的智能手机终端，实时跟踪、记录并且处理司机个人数据，包括出行频次、接单率、拒单率、在线时长以及与其他司机的表现对比等。跨境客平台为实时监督和追踪项目进展情况，专门开发了名为"工作日志"的功能，用以自动记录自由职业者键盘敲击、鼠标移动情况，并进行定期性电脑截屏。

② Yu, Z., et al., "The Emergence of Algorithmic Solidarity: Unveiling Mutual Aid Practices and Resistance among Chinese Delivery Workers", Media International Australia, Vol. 183, No. 1, 2022, pp. 107-123.

③ 佟新主编：《数字劳动：自由与牢笼》，中国工人出版社 2022 年版，第 47 页。

④ 蒋淑媛、黄彬：《当"文艺青年"成为"数字劳工"：对网络作家异化劳动的反思》，《中国青年研究》2020 年第 12 期。

分计算，给主播进行排名，排名靠前的主播会在直播页面中享有较高的曝光率。①针对游戏主播，直播平台构建综合多方面因素的热度值，包含用户数（历史场次用户数、当前用户数、贵族在线）、收入（历史场次收益、当前收益）、弹幕（区分不同等级用户的弹幕）、内容质量（90秒留存、观看时长、分享转发数量、关注数量、搜索量等）、互动（抽奖、充能、连麦、发帖等）、开播情况（直播时长、直播有效天数）、视频（主播上传视频条数、视频播放次数等）。②如图4.2所示，一家全球性自由职业者平台，任务发包方除了对数字劳动者给予公开评价，还可以自愿地对其劳动表现提交私下反馈。

3. 平台准入+算法奖惩=劳动规训

一直以来，将行为越矩或工作不力的员工辞退，是资本施加劳动控制的一个重要方面。数字资本对数字劳动者的进入退出管理，集中体现在平台准入方面，单方面实施针对数字劳动者的身份核验和账号管理。正因为如此，"从组织政治学来看，工业资本主义'恩威'并重模式被供给驱动的'守门人模式'所取代"③。实践中，针对违反平台服务协议或业绩欠佳的数字劳动者，数字资本主要基于算法评分来实施人员进入退出管理。通常的做法是，一旦数字声誉积分低于临界值，平台算法系统就自动地将数字劳动者账号暂时冻结或永久封号。而对于并未违反平台规定，但绩效平平的数字劳动者，数字资本虽不禁止其登录平台，却利用平台算法排名系统，降低其平台可见度，甚至将其个人简历自动屏蔽。需要指出的是，数字资本实施的进入退出管理策略，通常并不违反经由数字劳动者"同意"的平台服务协议，因而实际上使数字资本"最大限度地吸纳网民的休闲时间与剩余生产力，并随时更换不利于资本增值的劳动力，从而实现对劳工的自由掌控"④。

---

① 佟新主编：《数字劳动：自由与牢笼》，中国工人出版社2022年版，第136页。
② 何明洁、向南霓：《个体化视角下的兴趣爱好与数字劳动》，《青年研究》2022年第1期。
③ Staab, P. and Nachtwey, O., "Market and Labor Control in Digital Capitalism", tripleC: Communication, Capitalism & Critique, Vol. 14, No. 2, 2016, pp. 457–474.
④ 吴鼎铭、胡骞：《数字劳动的时间规训：论互联网平台的资本运作逻辑》，《福建师范大学学报》（哲学科学版）2021年第1期。

图 4.2　数字劳动过程中的顾客评价

资料来源：Rahman, H. A., "The Invisible Cage: Workers' Reactivity to Opaque Algorithmic E-valuations", *Administrative Science Quarterly*, Vol. 66, No. 4, 2021, pp. 945 – 988.

资本主义生产中劳资双方的利益不一致，始终是资本价值运动挥之不去的一大痛点。为破解劳动供给和劳动努力的"双重不确定性"，数字资本充分利用智能技术，不断推出影响数字劳动者收入的即时激励措施。这集中表现在三个方面：

一是数字资本在工作调度上给予高绩效劳动者优先派单、派更多单或优先挑选倒班时段。由于数字劳动就业门槛较低，加之人员来源范围更广，劳动供给过剩是常态。拥有更多且更合意的就业机会，以及更大程度的就业灵活性，自然成为驱动劳动者遵守数字资本主义劳动秩序的重要因素。二是数字平台不定期地推出名目众多的奖励或补贴计划，鼓励劳动者主动参与到服务于数字资本增殖的"数字赶工游戏"中。三是数字资本创造性地将传统组织中的身份荣誉或地位激励，引入数字资本主义劳动控制之中。一般而言，平台算法系统认定的虚拟身份或级别较高时，劳动者不仅能够在"原子化"工作场景中获得久违的社会性激励和心理满足；而且还能进一步提升自身数字声誉积分，从而在接单机会、计件单价和工作日程安排等方面享受更多的平台特权。譬如，亚马逊土耳其机器人平台将众包微工分为"普遍托客"和"托客大师"，后者是"托客"中的"精英"，具有较高的历史任务合格率。平台任务一般会优先分配给"托客大师"。即使在"普通托客"群体内部，他们也会因历史任务合格率的差异而得到不同的任务列表。[①]

三 算法控制的劳动景观

表面上，依托数字平台就业的劳动者下载平台 App。"实际上，他们是'下载'了一整套塑造主体性的时空框架。"[②] 在资本主义生产方式下，"表面的自由之下，数字资本实际上构造了一套更为精巧的劳动秩序，将更多的社会劳动吸纳进了一个看似松散、但实际上更加精密紧凑的生产体系"[③]。

从数字劳动过程的时间维度看，一方面，数字劳动者拥有何时接单及在线多久的"工作自主"；另一方面，来自平台算法系统的时间规训，又驱使劳动者疲于奔命，甚至不顾生命安全与时间赛跑。从数字劳动过程的空间维度看，一方面，数字劳动者从事"原子化"工作，不存在正式、固定的工作场所；另一方面，数字资本精心编制的数字监视网络，

[①] 姚建华：《在线众包平台的运作机制和劳动控制研究——以亚马逊土耳其机器人为例》，《新闻大学》2020 年第 7 期。

[②] 郑广怀等：《"平台工人"与"下载劳动"：武汉市快递员和送餐员的群体特征与劳动过程》（预印本），源自中国集刊网。

[③] 翁智刚、郭珮琪、李强：《数字经济劳动社会化研究》，《经济学家》2022 年第 6 期。

将资本的触角渗透于劳动者的整个生命政治活动。而就数字资本主义劳资关系而言，一方面，依托于数字平台就业的劳动者并没有让出"对自己劳动的支配权"；另一方面，平台算法系统和消费者却实际充当"管理者"角色，由此引致的人机博弈和用工双方的横向冲突，则成为扰动资本主义劳动秩序的新肇因。

1. 时间规训与劳动加速

马克思指出，机器的资本主义应用，通过浓缩劳动时间的办法，就可以延长绝对劳动时间，增加绝对剩余价值。即"每一分一秒都充满了更多的劳动；劳动强度提高了"①。进入数字资本主义阶段，数字平台通过算法系统中介了劳动和消费的关系，通过建构"高效""及时"等营销话语来赢得资本市场，但同时也对数字劳动者实行了算法管理下的时间规训和时间操控。② 这集中体现为，在平台App和智能算法等数字机器的加持下，数字资本将数字劳动者的工作强度推高至无以复加的地步。由此，数字劳动陷入了一种"加速"的内卷化之中。③

首先，在数字资本主义劳动过程中，数字劳动者的计酬时间大多从确认接单时起计。而劳动者在等待系统派单或搜寻工作任务、精心打理线上个人简历，以及熟悉平台接单程序、提升自身数字技能等方面花费的大量时间，却不被平台算法系统计入付酬时间。为了节省待单时间，分散长时间"落单"风险，许多劳动者同时登录多家平台App揽活，或选择同时为多个客户工作。其结果，相比于终日劳作于车间流水线的蓝领工人，数字劳动者的工作忙碌程度有过之而无不及。

其次，提供即时满足的触网体验，是优步、来福车、户户送等数字平台用以吸引和集聚用户的市场"杀手锏"。为此，平台企业不断优化算法系统，实时调整派送路线，贪婪地推行"时空压缩"（time-space compression）策略，实施"算法最优时间"④ 并以"倒计时"的数字化

---

① 《马克思恩格斯全集》第32卷，人民出版社1998年版，第381页。
② 孙萍：《"算法逻辑"下的数字劳动：一项对平台经济外卖送餐员的研究》，《思想战线》2019年第6期。
③ 吴鼎铭、吕山：《数字劳动的未来图景与发展对策》，《新闻与写作》2021年第2期。
④ 吴静：《平台模式下零工劳动的政治经济学解读》，《苏州大学学报》（哲学科学版）2022年第3期。

计时装置，将遭受不稳定之困的数字劳动者推向与时间赛跑的"数字旋涡"。其中，外卖平台竞相追求极限的送餐速度，但通常不会将城市道路中的临时路况、恶劣天气、电梯等待等偶然因素纳入算法计算中，导致骑手为保住"准点率"而无暇顾及交通安全。更为重要的是，在平台推行按件计酬的制度安排下，速度成为衡量分配正当性的唯一依据。送单超时遭受的处罚，包括经济上的（系统派单量的减少）、名誉上的（每周排名靠后）、心理上的（重新接受培训），无疑让时间展露出更为强大的纪律属性。[1]

最后，数字资本主义按需服务的生产特征，使实际的工作任务具有"忽冷忽热"的极大不确定性。由于保持在线是获得收入和维持靠前排名的主要途径，那些依附数字平台维持生计的劳动者不得不长时间"自愿"接活，自然导致工作和生活、劳动与闲暇的界限不断地被打破。譬如，在网游公司普遍存在所谓的"关键时刻"（Crunch Time）现象，即在一款游戏、一个新的关卡或一款重要版本更新发布前的数天或数个小时，开发人员都要集体加班。对此，斯莫林的一名员工讲述道:[2]

"关键时刻"到来时，大家会带上睡袋，在发布之前住上5天。你不能离开办公室，也不能回家。我们会订购比萨，没日没夜地工作。如果有人想要回家照顾孩子，可能会遭到批评。

并且，随着在线劳动力市场就业竞争日趋激烈，24/7式随时待命、时刻在线，逐渐地成为数字劳动者工作节奏的日常写照。"现代工业的全部历史还表明，如果不对资本加以限制，它就会不顾一切和毫不留情地把整个工人阶级投入这种极端退化的境地。"[3] 当下数字劳动者拼命跑

---

[1] 廉思：《时间的暴政——移动互联网时代青年劳动审视》，《中国青年研究》2021年第7期。

[2] 转引自［德］莫里茨·奥滕立德《数字工厂》，黄瑶译，中国科学技术出版社2023年版，第121页。

[3]《马克思恩格斯选集》第2卷，人民出版社2012年版，第61页。

单，无时不在应验马克思的这一警世论断。

2. 数字监视与劳动顺从

在数字资本主义生产中，数字平台成为数字工厂重要的空间形式。任何注册于平台的劳动者，只要配备一台私人电脑或一部智能手机，拥有流量稳定的宽带接入，就可以登录平台 App 随时随地开展工作。就劳动控制而言，将工作地点高度分散、劳动时间碎片化且人数众多的数字劳动者有效组织起来，并遵从数字资本意愿高效行事，着实绝非易事。对此，数字资本充分利用虚拟生产网络的数字空间特征，基于生物识别、WiFi 地理围栏、运动状态识别和定位识别的综合传感系统，通过关键业绩指标（KPI）、顾客评价与后台系统精心搭建全方位、全时域和全过程的数字监视网络，促使平台算法系统成为一个单向透明的"巨大的他者"。数字劳动者上线即监控，行为即数据。进一步地，算法技术实现对劳动时间与空间、工作节奏的全程引导，甚至所剩无几的个体能动性也陆续被吸纳、扭曲成为数据本身。[①] 于是，"数字劳动者不再是一个难以被管理的复杂群体，资本依托先进技术可以轻松地实现对数字劳动者'一对一'的全方位监控"[②]。

进入数字时代，面对被数字资本垄断，愈发不可抗拒的算法权力，原本抱持"工作自主"愿望的数字劳动者，不经意间被平台系统裹挟，只能遵照平台 App 的工作指令，日复一日地陷入"机械地确认接单—拼命地送单—机械地确认成单—焦急地等待接单"的工作循环，最终固然逃脱不了"只有一个前途——让人家来鞣"的现实归宿。于是，在数字资本主义劳动过程中，表面上拥有高度"自主"的数字劳动，实际上并不是劳动者所希望进行的劳动，而是迫于生计不得不进行的强制劳动，是"他主"中的"自主"[③]。

---

① 谢榕:《从卢德工人、新卢德派到数字工人——技术批判的建构主义思路探析》,《自然辩证法通讯》2022 年第 4 期。

② 韩文龙、刘璐:《数字劳动过程中的"去劳动关系化"现象、本质与中国应对》,《当代经济研究》2020 年第 10 期。

③ 王蔚:《数字资本主义劳动过程及其情绪剥削》,《经济学家》2021 年第 2 期。

3. 算法管理与劳资冲突转移

LPT 经典研究表明，无论是传统制造企业的生产车间，还是跨国公司的呼叫中心，都是"充满斗争的领域"，直接劳动过程无时不充斥着资本的剥削伎俩与劳动的现实抗争。数字经济兴起后，算法管理取代传统的科层化管理，成为资本主义劳动过程最受关注的新变化。表面上看，一直以来令资本头痛不已的纵向冲突，随着数字资本及其代理人的退隐幕后，似乎是销声匿迹了。取而代之的，是数字劳动者对平台系统"算法专制"[1]的无力抱怨，以及对给出差评消费者的不满和愤懑。换言之："消费者看似获得了监督与评价的'绝对权力'，却在不知不觉中和平台系统扮演'管理者'角色一样成为劳动冲突的'替罪羊'。"[2] 这样一来，一方面，数字资本巧妙地遮蔽了劳资冲突，心安理得地压榨身陷"不稳定陷阱"的数字劳动者而赚得盆满钵满；另一方面，劳动过程利益冲突的对象转移，一定程度上消磨了劳动反抗资本的自觉和精力，其结果反而维系了虚拟生产网络中资本主宰的劳动秩序。

第二节 数字劳动的同意生产

LPT 强调，资本主义劳动过程"应当从强制和同意的特定结合方面来理解"[3]。在工业资本主义时期，"劳动过程的变化以及内部劳动市场的兴起扩展了工人的选择，并从而构成了同意的基础"[4]。进入数字资本主义阶段，依托数字平台就业的数字劳动者高度分散和原子化，不仅使

---

[1] Griesbach, K., et al., "Algorithmic Control in Platform Food Delivery Work", *Socius*: *Sociological Research for a Dynamic World*, Vol. 5, No. 4, 2019, pp. 1–15.

[2] 陈龙：《"数字控制"下的劳动秩序——外卖骑手的劳动控制研究》，《社会学研究》2020 年第 6 期。

[3] [美] 迈克尔·布若威：《制造同意——垄断资本主义劳动过程的变迁》，李荣荣译，商务印书馆 2019 年版，第 50 页。

[4] [美] 迈克尔·布若威：《制造同意——垄断资本主义劳动过程的变迁》，李荣荣译，商务印书馆 2019 年版，第 120 页。

来自内部劳动市场的"同意制造"装置不复存在，而且在平台系统算法管理下，面向数字劳动者的"申诉机制和集体讨价还价"也难觅踪影。

鉴于此，如图4.3所示，数字资本就另辟蹊径，创造性地以"自主创业""灵活工作"等新自由主义叙事，千方百计地重塑和激活个人主义，不断制造和拓展劳动选择空间，巧妙地将资本欲望转化为劳动者自身的创富欲望，进而以劳动者内部竞争和"自发的奴役"，来更加隐蔽地进行更具掠夺性的剩余价值生产。换言之，"新自由主义功绩主体作为自己的企业主主动并狂热地进行自我剥削"[①]。从根本上讲，"'自我剥削'的本质依然是'他者剥削'，只是作为'他者'的资本采取了退隐的方式，通过增殖欲望的转移使资本与主体融为一体，巧妙冲淡了资本与劳动者之间的矛盾"[②]。

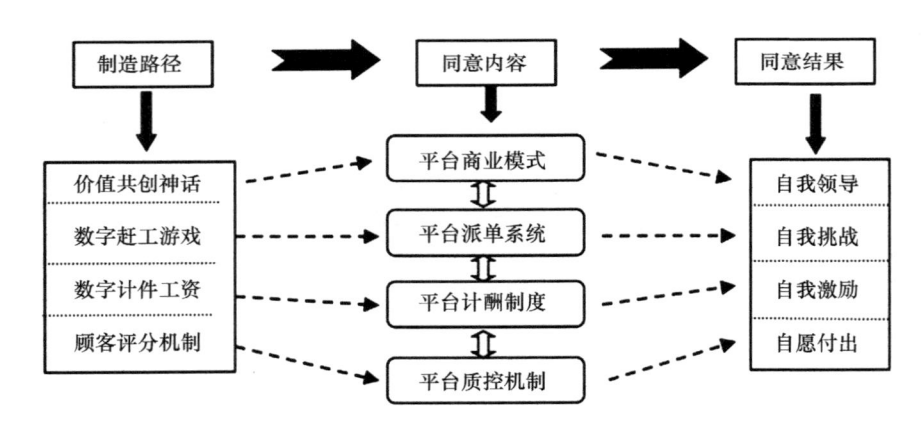

图4.3 数字劳动过程的"同意制造"

资料来源：笔者根据公开资料自制。

一 价值共创神话与自我领导

进入 Web 2.0 时代，突破时空界域的虚拟生产网络出现，孕育和推动了对等生产模式的落地和发展。维基百科、Linux 开源软件项目和无数

---

① ［德］韩炳哲：《精神政治学》，关玉红译，中信出版社2018年版，第37页。
② 高天驹：《从"他者剥削"到"自我剥削"——数字时代异化劳动的新表现》，《天府新论》2021年第5期。

网络公益社群的成功运营，的确展示了大众分享认知剩余、推行共创共享的生产可能和实践功效。滥觞于"共享经济"的平台企业，尽管在层出不穷的商业模式创新中日益暴露其资本面目，但表面上依然宣称自己的数字技术赋权且利他，进而企图通过无限放大数字网络空间的众创潜能，遮人耳目地开辟"掩饰和获得剩余价值"的新领域新路径。

数字资本主义发展表明，自诩推崇数字文化的数字资本竭力解构传统雇佣关系，并不仅仅是推行"颠覆性"商业模式，来规避雇主责任，降低"选用育留退"的用工成本。从资本主义劳动过程看，平台企业普遍与数字劳动者签订服务合作协议，一个更为隐蔽的利益考量，就是要刻意以创业者精神和"独立承包商"身份形塑劳动主体性，并用"兴趣""参与意识"，"将分散在全球各个角落的各类劳动者的创新欲望和知识，都调动起来，融入社会化大生产中"①。其结果，"劳动者认为自己不仅仅是抽象劳动时间的提供者，还是能够自行倍增的'人力资本'，即一种像资本一样不断'投资'自身的时间和精力、从而实现'自我增殖'的主体"②。

以优步为例，充斥其官网的市场宣介标语，大都是诸如"自己当老板""时间自己定、报酬自己收""机会无处不在"等新自由主义说辞。在法律层面，优步将司机归类为独立承包商，并称之为"司机合伙人"。"优步广告宣传标榜其平台就业机会是自由、灵活和独立，实际上旨在借助这种名义上的自主来遮蔽其对司机劳动过程的控制。"③ 类似地，亚马逊土耳其机器人平台将主要来自美国和印度的众包微工称为"托客"；以提供家政零工服务的平台——跑腿兔将注册于平台的数字劳动者称为"兔子"或"跑腿的"，并按照创业者或小微企业家的标准向他们收取交易佣金。

正是在数字资本宣传话术和经营实践的熏染下，那些原本就业前景

---

① 谢富胜、吴越、王生升：《平台经济全球化的政治经济学分析》，《中国社会科学》2019年第12期。

② 夏莹、牛子牛：《主体性过剩：当代新资本形态的结构性特征》，《探索与争鸣》2021年第9期。

③ Wu, Q., et al., "Labor Control in the Gig Economy: Evidence from Uber in China", *Journal of Industrial Relations*, Vol. 61, No. 3, 2019, pp. 574–596.

黯淡的弱势群体潜移默化地形成一种浸透数字乌托邦色彩的"虚幻意识",即一方面,乐观地认为数字赋能经济会带来无限的创新机会和就业机遇;另一方面,盲目地笃信虚拟生产网络的出现,可以带来随时随地的"工作自由",并且天真地认为作为独立承包商,一切都在"自我掌控"之中。[1] 进而,在"争当老板"的创业冲动下,对平台企业所提供的表面上看似时尚、光鲜亮丽的工作机会,其实是经过数字资本精心包装、先前通常由低技能人群所做的工作趋之若鹜。即使现实中依托数字平台就业所获报酬甚微,那些沉浸于"自我创业"梦想的数字劳动者也通常将其归咎于自身没有抓住市场机遇。

从根本上讲,数字劳动者的这种"创业能动性",追求的恰恰是资本积累,而不是争取有利于劳动的利润再分配。[2] 但实际上,对于众多实质性依附数字平台的劳动者而言,"零敲碎打的计件工资,加上时不时的促销补贴政策,就是这种所谓创业机会的残酷现实"[3]。最终结局是,数字劳动者在更加不稳定的工作境遇下虽疲于奔命,但同时却又"甘愿"服从于这种新型但更为阴险的资本主义剥削过程。

二 数字赶工游戏与自我挑战

劳动游戏化,即将与他人竞争、等级、打分排名和奖金等游戏因素引入资本主义劳动过程之中,不仅再生产了劳动"自发的奴役",而且也给资本带来更多的剩余价值。进入数字资本主义阶段,资本主义生产的数字化、网络化和智能化,将资本主导的"自上而下的游戏化"[4]推

---

[1] Peticca-Harris, A., et al., "Postcapitalist Precarious Work and Those in the Drivers' Seat: Exploring the Motivations and Lived Experiences of Uber Drivers in Canada", *Organization*, Vol. 27, No. 1, 2020, pp. 36 – 59.

[2] Veen, A., et al., "Platform-Capital's 'App-etite' for Control: A Labor Process Analysis of Food-Delivery Work in Australia", *Work, Employment and Society*, Vol. 34, No. 3, 2020, pp. 388 – 406.

[3] [美] 亚历克斯·罗森布拉特:《优步:算法重新定义工作》,郭丹杰译,中信出版社 2019 年版,第 84 页。

[4] Woodcock, J. and Johnson, M. R., "Gamification: What it is, and How to Fight it", *The Sociological Review*, Vol. 66, No. 3, 2018, pp. 542 – 558.

向一个新的高度。对此,菲尔·琼斯指出:"复杂的奖励计划和可竞争的定价模式使任务游戏化,并有效地将劳动力剩余和不稳定性重新包装为新的、激动人心的工作兼休闲形式。"①

究其原因,一是 Web 2.0 时代虚拟生产网络的交互性,不仅天然地搭建了劳动者可以随时随地参与游戏的便利通道,而且能够提供即时的、直击痛点的成功和奖赏体验。二是数字资本主义监视系统的建立和运行,为劳动过程"游戏化"量化排名、奖惩激励等活动的展开,提供了可量化的基础设施支撑。② 三是数字平台用户界面融入"定制化游戏"元素的 A/B 测试与优化设计,进一步助推劳动者参与,甚至沉溺于数字资本发起的"数字赶工游戏"。

LPT 经典理论指出:"参与游戏的行为产生了对其规则的同意。"③ 在数字劳动的实际过程中,数字资本通过精心设计与工作任务量直接挂钩的奖励补贴计划和身份等级晋升体系,包括五花八门的"积分制""徽章""虚拟奖品"等,将无处不在的算法强制巧妙地转化成为数字劳动者竞相加入的"冲单游戏"。

譬如,如表 4.1 所示,国内某外卖平台将骑手的超时率、投诉率、差评率、跑单量四项指标,在与同城骑手的比较后量化为蜂值,根据外卖骑手蜂值分为不同等级并对应不同的奖励。④ 某网约车平台通过在单位时间内完成固定单数即可获取红包的挑战性任务鼓励网约车司机主动抢单;推出新司机首周奖、优秀司机额外翻倍奖、金牌服务奖等激励性

---

① [英] 菲尔·琼斯:《后工作时代:平台资本主义时代的劳动力》,陈广兴译,上海译文出版社 2023 年版,第 54 页。

② 有研究表明,运用数字监控技术对员工绩效进行量化,即使量化结果不与员工报酬相挂钩,也会促使工人们在不经意间进入挑战自我的"自主游戏"(auto-gamification)之中。这对于那些从事任务简单、易于量化的工作,尤是如此。参见 Ranganathan, A. and Benson, A., "A Numbers Game: Quantification of Work, Auto-Gamification, and Worker Productivity", *American Sociological Review*, Vol. 85, No. 4, 2020, pp. 1–37.

③ [美] 迈克尔·布若威:《制造同意——垄断资本主义劳动过程的变迁》,李荣荣译,商务印书馆 2019 年版,第 89 页。

④ 冯向楠、詹婧:《人工智能时代互联网平台劳动过程研究》,《社会发展研究》2019 年第 3 期。

计费机制，增加司机工作的积极性以及在线时长。① 在国内秀场直播中，数字平台组织秀场 PK 游戏，在给定时间内，两个随机匹配的主播以票数对抗的形式进行拉锯战，暂时落后的一方会被要求完成扭腰、抖肩、下蹲等一系列惩罚动作，而领先一方的主播及其粉丝可以观看落后者的表演。这种集体狂欢让所有参与者投入其中无法自拔，在包装成"游戏"的竞争中认同平台所制定的游戏规则。② 跨境客平台对于任务完成率（job success score）保持在 90% 以上的自由职业者，给予名为"Top Rated"的徽章。享有这一"殊荣"的劳动者通常更受用工方青睐，平台也经常会将其列入算法推荐名单。③ 在优步平台，网约车司机一旦获得"Uber Pro"身份，就可以在接单时浏览到更多订单信息。④

表 4.1　　　　　　　　外卖骑手等级、蜂值与奖励

骑手等级	所需蜂值	等级奖
青铜蜂鸟	0	无
白银蜂鸟	500	0.1/单
黄金蜂鸟	1500	0.2/单
铂金蜂鸟	3000	0.3/单
钻石蜂鸟	5000	0.4/单
王者荣耀	10000	0.5/单

资料来源：冯向楠、詹婧：《人工智能时代互联网平台劳动过程研究》，《社会发展研究》2019 年第 3 期。

其结果，游戏化的激励项目将枯燥、重复的工作任务转化为一系列

---

① 魏巍、刘贝妮、凌亚如：《平台工作游戏化对网约配送员工作卷入的"双刃剑"影响——心流体验与过度劳动的作用》，《南开管理评论》2021 年第 9 期。
② 佟新主编：《数字劳动：自由与牢笼》，中国工人出版社 2022 年版，第 109—110 页。
③ Anwar, M. A. and Graham, M., "Hidden Transcript of the Gig Economy: Labor Agency and the New Art of Resistance among African Gig Workers", *Environment and Planning A*, Vol. 52, No. 7, 2020, pp. 1269 – 1291.
④ Vasudevan, K. and Chan, N. K., "Gamification and Work Games: Examining Consent and Resistance among Uber Drivers", *New Media & Society*, Vol. 24, No. 4, 2022, pp. 866 – 886.

目标挑战赛；同时，数字平台 App 刻意制造"下拉刷新"式功能选择，表面上的确赋予数字劳动者相当程度的自我控制，促使其迷恋于"数字赶工游戏"所带来的自决感和"胜出的喜悦"。进而，在数字资本主义劳动过程的人机交互中，数字资本与数字劳动者更深化的矛盾，又进一步被转化为"玩家与游戏的较真"。因此，从本质上讲，数字劳动过程的游戏化，就是数字资本为管理更加变化不定的劳动供给而施加的一种"软控制"。实践表明，数字资本充分运用数字化游戏中的交互和反馈机制，实现对数字劳动者日常生命政治活动的宰制、监视和标准化，更加有效地"掩饰和获得剩余价值"。

三 数字计件工资与自我激励

马克思指出："计件工资是最合适资本主义生产方式的工资形式。"① 究其缘由，是因为工资形式本身就控制了劳动强度和劳动质量，进而确保最大程度地实现资本剩余价值生产。进入数字资本主义阶段，计件工资制在数字劳动过程中强势复兴。这种数字计件工资制集中表现在两个方面：一是在众包经济和零工经济中，资本主义劳动过程不断趋向模块化、粒度化和去场景化，劳动任务商品化大行其道。平台算法系统派单提成的薪酬管理实践，使得"现在的数字化劳动实践跟 18 世纪末英国工业纺织初期的家庭包工制极为相似"②。二是在数字内容经济中（对此，本书第五章有专门论述），平台的劳动考核指标从传统媒体时期的"计件制"转为"计流量制"，即根据用户阅读量、转发量、点赞量等来按"流量"付酬。③ 实践中，相比于传统的计件制，数字计件工资制呈现出更具威力"同意制造"的实践功效。正如有学者所言："在平台体系中，劳动与服务被层层分解，被技术变成可计算的劳动，简单的计件工资使

---

① 《资本论》（第一卷），人民出版社 2018 年版，第 640 页。
② [美] 大卫·哈维：《马克思与〈资本论〉》，周大昕译，中信出版社 2018 年版，第 159 页。
③ 刘战伟、李媛媛：《自主与妥协：平台型媒体内容创作者劳动过程中的"同意制造"》，《新闻记者》2021 年第 8 期。

过度劳动成为常态。"①

首先,"计件劳动报酬制度造成一种假象,似乎工人得到了产品的一定份额"②。就数字劳动分配而言,按单付酬、多劳多得,容易使劳动者产生一种"自主决定的差异化收入理念"③。来自劳动社会学的田野调查表明,在户户送平台,外卖骑手普遍认同按单付酬的算法,认为这是基于速度客观指标,体现公平和精英理念的市场竞争;那些送单速度快、成单数量多的骑手,获得更高收入,无可厚非。④ 同时,数字劳动报酬通常在完成任务后即刻兑现,"赚快钱"的心理满足,降低了交易成本,进一步促进数字劳动者甘愿付出更多闲暇时间为资本生产剩余价值。而在众多数字内容平台上,"10万+"成为一个行业标准、一项内容标杆,诱发内容创作者集体的"数字崇拜"。在"多就是好"的"计流量制"激励下,内容创作者为获得更高的稿酬和稳定的收入,不得不疲于奔命地加工制作"内容商品",来主动迎合平台算法和用户偏好。⑤ 本质上,数字平台通过蓄意制造数字劳动过程的"程序正义",来冲淡甚至消解劳动者对分配结果的"公平感知"。

其次,在传统计件工资制中,资方削减计件价格的管理伎俩,容易使劳动者产生自我挫败感,从而弱化其"制造同意"的制度效能。但在数字计件工资制下,按单付酬的费率要么是由平台计价系统自动决定(如优步),要么由发包方发起、由数字劳动者竞价而定(如跨境客)。如此一来,因费率削减原本引致的劳资冲突,不经意间转变成人机矛盾,或数字劳动者与客户,甚至数字劳动者彼此竞争的横向冲突。面对"高冷的"平台系统,几无议价能力的数字劳动者,在别无更好就业选择下

---

① 佟新主编:《数字劳动:自由与牢笼》,中国工人出版社2022年版,第274页。
② 《马克思恩格斯全集》第30卷,人民出版社1995年版,第241页。
③ 冯向楠、詹婧:《人工智能时代互联网平台劳动过程研究》,《社会发展研究》2019年第3期。
④ Galiere, S., "When Food-Delivery Platform Workers Consent to Algorithmic Management: A Foucauldian Perspective", *New Technology, Work and Employment*, Vol. 35, No. 3, 2020, pp. 357 – 370.
⑤ 刘战伟、李媛媛:《自主与妥协:平台型媒体内容创作者劳动过程中的"同意制造"》,《新闻记者》2021年第8期。

只得甘愿充当"数字奴工"。即使数字资本不断压低费率,数字劳动者通常选择拼命跑单来实现收入平衡。再者,依托数字平台就业的劳动者极其分散且少有社会交往,通常难以形成群体规范,来进行"产量限制"。时常发生的反而是逐底竞争或抢单现象,"促进了他们之间的相互竞争",使得数字计件工资制较少受"车间政治"影响,因而能够更为充分地释放"同意制造"效应。

四 顾客评分机制与自愿付出

"平台经济把消费者引入到劳动控制当中,消费者的评价和投诉等直接影响了平台工人的收入、奖励、职业等级等。"[1] 实践表明,数字平台声誉积分不仅影响顾客决定,而且作为影响平台智能决策的重要因素,也放大了顾客评分对数字劳动者接单机会和收入流的影响。正因为如此,顾客评分机制的建立,促使数字劳动者不得不培养自己的软技能和社交倾向,小心翼翼地与"充当中层经理角色"的客户打交道。同时,不同于以往由管理层发起的规范性控制,数字资本着力培育数字劳动者对工作和顾客的承诺,而不是针对组织的承诺。[2] 其结果,面对形形色色甚至变化无常的消费者,数字劳动者费尽心思、心甘情愿地以各种形式的情感劳动投入,来换取客户的积极评价和五星好评。

由此看来,"优步平台上的司机从事情感劳动,换取的不是小费,而是乘客评价"[3]。而对于依托数字平台就业的自由职业者(尤其是新手)而言,为了获得好评,通常还会主动地不计报酬,无偿为客户完成额外任务;或一直打磨手头的工作,直至客户完全满意;甚至当预感客户会给差评时,有的劳动者还会主动削减报酬来加以示好。其结果,数字劳

---

[1] 郑广怀等:《"平台工人"与"下载劳动":武汉市快递员和送餐员的群体特征与劳动过程》(预印本),源自中国集刊网。

[2] Veen, A., et al., "Platform-Capital's 'App-etite' for Control: A Labor Process Analysis of Food-Delivery Work in Australia", *Work, Employment and Society*, Vol. 34, No. 3, 2020, pp. 388 – 406.

[3] Rosenblat, A. and Stark, L., "Algorithmic Labor and Information Asymmetries: A Case Study of Uber's Drivers", *International Journal of Communication*, Vol. 10, 2016, pp. 3758 – 3784.

动者实施的上述策略性行为，支撑和放大了顾客评分的"同意制造"效应；同时也因情感劳动和免费劳动的额外付出而进一步加剧了数字资本的"非雇佣剥削"①。

第三节　数字劳动的时空修复

回顾资本主义发展史，"机器，用马克思的话来说，就成了资本用来对付工人阶级的最强有力的武器，劳动资料不断地夺走工人手中的生活资料，工人自己的产品变成了奴役工人的工具"②。进入数字资本主义阶段，数字机器的普遍应用，并没有带来劳动自由和人的解放，反而催生了更具欺骗性、更具掠夺性的资本剥削。在数字资本的算法操弄下，"劳动者往往呈现出'主体性过剩'的状态，以至于陷入'自我剥削'乃至'相互剥削'的生存窘境之中"③。

恩格斯指出："工人对资产阶级的反抗在工业发展开始后不久就已经表现出来，并经过了各种不同的阶段。"④ 进入数字资本主义阶段，劳动者与平台系统之间的"数字鸿沟"并没有导致资本主义"生产政治"的消解和湮灭，而是使资本主义劳动过程呈现更多样化、更隐秘化的支配与反抗关系。实践表明，来自数字劳动的时空修复，⑤ 日渐成为当下劳动反抗资本算法操纵、展现和提升劳动主体性和能动性的现实选择。

一　数字劳动的时间修复

在数字资本主义劳动过程中，表面上看，数字劳动者可自由地安排工

---

① 刘皓琰：《信息产品与平台经济中的非雇佣剥削》，《马克思主义研究》2019年第3期。
② 恩格斯：《社会主义从空想到科学的发展》，人民出版社2014年版，第69页。
③ 夏莹、牛子牛：《主体性过剩：当代新资本形态的结构性特征》，《探索与争鸣》2021年第9期。
④ 《马克思恩格斯全集》第2卷，人民出版社1957年版，第501页。
⑤ Barratt, T., et al., "'I'm My Own Boss…': Active Intermediation and 'Entrepreneurial' Worker Agency in the Australian Gig-economy", *EPA: Economy and Space*, Vol. 52, No. 8, 2020, pp. 1643 – 1661.

作日程，自主决定上班时间和工作时长，但这些利益通常伴随的是低薪、社会孤立、反常的工作作息，以及身心资源与情绪耗竭。为此，数字劳动者在经年累月与平台算法系统的"磨合"中，逐渐发明各种时间修复策略，来获取"合乎劳动目的"的工作节奏和就业灵活。

首先，面对"当初自由的承诺与现实严苛的算法管理"之间的现实冲突，许多数字劳动者不是被迫迎合不断加速的工作节奏，而是以不合作的方式，有意忽略算法推荐或算法奖励，按照自己设定的工作模式来接单。一些人不愿甘当"为别人生产财富的机器"，主动选择自我"限产"，在平台赚足目标收入就即刻收工。其次，数字劳动者不断积累"算法技巧"，开发针对算法管理的"默示知识"，在"逆算法"的劳动实践中实现"'人的逻辑'和'算法逻辑'的糅合与对抗"①。实践中，不少受困于平台系统的外卖骑手，会选择在订单送达前数分钟就通知顾客，从而规避掉在顾客所在地等待收单的时间花费。来自亚马逊土耳其机器人平台的"托客"们甚至还自行编制应用软件，用以自动审查平台发布的工作任务，以便有合意的任务可抢时，就通过报铃声或短消息随时自我提醒。②

二　数字劳动的空间修复

进入数字资本主义阶段，数字工厂的空间形式不仅指涉数字化的现实物理空间，更重要的是开拓了突破时空界域的数字网络空间。并且，数字网络空间成为资本攫取"一般智力"和进行数据商品生产流通的新场域。③ 就数字劳动的空间属性而言，跨境自由职业者和众包微工等云劳动的工作场所，主要是基于数字平台用户操作界面的虚拟网络空间；而在按需劳动的零工经济中，网约车司机、外卖骑手等网约工的服务供

---

① 孙萍：《"算法逻辑"下的数字劳动：一项对平台经济外卖送餐员的研究》，《思想战线》2019年第6期。
② Lehdonvirta, V., "Flexibility in the Gig Economy: Managing Time on Three Online Piecework Platforms", *New Technology, Work and Employment*, Vol. 33, No. 1, 2018, pp. 13–29.
③ 黄再胜：《数据的资本化与当代资本主义价值运动新特点》，《马克思主义研究》2020年第6期。

给则需要通过线下劳动完成交易闭环,因而这类数字劳动发生于经由数字平台 App 中介的物理空间和数字空间。于是,不同于工业资本主义时期劳动抗争的车间政治和街头运动,数字劳动者的空间修复呈现出线上线下空间切换和彼此勾连的鲜明特征。

首先,在数字劳动个体层面的空间修复上,网约车司机经常采用平台转换策略,使用多部智能手机,同时为数家平台工作(multi-apping),用以通过平台切换,来利用最佳的赚钱机会。遇到治安不好的街区,优步司机会暂时关闭 GPS 或短暂下线,以规避算法派单任务。外卖平台通常规定,骑手只有到达指定的待单区域,才可以登录平台接活。许多劳动者就私下安装能篡改 GPS 定位信息的小程序,来谋取更多的工作自由。有趣的是,与平台企业的用工关系性质不同,骑手们发起空间修复的动机则大相径庭。在按单提成的户户送平台,自我雇佣型骑手制造 GPS 虚拟定位信息,目的是能够接更多订单;而在按时付薪的美食平台(Foodora),骑手们则使用仿冒 GPS 软件,将自己的定位信号转移到配送区域的边缘地带,以尽可能地逃避平台系统派单。[①] 此外,一些网约工还自制订单热力图,来推测接单机会最多的地域。

其次,在数字劳动集体层面的空间修复上,近年来阶级意识不断觉醒的数字劳动者,已经开始充分利用虚拟生产网络的时空优势,积极建构共建共享的虚拟社区,用以集体抗争数字资本的宰制和奴役。通常的做法是,数字劳动者搭建网络社区,用以劳动赋权和工作知识分享。譬如,注册于亚马逊土耳其机器人平台的众包微工自建了 TurkerNation、MturkGrind 等虚拟社区。Uberpeople.net 成为优步司机经常使用的最大线上社区。在这些虚拟社区中,数字劳动者相互联系,构筑共同的身份认知,找回久违的社会归属感。重要的是:"这些网络论坛可弥补工作平台上分散孤立的工作环境所带来的信息鸿沟。"[②] 依托这些虚拟社区,数

---

① Heiland, H., "Controlling Space, Controlling labor? Contested Space in Food Delivery Gig Work", *New Technology, Work and Employment*, Vol. 36, No. 1, 2021, pp. 1–16.
② [美] 亚历克斯·罗森布拉特:《优步:算法重新定义工作》,郭丹杰译,中信出版社 2019 年版,第 243 页。

字劳动者彼此分享顾客信息，讨论高效完成工作任务、依靠平台多栖来最大化收入等工作技巧；共享任务资源和识别恶意顾客；相互指导以规避平台算法系统惩戒；交流被封号后的重新注册策略；分享打理财务、税收和保险事项的心得，等等。此外，网络虚拟社区还成为一个很好的情感宣泄场所，数字劳动者倾诉各种遭遇，彼此获得情感支持。其结果，"正是在这种技术赋能和自主建构中，平台用户的自我效能感在很大程度上得以提升，并在情感上产生了对共同体的认同感和归属感，预示了一种'自由人的联合体'的网络愿景"[1]。

三　数字劳动的时空修复

在与数字资本的抗争中，除了实施上述的时间修复和空间修复，数字劳动者还积极尝试各种时空兼具的修复策略，以更大程度上谋取合乎自身意愿的工作景观。这体现在，数字声誉积分直接关乎数字劳动者个体的接单机会和平台收入。虽然平台评分系统的操作细节不对外公布，但不少数字劳动者还是会根据自身积分的波动情况，不断琢磨影响算法评分的具体因素，以便能够投其所好，优先从事那些可以影响计分结果的活动。

同时，在数字劳动者集体抗争中，劳动者还使用虚拟社区形成行动联盟，通过策略性地集体登进登出平台，来与平台算法系统博弈。在线民族志调查表明，为了提高峰时定价的预期，在线论坛的优步司机会定期谋划经过仔细考虑的、协调行动的大规模"登出"行动，以期在线司机数量突然下降能骗过平台算法，让后者生成更高的提成费率。数字劳动者发起的这种"自下而上的游戏"，实际上是通过工作再造（reworking），来集体反抗算法控制下的工作节奏。[2] 针对户户送平台不透明的计价算法，来自德国柏林的骑手们组织起来，自行开发行程追踪App，通过数据收集和数据分析来进行"逆算法"，以对抗数字资本日趋积聚

---

[1] 黄铭、何宛怿：《"数字劳动"平台化的辩证分析》，《国外社会科学》2021年第2期。
[2] Wells, K. J., et al., "'Just-in-Place' Labor: Driver Organizing in the Uber Workplace", *Environment and Planning A*, Vol. 53, No. 2, 2021, pp. 315–331.

的算法权力。① 更为可喜的是，近年来，世界各地的数字劳动者反抗平台压榨的抗议活动也日趋增多，影响也不断扩大。② 对此，本书第七章将作进一步论述。

---

① Van Doorn, N., "At What Price? Labor Politics and Calculative Power Strugglesin On-Demand Food Delivery", *Work Organization, Labor & Globalization*, Vol. 14, No. 1, 2020, pp. 136 – 149.
② 譬如，欧洲外卖骑手发起"#slaveroo"运动，以抗议低工资、订单不足、缺少健康安全保障等问题。优步司机发起了一系列质疑平台用工性质的司法诉讼。纽约网约车司机成功敦促政府实施了针对平台企业的更多规制，如引入最低工资标准和对司机数量设限等。

第五章 数字劳动的价值创造研究

马克思在谈到资本主义生产方式时指出:"生产剩余价值或赚钱,是这个生产方式的绝对规律。"① 进入数字时代,在数据革命推动下,产业资本、金融资本与数字技术的联姻,催生出极具扩张性的数字资本,日渐成为资本主义社会资本运动的霸权形态。② 进而,在数字资本的操纵和宰制下,当代资本主义剩余价值生产、实现和分配呈现诸多价值和反价值(anti-value)③ 如影相随的"事实悖论",不可避免地对数字时代马克思剩余价值学说的理论生命力和现实穿透力产生新的挑战。

首先,在生产组织平台化的推动下,一方面,"在数字化市场上,免费总是消费者能得到的一种选择"④;另一方面,数字资本又显著地缩短造富周期,能够在极短时间内攫取富可敌国的数字财富。⑤ 其次,在生产过程智能化的推动下,越来越多的劳动者不受时空约束而被裹挟到当代资本主义生产体系之中;但同时用工模式日趋灵活,正不断加剧劳动

---

① 《资本论》第 1 卷,人民出版社 2018 年版,第 714 页。
② 姜宇、蓝江:《数字资本积累中的免疫机制——以美国制裁华为反观资本主义共同体的开放和保护》,《中国矿业大学学报》(社会科学版)2020 年第 6 期。
③ Harvey, D., *Marx, Capital, and the Madness of Economic Reason*, New York: Oxford University Press, 2018, p.72.
④ [美]里克斯·安德森:《免费:商业的未来》,蒋旭峰、冯斌、璩静译,中信出版社 2015 年版,第 83 页。
⑤ 沙烨:《数字财富鸿沟:数字控制与资本控制的叠加效应》,《文化纵横》2021 年第 4 期。

过程"去劳动关系化"①，一直以来资本煞费苦心编制的"劳动与资本交换关系"似乎是渐行渐远。再次，在数字市场双边化发展中，一方面，数字资本专注于"连接""匹配"的市场交易撮合，"一点接入，服务全球"，从而在数字时代财富生产中扮演着不可或缺的角色；另一方面，充当"技术中介"的平台企业表面上看只是进一步扩张了资本主义非生产性部门，叠加和放大金融资本业已引致的价值转移效应。最后，在资本权力算法化的推动下，一方面，数字资本自愿布展社会生产交换的关键数字基础设施，吸引更多市场第三方加入平台生态圈价值共创活动之中；另一方面，数字资本倚仗数据壁垒和算法垄断，通过平台抽成恣意攫取剩余价值，从而将当代资本主义的资本"剥夺性积累"②推向一个新高度。

马克思指出，利润"具有一个神秘化的形式，而这个神秘化的形式必然从资本主义生产方式中产生出来"③。毋庸置疑，滥觞于数字经济的数字资本价值运动呈现出令人眼花缭乱的生产表象和市场景观。在这种情况下，数字时代资本主义剩余价值生产、实现和分配发生了哪些重大变化？进一步地，是否确如有学者所言，数字经济的辉煌成就应该理解为一种新的剩余价值占有模式，而不是新的价值创造方式？④ 只有正确认识和回答这些问题，及时捕捉资本价值运动的现实嬗变与矛盾张力，科学分析数字时代资本主义生产方式的内在矛盾，深化对当代资本主义剩余价值生产、实现和分配的规律性认识，才能真正解蔽数字时代资本主义劳资关系及其变化的本真面目。同时，对于中国情境下防止数字资本野蛮生长，维护平台第三方和数字劳动者合法权益，推动数字经济健康发展，也不无实践启迪和经验镜鉴。

---

① 韩文龙、刘璐：《数字劳动过程中的"去劳动关系化"现象、本质与中国应对》，《当代经济研究》2020 年第 10 期。
② [美] 大卫·哈维：《资本的限度》，张寅译，中信出版社 2017 年版，第 15 页。
③ 《资本论》第 3 卷，人民出版社 2018 年版，第 44 页。
④ Foley, D. K., "Rethinking Financial Capitalism and the 'Information' Economy", *Review of Radical Political Economics*, Vol. 45, No. 3, 2013, pp. 257–268.

第一节　数据革命与数字剩余价值出场

进入数字时代，由"数据+算力+算法"定义智能生产力加速形成与迭代，将人类生产生活的每一方面、每一个角落都卷入如火如荼的数据革命浪潮之中。"新技术、新组织形式、新剥削模式、新就业机会和新市场都会出现，创造出一种资本积累的新途径。"[1] 这集中体现在：在数字时代，资本主义资本循环和资本增殖的速度都比工业时代极大地加快；进一步地，数字资本操控下的剩余价值生产、实现和分配呈现多路径展开、多样态交错的新趋势。

一　生产组织平台化与数字剩余价值出场

进入数字时代，在飞速发展的信息网络技术加持下，平台革命方兴未艾，正在深刻重塑当代资本主义生产、分配、交换和消费的各个环节。正如亚历克斯·莫塞德（Alex Moazed）和尼古拉斯·L. 约翰逊（Nicholas L. Johnson）所指出的："如果说软件是这一经济大变革的开启者的话，那么今天吞噬世界的则是平台。平台主导了互联网和我们的经济。"[2] 生产组织形态的平台化，正使得数字资本价值运动不再只是如工业时代产业资本那样，发轫于工厂车间，交换于有形市场，分配于劳资、资资之间；而是通过物理空间和数字空间的相互勾连和彼此映射，将剩余价值生产、实现和分配过程统摄于数字化、网络化和智能化的时空场景之中。其结果，浸润于平台经济的数字资本自我增殖过程，既包含增量意义上的剩余价值生产，同时又掺杂着存量意义上的剩余价值分割。如此一来，当代资本主义的"普照的光"——归属于数字资本的剩余价值，实际上是生产的剩余价值和让渡的剩余价值的现实糅合体，我们将其定义

---

[1] Srnicek, N., *Platform Capitalism*, Cambridge: Polity Press, 2017, p. 36.
[2] ［美］亚历克斯·莫塞德、尼古拉斯·L. 约翰逊：《平台垄断：主导21世纪经济的力量》，杨菲译，机械工业出版社2018年版，第2页。

为"数字剩余价值"（digital surplus value，简称 DSV）。

首先，实践中，由数字资本所掌控的平台企业基于"数据+模型=服务"的生产逻辑，以广泛连接、高效匹配和动态优化实现海量数据的商业智能转化，不仅为平台生态圈核心交易提供旨在拓展市场和制造市场的各种数字化服务，而且也依托产业互联网为智能化生产和服务型制造提供各种数字化解决方案。譬如，工业互联网平台发挥全面连接、资源集聚、数据贯通、智能决策等优势，可助力完成在线监测、远程运维、故障诊断、工业品采购流通、供应链金融等功能，减少技术人员流动，降低服务门槛，极大地提升了企业的生产效率。[1] 进而，在攫取数字剩余价值上，数字资本竭力构建"差异创造机制"，注重"运用数字技术，通过发现、利用、创新差异来获取利润，追求持续不断积累资本的体系"[2]。

需要指出的是，当下国内外学界存在一个影响甚广的狭隘论断，即将数字经济仅看成是流通领域中以数字平台为中介的经济活动。究其根源，是由于数据商品具有的产消同一性，客观上容易产生一种价值运动假象，即在平台经济双边市场中，数字平台自身并没有进行任何价值创造，其资本盈利主要来自"坐地收租"，以至于有学者断言，运营数字平台的资本积累直接依赖于广告商，自身不能形成相对自主的资本积累过程；[3] 但实际上，无论是从整体经济活动服务化趋势看，还是从生产性服务数字化发展看，数字资本倚仗数字时代的"生产流水线"——以智能算法为代表的数字机器，源源不断成规模地生产定制化的数据商品，以满足多样化、个性化和场景化的 C 端或 B 端消费需求，从而为当代资本主义资本运作开辟了新的"价值增长域"。从这个意义上讲，在资本主义生产方式下，相比于金融资本自我循环的寄生性、腐朽性，数字资

---

[1] 中国信息通信研究院：《中国数字经济发展白皮书》（2021），第 18 页。
[2] ［日］森健、日户浩之：《数字资本主义》，日本野村综研（大连）科技有限公司译，复旦大学出版社 2020 年版，第 35 页。
[3] Robinson, B., "With a Different Marx: Value and the Contradictions of Web 2.0 Capitalism", *The Information Society*, Vol. 31, No. 1, 2015, pp. 44–51.

本因推动且融入"数字化实体经济"而蕴含潜力巨大的社会生产性。因此可以说,数字资本就是数字技术和产业资本联姻的现实产物;数字资本通过数据价值化而获取的数字剩余价值,正在成为数字时代资本主义剩余价值生产中的重要增量。

其次,"一切时代都存在一种权力,即以租金形式来占有一部分剩余价值"[①]。进入数字时代,在经济数字化发展中,平台企业在双边市场中始终占据中心地位,凭借对关键数字基础设施的垄断,不断强化其资源属性、连接属性和网络属性,来推动和实现"价值共创"。进而,数字资本倚仗日益积聚的算法权力,实际主导平台生态圈利益分配秩序,并通过创新剩余价值分割的具体方式而攫取更多利润。这主要体现在:在平台接入上,通过交易抽成肆意向平台内经营者收取"数字地租";在用户触达上,通过算法推荐和流量采买向平台第三方收取"流量租";在数字内容供给上,通过会员制向活跃用户收取"IP租";在数据要素化上,通过"数据共享"向平台合作方收取"数据租"。本质上,数字资本收入囊中的上述"新封建式"租金,要么是对平台生态圈内产业资本利润的强制分割,要么是对黏性用户个人收入的巧取豪夺。从这个意义上讲,数字平台就是数字时代的"食利者",为数字资本自我加速增殖贡献颇多。对此,后文将作进一步细述。

再次,马克思指出,商品个别价值与社会平均价值的差额,构成了超额的剩余价值。在工业时代,对超额剩余价值的追逐,促使部门内企业竞相致力于技术与组织创新,来不断提高自身的生产效率。进入数字时代,一方面,数字资本通过利用非法移民、被迫失业的工人、学生、不稳定和非正式劳工,以支付比正常雇佣更低的劳动报酬,来使其商品的个别价值低于社会平均价值。[②] 另一方面,平台垄断的日益加深和市场供给的定制化,使得数据商品的个别价值与社会价值的界分日益模糊,垄断性定价在极短时间内成为一种市场常态,由此形成的"虚假的社会

---

① [英]大卫·哈维:《资本的限度》,张寅译,中信出版社2017年版,第145页。
② Fuch, C., "Labor in Informational Capitalism and on the Internet", *The Information Society*, Vol. 26, No. 3, 2010, pp. 179–196.

价值"自然成为数字剩余价值的重要组成部分。从这个意义上讲,当下平台企业攫取的超额利润,就是数字时代的垄断资本——数字资本获取的数字剩余价值的具化形态。

最后,进入数字时代,"轻资产"运营模式备受数字资本青睐。实践中,一方面,平台经济头部企业的账面价值与市场价值之间通常呈现出令人咂舌的巨大反差;另一方面,新兴初创数字科技企业在极短时间内成为"独角兽"现象也日趋普遍。不同于工业时代资本积聚和集中,在"先增长后盈利"的经营理念下,平台企业即使在较长时间内持续负亏运营,仍然能够通过资本市场运作获取巨额的套现收益。从本质上看,数字资本运作的市场逻辑,就是以海量数据聚合、转化和利用的期权价值持续吸引资本市场追捧,进而在高溢价市场估值中独享数据资本化收益。从这个意义上讲,数字资本就是数字时代虚拟资本的一种最新形态。进一步地,数字资本获取的市场溢价收益,实质是极具投机性的"流量资本化"①的估值和变现,从而构成数字剩余价值中占比最大但价值基础却最为羸弱的"虚拟增量"。

二 生产过程智能化与数字剩余价值出场

进入数字时代,现代科学技术的发展,特别是大数据、云计算、人工智能和5G等信息网络技术的加速应用,资本主义生产过程智能化程度不断加深,"无人工厂""无人车间"正在越来越多的生产部门从构想变成现实。在智能化生产中,借助于物联网的各类传感器不仅实时采集生产过程高维数据,而且通过平台中枢的实时分析处理,形成精准映射物理生产过程的数字孪生过程。进而,信息物理系统的构建使得生产活动虚拟与现实有机融合,不仅极大地拓展了生产运营空间,而且也显著地提升了生产柔性或供应弹性,使得大规模定制化生产渐成趋势。从资本增殖看,生产过程的智能化为数字资本榨取更多的剩余价值,创造了

---

① 刘震、蔡之骥:《政治经济学视角下互联网平台经济的金融化》,《政治经济学评论》2020年第4期。

更为隐蔽但却更加高效的实现路径。

首先，智能机器体系的生产应用，实现了以算法化自动决策取代层级化人工决策，结果使传统生产组织中大量管理人员成为冗余，从而极大地减少了行政性支出和监督管理成本。同时，基于生产全过程的算法管理，通过生产流程优化、设备故障预测和供应链云端化，显著减少了生产工序和生产模块间的接转耗时，延长了机器设备使用时限，降低了物料、半成品等库存成本，从而大大地压缩不变资本支出，节省了可观的生产时间。如此一来，在资本主义生产方式下，虽然智能化生产减少了直接生产过程中的活劳动，侵蚀了当代资本主义价值形成基础；但同时生产运营成本的显著降低，减少了资本循环过程中的"价值丧失"风险和分利环节，从而作为一种"反趋势力量"缓解了"无价值生产"对当代资本主义一般利润率水平的不利冲击。进而，数字时代数字资本对数字剩余价值的竞相追逐，客观上促进了智能生产力发展，推动了当代资本主义数字化财富生产的欣欣向荣。因此，从上述意义上讲，数字资本的"生产性"在"数字化实体经济"中得到最为充分的实践彰显。

其次，进入数字时代，"智能化技术在社会生产过程的普遍应用，还使得生产与流通、交换、消费之间的联系得到加强，加速了资本周转速度"[1]。这主要体现在：在智能化生产中，数字资本浸润于平台生态圈内，通过对用户消费行为数据的挖掘和分析，能够即时生产行业洞察、消费者画像、产品价值卖点和市场消费趋势等数据商品，从而使大规模定制化生产成为可能。如此一来，虽然技术乐观主义者借此宣扬的"无摩擦的资本主义"，充其量只是一种资本的"数字乌托邦"而不足为论；但毋庸置疑，"客对厂"（C2M）反向定制、供给与需求精准对接、生产与消费融为一体，使"商品的惊险的跳跃"变得更容易完成，极大地降低了马克思所强调的"价值丧失"风险，缩短了商品流通时间，也减少了商品推广的市场费用，由此给数字资本带来的超额利润，成为数字剩

---

[1] 赵敏、王金秋：《资本主义智能化生产的马克思主义政治经济学分析》，《马克思主义研究》2021年第6期。

余价值构成的重要来源。

三 用工模式灵活化与数字剩余价值出场

进入数字时代,在数据革命的推动下,劳动组织平台化如火如荼,当代资本主义劳动力市场正在经历工作"优步化"的重大变化。在劳动型平台的交易撮合下,一台电脑或一部手机都可以成为工作场景,不仅人们的职业选择不断扩展,而且也因打破时空阻隔,给人们带来"办公室""流水线"难以企及的就业灵活和工作自主。其结果,传统的雇佣模式已经逐渐被消解,非标准就业的零工经济孕育而生。对于数字资本而言,用工实践日趋灵活化,有利于实现资源灵活配置、降低运营成本、规避用工风险,从而能够从远至世界最偏僻角落的劳动者身上榨取更多的剩余价值。

首先,在"公司+雇员"到"平台+个人"的劳动组织变革中,劳动者通常被定义成"自雇者"或"独立承包商",而非传统意义上的雇员;同时,平台企业以"技术中介"自居,竭力消弭在风险分担和权利保障方面的"雇主责任"。其结果,原本附着于雇员身份的各种法定劳动权益保障,如最低工资保障、就业安全、退休养老金等,在劳动者"就(创)业自主"的市场吹捧中不断被规避和"悬空"[①]。从资本运作看,平台企业用工实践的"去劳动关系化",持续贬损劳动力价值,极大地减少了可变资本支出,变相地扩大相对剩余价值生产,从而使数字资本能够占有更多的数字剩余价值。

其次,在工业时代,不变资本的支出由产业资本家来"买单",是资本主义生产方式下"劳动者和劳动实现条件的所有权之间分离"的必然结果,也是维系资本主义生产关系再生产的内在要求。进入数字时代,智能化生产的关键数字基础设施通常由平台经济头部企业把持,以算法系统为代表的智能机器成为最重要的生产资料,通常被数字资本视作商

---

① 黄再胜:《网络平台劳动的合约特征、实践挑战与治理路径》,《外国经济与管理》2019年第7期。

业秘密而牢牢掌控在自己手中。与此同时,数字资本蓄意宣扬"共享""创业""协作"等新自由主义话术,千方百计地重塑和激活个人主义,怂恿和鼓励社会大众自备生产资料,心甘情愿地投入"价值共创"的全民造富热潮之中。如此一来,数字资本通过劳动者生活资料的"资本化",巧妙地将资本欲望转化为劳动者自身的创富欲望,从而将本应承担的固定资本投资及相关经营风险成功地转嫁到众多普通劳动者身上,最终实现更加隐蔽的、更具掠夺性的数字剩余价值生产和占有。

第二节 数字劳动与数字剩余价值生产

马克思指出,资本家"不仅要生产使用价值,而且要生产商品,不仅要生产使用价值,而且要生产价值,不仅要生产价值,而且要生产剩余价值"[①]。进入数字时代,数字劳动的普遍物化,构成数字资本主义阶段价值创造的新源泉。可以说,数字劳动者即生产数字资本的劳动者的特点,是他们的劳动物化在数字化商品或服务中,物化在数字财富中。如表5.1所示,与工业时代的车间劳动相比,数字劳动的数字剩余价值生产呈现出多样态共存、多方式交织的新特点。

表5.1　　　　数字劳动与数字剩余价值的生产

劳动类别	生产贡献	DSV生产路径	数字劳动对象化
用户免费劳动	数据要素生产 数字空间生产	剥夺全部劳动	在线活动的物化
众包劳动	数字机器制造 数据商品生产	剥夺部分必要劳动 延长接单时间	剩余劳动+ 部分必要劳动的物化
按需劳动	数据要素生产 按需服务供给	剥夺部分必要劳动 提高劳动强度 延长接单时间	剩余劳动+ 部分必要劳动的物化
雇佣数字劳动	数字机器制造 数据商品生产	延长工作日	剩余劳动的物化

资料来源:笔者自制。

[①] 《资本论》第1卷,人民出版社2018年版,第217—218页。

一　用户免费劳动与数字剩余价值生产

在工业时代，劳动者与消费者之间的界限泾渭分明。进入数字时代，活跃用户既是数字服务消费者，也是数字平台数据和内容生产者。现实中，活跃用户在线活动发生于网络社群空间，占用的是个体生活时间，劳动方式自愿且无偿。换言之，"用户在制造流量的算法技术垄断中、在工具理性的驯化控制下与资本积累的目标形成自愿的一体化，心甘情愿地贡献着免费'活劳动'"[1]。这对于方兴未艾的服务互联网经济自不待言；对于蓄势待发的产业互联网经济来说，来自消费终端用户的在线参与，也是数字剩余价值生产中的重要一环。正如杰伦·拉尼尔（Jaron Lanier）所指出的："社交平台赋予大众生产工具，可大众却不拥有他们生产的东西的所有权，互联网提供了一个有效机制，它能从大量免费劳动力所创造的经济价值中获利。"[2] 换言之，在数字平台的运作下，无数互联网用户成为"指尖生产者"，随时随地、无时无刻都在为数字资本增殖而自愿效力。

首先，进入数字时代，"无数据，不经济"。"利用平台提取和控制数据是资本原始积累的首要方式，并扩展至资本主义生产发展的整个体系。"[3] 从根本上讲，数字资本的价值运动，就是数据价值化的市场实践展开。从数据价值链看，活跃用户免费劳动的生产性贡献，主要体现在数据要素化过程之中。换言之，活跃用户是个体意义上的颗粒化数据生产者；同时是集体意义上的大数据重要生产者。并且，有别于用户在线浏览留下的"数据足迹"，以用户生成内容（UGC）形式呈现的数据资源，发生于人们在数字网络空间的自我表达、网络社群参与和在线资源共享的"数字化生存"之中。譬如，元宇宙多达30亿的月活跃用户，

---

[1] 曹晋、张艾晨：《网络流量与平台资本积累——基于西方马克思主义传统的考察》，《新闻大学》2022年第1期。

[2] ［美］杰伦·拉尼尔：《互联网冲击：互联网思维与我们的未来》，李龙泉、祝朝伟译，中信出版社2014年版，第5页。

[3] 姜宇：《数据资本的原始积累及其批判》，《国外理论动态》2019年第3期。

每天上传超过3亿张图片；每分钟完成近3000万次状态更新，提交近5000万个评论，合计产生多达4PT的海量数据。进一步地，"在商品化机制的作用下，用户的上网时间被对象化，在线活动成了生产数据商品无处不在的'活劳动'"①。

实践中，由于数据要素市场发展还很不充分，数据商品市场天然地趋于垄断化，导致数据价值化的市场定价，难以像传统工业制品那样充分体现"社会必要劳动时间"的价值规约性。同时鉴于数据价值释放的场景性和动态性，一个无法回避的实践难题，就是在数据价值化中，用户的生产性贡献究竟几何，还一时难以准确测度。但至少在理论上可以确证的是，由于活跃用户在线活动的无酬性，决定了用户生成内容所付出的线上线下时间都成为服务于数字资本自我增殖的剩余劳动时间。因此，包含用户价值贡献的数据价值化净收益，本质上就是由数字资本独占的数字剩余价值。

其次，进入数字时代，"流量为王"。对于服务互联网经济而言，来自C端的用户规模、用户黏性和用户活跃度，直接决定数字资本攫取数字剩余价值的广度与深度。这是因为，数字资本的价值运动，主要发生于打破时空阻隔的数字工厂。不同于传统的物理空间生产，数字工厂空间的生成和维系，"一方面，自然需要平台基础网络架构、用户界面设计、平台生态系统维护等方面的专业化劳动投入；另一方面，更是须臾离不开众多注册用户的平台接入和积极参与"②。其中，活跃用户基于"趣缘"而主动建立和参与的各种群体性的链接与互动，不断地为数字平台积聚流量和增强用户黏性。譬如，红迪网（Reddit）——大型线上论坛社区平台，其活跃用户不仅贡献平台话题内容，而且部分活跃用户还自愿充当论坛社区管理员，设立论坛交流规则，维持线上社区秩序。

正因为如此，每用户平均收入（Average Revenue Per User）是衡量平台企业运营绩效的一个重要指标。实践中，数字资本通过平台接入收

---

① 黄铭、何宛怿：《"数字劳动"平台化的辩证分析》，《国外社会科学》2021年第2期。
② 黄再胜：《数据的资本化与当代资本主义价值运动新特点》，《马克思主义研究》2020年第6期。

费和用户注意力变现而获得的实际收益，表面上看只是分割其他生产性部门剩余价值的一种租金。但细究起来，明显不同于物理空间的租金化，数字资本针对数字网络空间的价值化，时刻需要在线用户的"活劳动"投入，进而由此带来的平台收入，不能只是简单地理解为来自广告商的价值转移。换言之，因为用户生成内容制造了流量，获取了用户注意力，促使数字平台能够提供广告服务，在线广告产生的收入至少部分归因于活跃用户免费劳动的价值贡献。

需要指出的是，工业时代的相对剩余价值生产，是借由资本主义社会生产生活资料部门劳动生产率的普遍提高，来相对缩短必要劳动时间实现的。相比之下，针对活跃用户免费劳动的相对剩余价值生产，则是数字资本通过模糊生产与消费、工作与生活的界限，"生产性占有"海量用户闲暇时间，并直接将活跃用户贡献个人数据和注意力的必要劳动时间归约为零，进而使劳动力价值极度贬值来实现的。因此，如果说马克思所指的相对剩余价值生产是资本主义生产方式下技术进步的结果，那么，数字时代面向活跃用户免费劳动的相对剩余价值生产，则是在数字技术加持下数字资本推行"剥夺性积累"的特殊产物。

二　众包劳动与数字剩余价值生产

自资本主义生产方式确立以来，资本不遗余力地四处搜寻廉价劳动力，以最大限度地压低工资支出，来无偿占有尽可能多的剩余价值。特别是20世纪70年代以来，国际垄断资本推动全球产业链分工深化，以离岸外包、分包等形式，恣意压榨广大外围国家的廉价劳动力。进入数字时代，打破时空约束的劳动型平台不断涌现，网络众包的新型劳动形式应运而生，从而将资本主义剥削范围和剥削对象前所未有地扩大了。

首先，一直以来，为数众多的自由职业者游离于雇佣关系之外，通过个人口碑或熟人网络，自主地利用自身专业技能来实现就业创业。进入数字时代，劳动型平台的勃兴，为全球各地拥有一技之长的劳动者变现"认知盈余"，不同程度地提供了多元化创富机会。有越来越多的自由职业者，通过顶级竞争编码者、跨境客等劳动型平台接活，提供图形设计、在线编程、媒体采编和服务咨询等专业化服务。这类数字劳动通常基于项目制展开，发包方认可劳动成果后支付相应报酬。

实践表明，依托劳动型平台就业的自由职业者，在所谓"平等的合作关系"中逐渐沦为奔波于平台 App 之间的"新打工人"。这表现在：一方面，在平台治理中，数字资本通常"偏爱"发包方，在劳动者资质、服务定价、劳动监督及劳动成果审核等方面赋予其单边决策权；而"原子化"的自由职业者则只是"规则接受者"，几无议价能力和平台治理影响力。对此，本书第七章将作细述。另一方面，在数字化任务分派上，无论是报名与等待甄选模式，还是直接竞标模式，由于劳动力流动打破了时空约束，导致劳动供给严重过剩，发包方"百里挑一"和劳动者"内卷"成为用工常态。为了获得一个不错的网络口碑或数字声誉，劳动者通常还会主动地不计报酬，拼尽全力完成客户提出的额外任务。其结果，这些拥有一技之长的劳动者"自己当老板"的凤愿落空，逐渐成为数字资本算法控制下"自我奴役"的"数字游民"。

其次，以亚马逊土耳其机器人、点击客和图八等众包微劳动平台的出现，也给全球各地的弱势就业群体提供了赚取收入的额外机会。实践表明，面对"自动化的最后一公里悖论"，众包微工"夜以继日地坐在键盘前面，完成不计其数的幕后任务，……使应用程序看起来比实际更加智能"[1]。相比于自由职业者的专业化服务，数据标注、互联网内容审核等众包微劳动就业门槛甚低，对职业技能、工作经验和工作场所几无要求。但"众包工作在单凭软件无法找到解决方法的地方变得尤其重要，在视觉、语境和文化问题上更是如此"[2]。从数字剩余价值生产看，众包微劳动的生产性贡献，主要体现在通过从事 AI 训练数据生产、算法决策结果人工优化、算法管理过程人工干预，来直接或间接参与数字机

---

[1] Gray, M. L. and Suri, S., *Ghost Work: How to Stop Silicon Valley from Building a New Global Underclass*, New York: Houghton Mifflin Harcourt Publishing Company, 2019, p. xxvi.

[2] ［德］莫里茨·奥滕立德：《数字工厂》，黄瑶译，中国科学技术出版社 2023 年版，第 170 页。

器的制造维护与升级换代。

　　实践中，考虑到算法引擎等数字机器通常被视为"商业秘密"而鲜有市场化交易，众包微劳动的"对象化"，主要是以数字机器"价值转移"的迂回方式，发生于数据要素化和数据商品生产的价值形成过程之中。进一步地，众包微劳动的生产性，一方面体现在，由于众包微劳动报酬极低，从而为平台企业节省了可观的可变资本支出，"高技术和低工资完善结合"极大地提升了数字资本自我增殖能力；另一方面表现为，众包微工大规模地在线协作，大大加速了数字机器运行效率，直接促进了平台企业的相对剩余价值生产。此外，众包微劳动实现按件计酬，劳动者在线搜寻任务和等待系统派单时间得不到任何经济补偿。如此一来，相比于传统雇佣劳动，数字资本进一步挤压了直接生产过程的必要劳动时间，从而能够榨取更多的数字剩余价值。

　　最后，进入数字时代，当代资本主义精神产品生产的一个显著变化，就是在信息网络技术加持下，自主的、分布式和全球接入的网络文化生产日渐兴起。网络文学写手、视频博主、音频广播/播客等 UP 主们，"更像是一群生活于网络时代的'手艺人'，以自己的各种非传统的劳动技能来满足受众们的文化需求"[1]。并且，不同于点击、关注、点赞、互动等活跃用户免费劳动，无论是普通用户型生产者（UGC），还是专业用户型生产者（PUGC），大部分创作者都进行着无休止且徒劳的"抱负劳动"（aspirational labor），制作了大量的无偿作品，梦想有朝一日能够以"做他们喜欢的事"为生。[2] 但现实表明，在充满喧嚣的网红经济中，能够成为形成 IP 的头部 UP 主，只是凤毛麟角，头部和尾部的收入呈现云泥之别。以网络文学为例，除了少数网红写手，绝大多数不过是挣扎于网络文学平台中制造"梦想"的"文学打工仔"而已。[3] 其结果，从

---

[1] 罗峰：《在不确定中生产满足——网络时代下中国青年数字劳动研究述评（2010—2020）》，《中国青年研究》2021 年第 4 期。

[2] 王悠然、刘雨微：《全球数字劳动者的困境与出路》，《中国社会科学报》2022 年 9 月 26 日第 3 版。

[3] 胡慧、任焰：《制造梦想：平台经济下众包生产体制与大众知识劳工的弹性化劳动实践——以网络作家为例》，《开放时代》2018 年第 6 期。

数字剩余价值生产来看，一方面，占绝大多数的数字内容生产者在追逐和收割流量的狂热中，与活跃用户弹幕互动搭建了数字平台得以存续的形形色色的趣缘网络社区，实际成为数字内容生产流水线上的免费劳工；另一方面，极少数形成 IP 的头部 UP 主也不得不屈从于平台治理规则，在数字内容价值化中听命于数字资本的恣意盘剥。

三　按需劳动与数字剩余价值生产

进入数字时代，零工经济的疾速发展，催生出基于平台 App 网约零工，成为当代资本主义劳动形式最为引人关注的新变化。表面上看，相比于工业时代的车间劳作，"同为去技能化的工作，互联网平台不仅能够提供更丰厚的待遇，日常工作体验也远比严格进行人身控制、工作流程乏味枯燥的制造业流水线惬意自由"①。但实践表明，随着零工经济平台垄断程度不断走强，在"最严算法"下，外卖骑手、网约车司机等网约零工深陷"系统之困"，日益被数字资本裹挟而卷入与时间赛跑的"数字旋涡"之中。其结果，"零敲碎打的计件工资，加上时不时的促销补贴政策，就是这种所谓创业机会的残酷现实"②。

从政治经济学视角看，从事网约零工的数字劳动者实际上进行"双重意义"上的价值生产。③ 即一方面，提供按需劳动即时服务，是"产品与生产行为不能分离的劳动"，以及运输业的生产性劳动，创造的剩余价值被平台企业以交易佣金形式攫取。实践中，数字资本通过支付甚至不及最低工资标准的劳动报酬，以及不提供基本的劳动福利保障，来压减可变资本支出，从而以"工资偷窃"方式进行变相的相对剩余价值生产，来实现最大程度地占有数字剩余价值。另一方面，网约零工在线活动本质上是一种"数据工作"。并且，"事实上，平台一旦失去劳动者

---

① 周安安：《平台劳动：从"乌托邦"到"利维坦"》，《文化纵横》2020 年第 4 期。
② ［美］亚历克斯·罗森布拉特：《优步：算法重新定义工作》，郭丹杰译，中信出版社 2019 年版，第 84 页。
③ Van Doorn, N. and Badger, A., "Platform Capitalism's Hidden Abode: Producing Data Assets in the Gig Economy", *Antipode*, Vol. 52, No. 5, 2020, pp. 1475–1495.

实时供给端数据,将彻底崩溃"①。实践中,许多劳动者感觉并没有被当作人来看待,而仅仅是平台的一个个数据点,受到平台算法系统的操控。在平台企业泛在连接下,网约零工线上线下劳动过程产生的全链路数据,被数字平台通过资本"剥夺性积累"而无偿获得。从这个意义上讲,网约零工创造的数字剩余价值,又是一种无异于用户免费劳动情形的相对剩余价值生产。

四 雇佣数字劳动与数字剩余价值生产

进入数字时代,为降低用工成本,平台企业只正式雇用为数不多的全职员工,从事算法开发、用户界面设计和数据分析等高级数字劳动。而"外包工人如同一个同心圆,围绕着元宇宙和谷歌等平台雇用的相对较少的核心劳动力"②。马克思主义政治经济学认为,这些核心劳动力专业性和复杂性劳动,能够在同样时间内创造出比一般劳动更多的价值。即"比社会的平均劳动较高级、较复杂的劳动,是这样一种劳动力的表现,这种劳动力比普通劳动力需要较高的教育费用,它的生产要花费较多的劳动时间,因此它具有较高的价值。既然这种劳动力的价值较高,它也就表现为较高级的劳动,也就在同样长的时间内对象化为较多的价值"③。正因为如此,这一高技能群体是数字时代的"工人贵族",拥有令人称羡的薪酬福利待遇,部分人还因获得公司股票期权和参与技术入股分红而一夜暴富。数据显示,美国数据科学家的年均收入为11.3万美元,而一名优步司机一年的净收入只有3.3万美元。④

马克思指出:"在一昼夜24小时内都占有劳动,是资本主义生产的内在要求。"⑤ 实践中,虽然平台企业核心员工因"垄断"高阶数字技能

---

① 丁未:《遭遇"平台":另类数字劳动与新权力装置》,《新闻与传播研究》2021年第10期。
② [德]莫里茨·奥滕立德:《数字工厂》,黄瑶译,中国科学技术出版社2023年版,第195页。
③ 《资本论》第1卷,人民出版社2018年版,第230页。
④ Dorschel, R., "Reconsidering Digital Labor: Bring Tech Workers into the Debate", *New Technology, Work and Employment*, Vol. 37, No. 1, 2022, pp. 1 – 20.
⑤ 《资本论》第1卷,人民出版社2018年版,第297页。

而获得一定的工作自主，但数字资本通过推行项目制、弹性工作制、绩效考核和全员加班文化等，不断形塑这些高级数字劳动者对加班的自愿性服从，① 从而极为巧妙地将其全部生活时间也纳入当代资本主义数字剩余价值生产之中。其结果，这些新兴互联网科技人员的职业光鲜背后，付出的真实代价却是 24/7 式加班赶工，不仅使"曾经的私人空间和闲情逸致被压榨得无迹可寻"，而且还因"主体性过剩"② 而陷入"自我剥削"的劳动异化，最终只能摇摆于精英主义的自主与受劳动管理的规训之间，以"打工人"自嘲罢了。

第三节　双边市场与数字剩余价值实现

马克思指出，货币要转化为资本，"它必须既在流通中又不在流通中产生"③。在工业时代，雇佣劳动产品只有在市场上售卖出去，资本自我增殖才能通过剩余劳动的社会确证而得以实现。进一步，考虑到市场充满不确定性，资本循环越是顺畅，资本周转越是加速，剩余价值实现就越是得以彰显。进入数字时代，以数据价值链为核心的双边市场不断发展，商品流通呈现立体化、网络化和虚拟化的市场景观。进而，如表 5.2 所示，数字剩余价值的实现发生于平台生态系统内"破圈"和"变现"的商业闭环之中。

一　注意力经济与数字剩余价值实现

进入垄断资本主义时期，社会生产相对过剩，产业资本发起的广告营销，借由大众媒介将消费者注意力变成"受众商品"，注意力经济也

---

① 侯智慧、何雪松：《"不加班不成活"：互联网知识劳动的劳动体制》，《探索与争鸣》2020 年第 5 期。
② 夏莹、牛子牛：《主体性过剩：当代新资本形态的结构性特征》，《探索与争鸣》2021 年第 9 期。
③ 《资本论》第 1 卷，人民出版社 2018 年版，第 193 页。

表 5.2　　　　　　　　双边市场与数字剩余价值的实现

数字经济形态	双边市场参与主体	商品具象	典型商业模式
注意力经济	活跃用户、平台与品牌方	用户商品	在线广告
数据经济	数字劳动者、平台与平台第三方	数据商品	付费服务
零工经济	数字劳动者、平台、发包方或消费者	按需服务	交易佣金
内容经济	UP主、平台、MCN/公会、品牌方与用户	数字内容商品	付费订阅/点播
粉丝经济	网红、平台、MCN/公会、品牌方与粉丝	数字情感商品	用户打赏

资料来源：笔者自制。

由此兴起。进入数字时代，伴随着互联网信息爆炸和信息过载，用户注意力日益成为数字网络空间的稀缺品。在数字平台上，"企业能否找到客户、达成交易，最重要的因素便在于能否获得大众的注意力时间"[1]。于是，在算法推荐技术加持下，在线广告异军突起。

如图 5.1 所示，在"用户—平台—品牌方"的双边市场中，数字资本基于用户画像将流量和关注改造成为极具个性化的"用户商品"。无论是谷歌、微软的搜索广告，还是推特、元宇宙的"信息流"广告，抑或油管、声破天的流媒体广告，概括起来，都是数字资本通过"流量变现"将用户注意力价值化的一种商业实践。[2]

不同于传统媒体环境下被动的受众，活跃用户自主参与数字网络空间生产，进而在用户注意力变现中，劳动主体性反而被数字资本钳制和利用，推动了劳动者自我商品化。实践中，平台企业一方面凭借数字网络空间的无边际拓展性，高频动态发布个性化、精准化的定向广告，最大程度地俘获用户注意力；另一方面通过创新在线广告定价模式，从每千人成本（CPM）到每点击成本（CPC）或每购买成本（CPA），持续有

---

[1] 刘皓琰：《马克思企业竞争理论与数字经济时代的企业竞争》，《马克思主义研究》2021年第10期。

[2] 在2020年公司年报中，元宇宙坦承："我们的相当部分收入来自向广告商出售线上广告位。"数据显示，2020年，元宇宙97.9%的收入都来自在线广告。

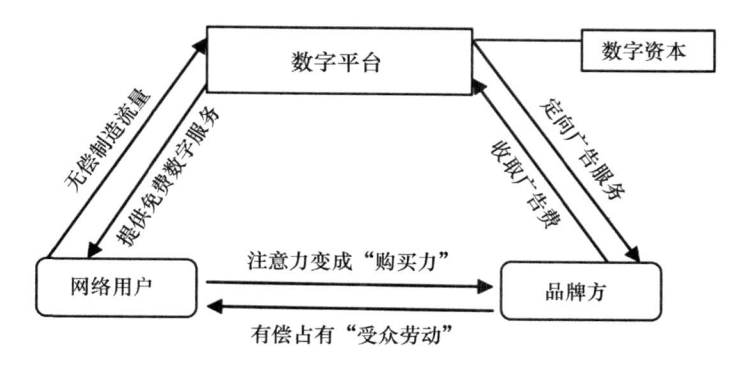

图 5.1　注意力经济双边市场与 DSV 的实现

资料来源：笔者自制。

效地提升网络推广将更多"人流量"转化为"客流量"的营销效率。其结果，平台企业专注于新形态的生产性服务供给——算法推荐，不断地通过平台可供性来增强用户连接和用户黏性，进而为数字资本带来源源不断的流量收益。正如尼古拉斯·卡尔（Nicholas Carr）所言，用户"在注意力经济中玩得不亦乐乎，而互联网商业公司则在现金经济中如鱼得水"[①]。如此看来，应深化对马克思主义政治经济学的理解认识，不能只停留于流通领域，简单地将平台企业在线广告收入视为实体经济部门剩余价值的市场让渡，否则有悖于数字时代生产性服务数字化、在线化和智能化的经济现实。

二　数据经济与数字剩余价值实现

进入数字时代，数据日益成为关键的生产要素。从数字经济实践看，当下资本主义经济数字化的本质，就是以数据价值链取代传统产品价值链，正在成为资本价值运动的主场域。其中，随着数据要素化深入发展，以"数据+算法+算力"为支撑的智能生产力快速发展，以智能化、服

[①] ［美］尼古拉斯·卡尔：《数字乌托邦：一部数字时代的尖锐反思史》，姜忠伟译，中信出版社2018年版，第38页。

务化和定制化为核心特征的数据商品充分涌流，成为数字时代资本主义新的"细胞元素"。从数字产业化实践看，数字资本围绕数据价值链，布局关键数字基础设施建设，专营于算法推荐服务的开发运维；从产业数字化实践看，数字技术与产业资本深度融合，推动智能制造新发展，开拓服务型制造新业务。

在数据经济发展中，数字资本通过积极搭建数字基础设施，以数据生产分权化和数据收集中心化，[1] 成为数字时代数据要素的实际控制者。进而，如图 5.2 所示，在基于数据价值链的商业运作中，数字资本不断拓展数据要素市场交易，竞相创新多样化商业智能服务，并竭力在"数字劳动者—平台—平台第三方"的双边市场中推行垄断性定价，来持续获取数据价值化的超高收益。具体而言，针对用户生成内容的价值挖掘，数字资本基于用户画像，生产开发针对终端消费者的各种行为预测产品，如应用于产品营销领域的市场趋势分析、消费金融领域的社会征信评分等，用以在"行为期货市场"[2] 进行交易和买卖。针对网约零工数据生

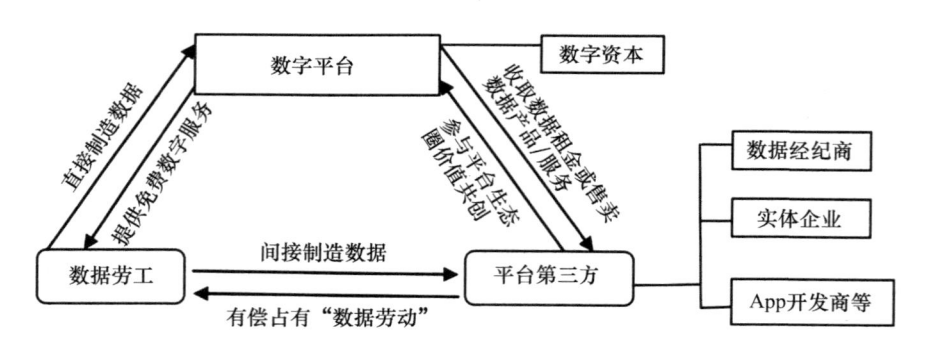

图 5.2 数据经济双边市场与 DSV 的实现

资料来源：笔者自制。

---

[1] Helmond, A., "The Platformization of the Web: Making Web Data Platform Ready", *Social Media and Society*, Vol. 1, No. 2, 2015, pp. 1–11.

[2] Zuboff, S., *The Age of Surveillance Capitalism: The Fight for a Human Future at the New Frontier of Power*, New York: Public Affairs, 2019.

产的价值挖掘，数字资本主要将其用作人工智能训练数据，不断优化平台算法决策和算法管理系统；同时积极开展政企、企企合作，为智能工厂、智慧交通、智慧社区、智慧城市建设提供各种数字化解决方案。

三 零工经济与数字剩余价值实现

近年来，当代资本主义零工经济飞速发展，推动了数字资本对劳动的非雇佣剥削。如图 5.3 所示，在"数字劳动者—平台—任务发包方或消费者"的双边市场中，如前文所述的自由职业者、众包微工、网约零工，成为就业"自由"但工作风险自担的"独立承包商"；由数字资本操控的劳动型平台自诩为专营于市场交易撮合的"技术中介"；任务发包企业则摇身变成平台连接匹配服务的消费者。如此一来，在平台生态圈"价值共创"中，数字资本借由"商业模式创新"来恣意进行"规制套利"；任务发包企业也在劳动权益保障方面置身事外，在所谓的"弹性生产"中尽可能地降低用工成本。

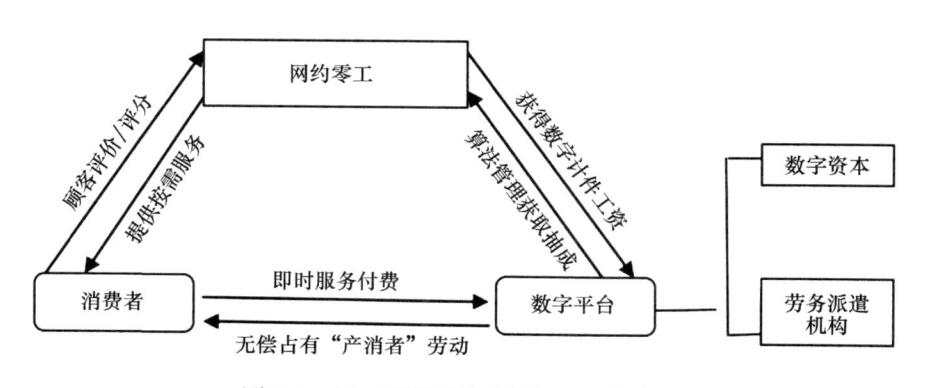

图 5.3　零工经济双边市场与 DSV 的实现

资料来源：笔者自制。

从零工经济的盈利模式看，表面上看，劳动型平台的利润回报主要来自以平台抽成方式收取的交易佣金。但解蔽其资本循环的实际过程可以发现，数字资本在由平台赋能"人工即服务"的市场运作下，不遗余力地推动劳动力的"去商品化"和劳动服务的"可交易化"。其结果，平台企业精明地实施以"劳动服务合同"取代"劳动力商品"的合约操作，如愿转换了劳资之间"等价物交换"的交易标的，使传统雇佣关系让位于纯粹的"现金交易关系"（cash nexus）。① 如此一来，零工经济用工实践"优步化"，实则是将按需劳动贬低为供给充足的、可计算的和易于替代的商品。在智能算法技术加持下，数字资本推动劳动机会大众化，并成规模地促进劳动服务的市场交易，最终在趋向无边际的时空界域内实现数字劳动的"被对象化"。

四　内容经济与数字剩余价值实现

随着互联网进入 Web 2.0 时代，油管、网飞等数字内容平台不断涌现，有越来越多活跃用户投入到短视频、音频、网文、流行音乐和动漫游戏等数字内容生产之中，逐渐形成"网文经济""播客经济""博主经济"等纷杂而斑斓的网络文化经济景观，以至于数字媒介行业成为全球经济中劳动密集程度颇高的行业之一。如图 5.4 所示，在"UP 主—平台—多频道网络机构（MCN）/行业公会—品牌方—用户"的双边市场中，大大小小的 UP 主、达人、博主们各显神通，从事题材广泛、风格各异的数字内容创作；平台企业通过许诺入驻金、流量扶持、广告商单、内

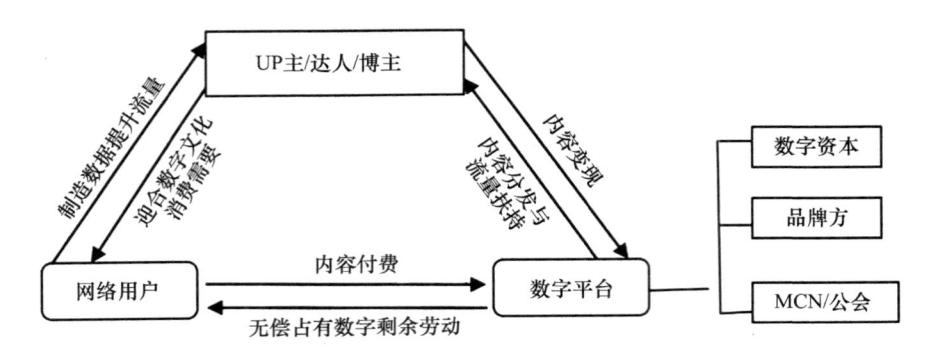

图 5.4　内容经济双边市场与 DSV 的实现

资料来源：笔者自制。

---

① Joyce, S., "Rediscovering the Cash Nexus, Again: Subsumption and the Labor-Capital Relation in Platform Work", *Capital & Class*, Vol. 44, No. 4, 2020, pp. 541–552.

容分成，延揽众多创作者，成为数字内容分发渠道的控制者；多频道网络机构和行业公会扮演"经纪中介""孵化中心"角色，专事人才挖掘、培养与扶持。

从内容经济的平台盈利模式看，一方面，数字资本通过平台合作协议布局数字内容生态，创设多形式的 IP 运营矩阵，激励内容创作者打造爆款热点内容，以付费会员、产品订购、用户打赏、付费问答和广告植入等方式实现商业变现；另一方面，还通过平台界面功能设计，市场化赋能会员用户的专属权益，来进一步开拓数字内容变现的商业路径。

譬如，声破天针对活跃用户采用付费打包订阅模式，对按月支付 9.99 美元的美国订阅用户，可以享有个人自主变换歌曲、创设个人播放列表、无限制下载音乐，以及无广告播放音乐等专属权益。油管也向其用户提供名为"油管会员计划"（YouTube Premium）的订阅服务，用户只须按月缴纳 11.99 美元，就可以观看无广告视频、平台原创内容、播放背景音乐、离线下载，以及享有平台音乐会员权益。进一步地，表面上看，数字资本家向 UP 主支付报酬，但从价值意义上讲，实则是众多 UP 主们向掌控平台数字基础设施的数字资本家让渡其创造的部分剩余价值。

五　粉丝经济与数字剩余价值实现

粉丝经济由来已久，源自粉丝从情感出发的产品或内容消费。进入数字时代，互联网特别是移动互联网为粉丝经济赋能，其运营模式日益多元化，明星经济模式、网红经济模式、IP 经济模式、社群经济模式等具体形态蓬勃发展。并且，如图 5.5 所示，粉丝经济所涉领域不只局限于文娱产业，正不断向教育、科技等更广阔领域拓展。在数字资本操控下，依托活跃于数字空间的粉丝社群，形成了"网红—平台—MCN 或行业公会—品牌方—粉丝"的双边市场关系，催生出娱乐直播、网络电商、流量明星代言等新业态。从平台商业运作实践看，新媒体加持下的粉丝经济，正在成为数字时代数字资本精耕细作的重要场域。

实践中，粉丝用户出于个人的情感偏好和娱乐需求，靠着一根网线、

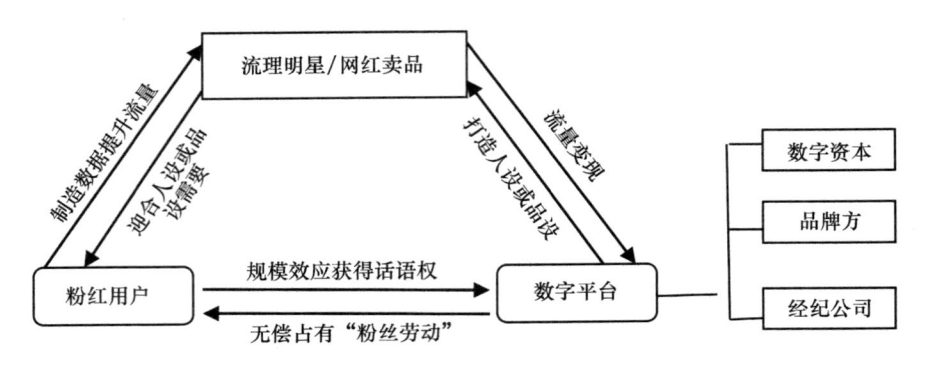

图 5.5　粉丝经济双边市场与 DSV 的实现

资料来源：笔者自制。

一台电脑/手机、一个虚拟社区、一个"想象的共同体"，在自己形成的数据生产线上"为爱发电"，制造话题热度、打榜投票、轮博控评等，机械地制作数据提升流量。[1] 从根本上讲，尽管粉丝经济盈利模式五花八门，但本质上是数字资本将粉丝与偶像/卖品之间"爱的"情感关系工具化和价值化，进而形成情感劳动商品的生产与流通，来拓展和加速数字剩余价值的生产与实现。换言之，数字资本制造制式化的情感；粉丝为情感买单，"习惯地成了免费的刷屏机器人"[2]。具体而言，从"果粉""米粉"等网红经济看，众多粉丝作为产销者，自主参与到产品或内容的设计、营销和项目投资之中；其结果不仅促进了供需两端快速精准对接，加速了网红商品的价值实现，而且也推动了数字资本对粉丝情感劳动的无偿榨取。从泛娱乐产业链的 IP 经济看，数字资本一边标准化流水线式"生产"流量明星；一边在礼物经济庇护下精心开发出令人应接不暇的虚拟商品，引诱粉丝打投、应援，通过直播打赏等方式来不断生产和收割极易泡沫化的数字剩余价值。

---

[1] 全红：《困在网络中的"数据女工"：马克思主义批判理论视角下的女性数字劳动》，《中华女子妇女学院学报》2022 年第 1 期。

[2] 庄曦、董珊：《情感劳动中的共识制造与劳动剥削——基于微博明星粉丝数据组的分析》，《南京大学学报》（哲学·人文科学·社会科学）2019 年第 6 期。

第四节　数字资本与数字剩余价值分配

马克思指出："分配的结构完全决定于生产的结构，分配本身就是生产的产物，不仅就对象说是如此，而且就形式说也是如此。"[①] 进入数字时代，在经济活动数字化、智能化和网络化发展中，数字资本牢牢掌控着数据、算力和算法等关键数字生产资料，不遗余力地打造企图独占数据价值化收益的平台生态圈，从而对当代资本主义剩余价值分配秩序产生颠覆性变革，日益制造出数字生产关系的经济不平等。如图5.6所示，平台经济跨国巨头凭借数据、技术及场景等优势，形成和巩固算法权力，在规则、标准、技术和流量分配等方面获得市场支配地位而赚得盆满钵满，实际成为数字时代数字剩余价值分配过程中的最大赢家。

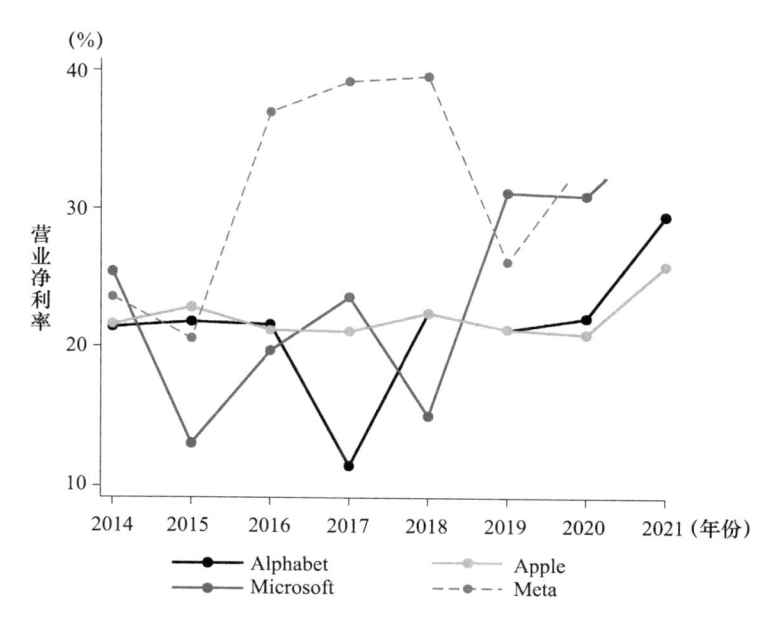

图5.6　平台经济跨国巨头营业净利率（2014—2021年）

资料来源：Statista，笔者自制。

---

① 《马克思恩格斯全集》第12卷，人民出版社1962年版，第745页。

一　数字寡头独占与分配范围窄化

在工业时代，资本主义剩余价值的生产主要集中在物质生产部门。工人创造的剩余价值通过部门内竞争和部门间转移，首先在产业资本中进行直接分配。不参与剩余价值生产过程的其他形态资本，则通过平均利润率规律和所有权占有规律，实现剩余价值社会范围内的再分配，最终使产业资本家得到产业利润，商业资本家得到商业利润，借贷资本家得到利息，土地所有者得到地租，股票所有者得到股息。进入金融资本主义时期，金融资本从服务产业资本的"仆人"变成自我循环的"主人"，一方面通过发展债务经济，不断地榨取实体经济部门工人所创造的剩余价值；另一方面通过金融产品创新，热衷于"虚假的"剩余价值的自我生产和自我分配，最终因资产泡沫破灭而导致资本主义社会资本循环周期性中断。

进入数字时代，少数平台企业凭借先发优势，迅速在数字经济细分市场占据垄断地位，并通过垂直整合和跨界经营，实际蜕变成为数字寡头，逐渐在经济生活中起决定性作用。数字资本通过平台自营和跨界融合，极度压缩资本循环中的分利环节，不断"窄化"数字剩余价值的分配范围，从而正在重塑当代资本主义剩余价值分配的基本秩序。

一是数字资本搭建了供给侧与需求端无缝对接的线上通道，并提供产品推荐、品牌推广等数字化服务，充当了"流通当事人"的特殊职能，使传统经销商、批发商等商业资本职能成为多余，进而以平台抽成方式攫取了本应由商业资本家得到的商业利润。二是数字资本通过提供平台数字基础设施和功能新颖便捷的用户界面，吸引和助推活跃用户无偿进行数字网络空间生产，自然不必因占用土地、厂房等现实物理空间而缴纳各种形式的"地租"了。三是在"先增长后盈利"模式下，身披数字科技光环的平台企业备受外部资本市场追捧，数字资本借势进行一轮轮直接融资，规避了间接融资带来的刚性利息支出。四是在工业时代，国家也要以垄断资本家总代理人的身份，通过税收和转移支付参与剩余价值的分配和再分配。[①] 但在数字时代，如表 5.3 所示，以平台经济头部企业为代表的数字资本利用在线经济的无界域性，以"颠覆式创新"之名实施监管套利，刻意以一种渠道和技术提供者角色出现，隐藏了其直接提供商品和服务的身份，从而能够在坐拥巨额现金的同时回避过程税，摊薄利润税，最终得以逃避企业的制度成本。[②]

表 5.3　　　　2017 年超大型跨国数字企业收入和纳税情况

公司	收入（亿英镑）	纳税（亿英镑）	纳税/收入（%）
Alphabet	76	0.49	0.6
Facebook	13	0.16	1.2
Amazon	87	0.045	0.1
eBay	10	0.016	0.2

资料来源：《全球数字经济新图景（2020）》，由中国信息通信研究院发布。

二　平台经营垄断与分配形式租金化

趋向天然性垄断是平台的 DNA。[③] 数字经济实践表明，一方面，数字资本基于用户、注意力、数据和算法等优势，单边决定平台在线经济规则，以对全局用户的触达能力实现对双边市场中数据流、资金流、物流的全维控制，成为平台生态圈事实上的"守门人"；另一方面，数字资本借由强大的用户网络效应、规模效应、数据回路效应和用户锁定效应，不断谋求和巩固"赢者通吃"的市场支配性地位。进而，数字资本将平台垄断投射到圈内圈外多面向的经营行为之中，依靠"占有使用信息、软件和它建造的网络所产生的租金和佣金"[④] 获利，结果使其攫取

[①] 杜厚文、章星：《当代资本主义社会剩余价值的生产和分配》，《中国社会科学》1991 年第 1 期。

[②] 何哲：《数字剩余价值：透视数字经济体系的核心视角及治理思路》，《电子政务》2021 年第 3 期。

[③] Srnicek, N., *Platform Capitalism*, Cambridge: Polity Press, 2017, p.95.

[④] Harvey, D., *Seventeen Contradictions and the End of Capitalism*, London: Profile Books, 2014, p.237.

的数字剩余价值呈现"租金化"的显著趋势。

这体现在，首先，"凡是形成垄断的平台企业，都能通过数据控制来获取数据租金，这类似于绝对地租"①。实践中，数字资本通过平台数字基础设施，收集、汇聚和支配海量数据，进而积极推动数据的生产要素化、商品化和资本化过程。一方面，数字资本以基础层平台数据接口的有条件开放，实现与平台生态圈内外市场第三方的数据交易，持续获取生产要素意义上的"数据租"；另一方面，数字平台蓄意制造"数据壁垒"，通过数据提取形成市场溢价的数据商品或服务，不断攫取市场经营垄断意义上的"数据租"。

其次，在平台经济发展中，作为平台生态系统的"守门人"，数字资本家从某种意义上就像封建时代的地主，掌控了数字时代更加重要的资源——平台接入渠道控制权，并通过主导公域流量和中心化运营实现对平台流量资源的控制和分配。进而，对于依赖平台生态圈的平台内经营者而言，平台数字空间就是一块虚拟的"数字土地"；平台数字空间的用户流量及充沛度，直接决定其可资利用的"数字土地"生产力。不同于土地的自然馈赠，"数字土地"及其生产力水平，主要是由活跃用户免费劳动创造的。因此，数字资本通过收取平台接入费而攫取的不菲收益，实际上就是一种数字级差Ⅱ地租；② 通过推荐排序和平台引流而收取的广告费用，就是一种将用户注意力变现的"流量租"。正如有学者所言："扼守流量入口即可像坐拥直布罗陀、马六甲、苏伊士、巴拿马等交通要道一样带来巨大的垄断利益。"③ 本质上，上述两种意义上"租金"都是活跃用户免费劳动所创造的数字剩余价值的一种具化形态。

再者，进入数字时代，数字知识产权垄断成为资本主义知识产权

---

① 石先梅：《互联网平台企业垄断形成机理：从数据竞争到数据租金》，《管理学刊》2021年第6期。

② Sadowski, J., "The Internet of Landlords: Digital Platforms and New Mechanisms of Rentier Capitalism", Antipode, Vol. 52, No. 2, 2020, pp. 151 – 163.

③ 杨东、徐信予：《资本无序扩张的深层逻辑与规制路径》，《教学与研究》2022年第5期。

垄断的新形式。并且，相比于有物质载体的信息（认知）商品，数字内容商品具有更加彻底的零边际成本特征，因而通过数字知识版权制度的创设可以持续获得更加丰厚的数字"IP租"。为此，一方面，数字资本通过平台服务协议和与网络创作者签订合作协议，"合法地"获得数字内容版权收益的分润权；另一方面，又充分利用所掌控的平台渠道垄断数字内容分发，并通过版权分销和衍生品开发，不断推动数字内容价值化和数字知识产权的资本化。其结果，数字资本更加隐蔽地将社会大众的知识积累和认知盈余纳入自身加速增殖的全球积累体系之中。

三 算法权力专制与分配结果极端极化

在资本主义生产方式下，不平等的分配是"资本运作的一个根本条件"[①]。进入数字时代，数字资本凭借人工智能应用而催生的算法权力，通过数字产业化和产业数字化加速向各行业各部门的渗透，逐渐控制社会范围内剩余价值的重新分配，不遗余力地推动最终流向数字平台头部企业的价值转移，形成和加剧数字红利分配的极度不平等。

一是数字资本实施各种劳动隐化策略，使得众多"点击工人"和非正规劳工身陷数字血汗工厂的盘剥，其数字剩余价值贡献甚至得不到资产阶级法权意义上的市场指认，日益陷入"就业不稳定"和"数据贫困"双重叠加的生存窘境而最终沦为"数字穷人"[②]。对此，本书第六章将作进一步细述。二是在基于嵌套式层级结构的平台生态系统[③]中，掌控基础层平台的数字资本通过搜索定权、流量分配和技术设置，直接决定平台内经营者的市场命运，并收取高昂的收入分成或平台租金，肆意侵蚀其他非平台中小资本的利润空间。并且，"中小企业，无论是否以数字平台为中介，都被卷入到大资本数字平台构建的竞争网络之中，不

---

① Harvey, D., *Seventeen Contradictions and the End of Capitalism*, London: Profile Books, 2014, p. 171.
② 孙伟平：《人工智能与人的"新异化"》，《中国社会科学》2020年第12期。
③ 谢富胜、吴越：《平台竞争、三重垄断与金融融合》，《经济学动态》2021年第10期。

断地将经营者自己或者雇佣劳动创造的剩余价值向大资本数字平台输送"[1]。三是从数字资本的全球积累结构看，发达资本主义巨型数字垄断公司与国家权力合谋，更具掠夺性地推行数据殖民和数据霸权，而边缘落后国家、欠发达地区和新兴市场则成为被掠夺剩余价值的洼地。其结果，伴随着数字剩余价值的生产、实现和分配，"传统经济模式形成的普通劳动者和工商业资本与管理方的阶层分化，被更为严峻的'普通劳动者＋传统工业资本方'与更少数的网络资本巨头的对立替代"[2]。同时，在"中心—外围结构"下，数字资本积累"在一极表现为中心国家的财富积累，在另一极却表现为外围国家由数字奴役、数字剥削、劳动垄断带来的贫困积累"[3]。

第五节　对中国数字经济发展的启示

习近平强调，发展数字经济是把握新一轮科技革命和产业变革新机遇的战略选择。在社会主义市场经济条件下，正确认识和把握数字资本的特性和行为规律，规范和引导数字资本健康发展，依法保护新就业形态劳动者和消费者合法权益，促进数字普惠，消弭数字鸿沟，不仅是把握数字化发展新机遇、拓展经济发展新空间、推动我国数字经济健康发展的题中之义，也是立足新发展阶段在高质量发展中扎实推进共同富裕的现实要求。

一　充分发挥数字资本的积极作用

毋庸置疑，在发展社会主义市场经济条件下，数字资本既具有追逐

---

[1] 朱巧玲、闫增华、石先梅：《数字经济时代价值创造和转移的政治经济学分析》，《当代经济研究》2021年第9期。

[2] 何哲：《数字剩余价值：透视数字经济体系的核心视角及治理思路》，《电子政务》2021年第3期。

[3] 高海波：《数字帝国主义的政治经济学批判》，《经济学家》2021年第1期。

数字剩余价值的一般特性，同时其资本积累、扩张和流动又必须充分体现中国特色社会主义的内在要求。进入新发展阶段，正确认识数字资本的两重性，扬长抑短，趋利避害，就要为数字资本设立"红绿灯"，规范和引导其自觉服从和服务于经济社会大局，推动其在促进科技进步、繁荣市场经济、便利人民生活、参与国际竞争中发挥积极作用。

这要求，首先，在数字资本逐利性上，要着力培育和彰显数字资本的产业资本特性，引导和鼓励数字平台企业通过数字化财富生产和数字化价值创造，来实现可持续的自我增殖。同时，防止数字资本的金融资本特性自我膨胀，坚决遏制数字经济活动"虚拟经济化"过度化发展的冲动或倾向。其次，在数字资本扩张上，要以促进数字经济与实体经济深度融合为旨归，引导数字资本向数字经济底层技术和颠覆性技术研发创新上发力，向产业互联网商业模式创新上延伸，向打造"走出去"的全球化竞争力聚焦，不断催生和释放数字资本在发展智能生产力、提升全要素生产率和构筑国家竞争新优势中的积极作用。再者，在数字资本的积累性上，要以构建"公平与效率更加统一的新型经济形态"为目标，着力避免落入欧美发达国家"数字鸿沟"日益加剧的发展陷阱，充分发挥中国特色社会主义制度优势，通过增强数字技术共享性、数字经济普惠性和数字税负公平性，在保障数字资本参与社会分配获得增殖和发展的同时，不断推动我国数字经济中的资本积累朝向"财富积累"多极化和普惠化方向扎实迈进。

二 建立健全数字劳动者权益保护机制

近年来，形态多样的数字劳动以其较高的包容性和灵活性，已经成为我国"稳就业"的重要抓手。据国家信息中心估计，2020年我国共享经济服务提供者约8400万人，同比增长约7.7%。[①] 特别是新冠疫情发生以来，快递员、外卖小哥和网约车司机等数字劳动者成为保障城乡居民日常生活的关键力量。但不容忽视的是，数字劳动的兴起也带来了劳

---

① 国家信息中心：《中国共享经济发展报告（2021）》，第8页。

动关系认定"难"、劳动者权益保护"弱"和劳动组织建设"缺"的突出问题。一项针对全国范围内近万名新业态青年的调查显示，不论是社会保障还是商业保险，在养老、医疗、失业、工伤、公积金和其他各项中，有26.3%的新业态从业者没有任何保障。[①] 同时，在数字资本"最严算法"下，外卖骑手、网约车司机等数字劳动者深陷"系统之困"，其过劳的工作状态与不稳定的就业境遇，正日益引起社会各界的广泛关注。

　　鉴于此，加强对新就业形态劳动者的权益保护，首要的就是明晰数字劳动用工关系性质。相比于国外数字经济用工实践，我国数字劳动用工关系更趋于多样化。仅就外卖员而言，就有平台直营、第三方外包、零工众包和餐馆自营等。2021年7月，人力资源和社会保障部等八部门联合发布《关于维护新就业形态劳动者劳动保障权益的指导意见》，正式引入"劳动三分法"的概念，明确列出"不完全符合确立劳动关系情形"。实践中，对于不完全符合确立劳动关系情形的新业态用工实践，应依据数字劳动与数字资本之间的经济从属性、人格从属性、劳动自主性选择、生产资料垄断性等因素，因企而宜，综合权衡，合理确定平台企业与数字劳动者的权利义务。其次，建立健全新业态劳动者参加社会保险制度和劳动者权益保障制度，在劳动报酬、合理休息、社会保险、劳动安全等权益方面，编牢织密数字劳动分享数字经济红利的制度之网，进一步使"在社会分配中体现人民至上"的分配思想在我国数字经济持续健康发展中落地生根。再次，积极推动数字技术赋能数字劳动组织建设创新发展，充分考虑新业态的用工特点、工作性质和从业人员构成，着力打造数字工会、数字党建、数字维权平台"三位一体"的新型劳动组织体系，进而为数字劳动权益维护、灵活就业人员职业发展和职业伦理规范等方面工作的扎实推进，提供有力的组织保证。对此，本书第八章将作进一步细述。

　　[①] 朱迪等：《中国新业态与新就业青年调查报告》，载《社会蓝皮书：2022年中国社会形势分析与预测》，社会科学文献出版社2021年版，第216页。

三 构筑与完善数字经济有效监管机制

实践表明，做强做优做大我国数字经济，须臾离不开政府部门的有效监管。今后一段时期，全面贯彻落实"在发展中规范，在规范中发展"的监管基本方针，迫切要求以推进《关于平台经济领域的反垄断指南》有效落实为抓手，既要防止监管缺位或滞后助长数字资本野蛮生长，又要高度警惕监管过度导致数字资本收缩"避险"而错失全球数字经济发展的历史机遇。这要求，针对数字经济的政府监管，一方面，要调整优化政府监管组织架构，避免"政出多门""九龙治水"，降低监管成本；另一方面，要科学确立监管范围和监管重点，防止"四处出击""平均用力"，提高监管效率。

当务之急，一是充分考虑数字经济"天然性垄断趋势"特点，树立维护数字经济市场"可竞争性"的监管理念，遏制数字平台头部企业滥用市场支配性地位恣意攫取超高利润的垄断行为；同时着力维护新兴领域数字经济市场的公平竞争秩序，为创新活力强但无先发优势的中小数字资本发展壮大保驾护航。二是强化算法审查，促进算法公平。国内外数字经济发展都表明，算法系统不仅成为数字资本所拥有的关键生产资料，而且也日益扮演着规训数字劳动的"劳动私法"。实践中，算法歧视、算法合谋和算法霸权等侵害数字劳动者和平台第三方合法权益的现象，还时有发生。为此，要践行"算法中和"实践原则，强化政府主导、多边参与的算法审查和算法问责机制，有效节制数字资本的数据垄断和算法操纵，切实改善数字劳动者的工作环境和劳动条件，逐步实现数字经济劳资关系和谐的算法赋能和平台赋权。[①]

[①] 2022年3月1日开始实施的《互联网信息服务算法推荐管理规定》第二十条规定，算法推荐服务提供者向劳动者提供工作调度服务的，应当保护劳动者取得劳动报酬、休息休假等合法权益，建立完善平台订单分配、报酬构成及支付、工作时间、奖惩等相关算法。

第六章 数字劳动的劳动隐化与剥削研究

马克思劳动价值论认为，活劳动是价值创造的唯一源泉。自资本主义生产方式确立以来，资本借助技术进步变革生产组织形态、推行科学管理和培育劳动新形态，最大程度地以"死劳动"吮吸活劳动，以不断确证和夯实自身增殖的价值实体基础。大体上看，随着资本主义发展阶段演进，从属于资本增殖的劳动样态也历经嬗变。从工匠劳动、生产装配线上的车间劳动到后福特制中的创意劳动和情感劳动，劳动在场和劳动控制始终是资本主义价值运动绕不开抹不去的基本议题。

如第二章所述，进入数字资本主义阶段，形态各异的数字劳动日渐成为劳动新样态。但从数字经济实践看，在数字资本主义价值生产中，资本凭借数字霸权推行劳动隐化（hidden labor）策略，[1] 来实现对劳动更加彻底、更为恣意的剥削和压榨；同时将寄望于从"办公室""流水线"解放出来的数字劳动者不断推入影子劳动力大军，使其陷入就业更加不稳定化的生存境地。大体上看，数字劳动的劳动隐化，既体现为无固定工作场所和劳动者个体虚拟化存在而导致不同程度的感知上不可见性，也表现为因工作与闲暇界限模糊和用工关系"去组织化"而形成制度性不可见。[2]

---

[1] Crain, M. G., et al. (eds.), *Invisible Labor: Hidden Work in the Contemporary World*, CA: University of California Press, 2016.

[2] Gruszka, K. and Bohm, M., "Out of Sight, Out of Mind? (in) Visibility of/in Platform-mediated Work", *New Media & Society*, Vol. 52, No. 6, 2020, pp. 1–20.

第一节　数字劳动的劳动隐化

一直以来，"资本始终幻想完全掌控劳动者或最终用技术替换掉所有活劳动，这种想法根植于不顾一切提高生产率的冲动"①。进入数字资本主义阶段，抱持"终结劳动"的资本幻想，数字平台迫不及待地开启了新一轮"机器换人"，极力推动劳动"离场化"进程。同时，"为了让支撑平台的企业荣誉、金融网络和技术景观保持完整无损的状态，工人就必须远离人们的视线"②。其结果，"数字资本主义令人与产品的关系隐而不显，人的价值创造几乎被完全遮蔽"③。

但事实上，如表 6.1 所示，"无人工厂"中工人的隐身并不意味着机器的胜利，形态各异的数字劳动日渐成为劳动新样态，并广泛存在于数据驱动的生产链条的各个环节。正如有学者所指出的："平台算法系统的正常运行，需要大量人力来准备内容、核查结果和校正错误，或完成'最后一公里'工作任务。……隐藏在 AI 拜物教之下的是一个全球化数字生产装配线，无数沉默的、隐而不见的男男女女们，通常在不稳定条件下劳作，他们中的很多人来自南半球的后殖民国家或地区。"④

一　劳动参与娱乐化与用户免费劳动隐化

进入数字时代，数字内容发布、网页创建、点赞、转发、评分和评论等用户生成内容（UGC），呈现井喷式生成和沉积，成为数字平台得

---

① ［美］大卫·哈维：《马克思与〈资本论〉》，周大昕译，中信出版社 2018 年版，第 187 页。
② ［英］菲尔·琼斯：《后工作时代：平台资本主义时代的劳动力》，陈广兴译，上海译文出版社 2023 年版，第 83 页。
③ 丁末：《遭遇"平台"：另类数字劳动与新权力装置》，《新闻与传播研究》2021 年第 10 期。
④ Burrell, J. and Fourcade, M., "The Society of Algorithms", *The Annual Review of Sociology*, Vol. 47, 2021, pp. 413–437.

表 6.1　　　　　　数据价值化中的劳动隐化与资本剥削

数字劳动类别	劳动贡献	劳动隐化	资本增殖手段
UGC 型 免费劳动	数据要素生产 数字空间生产	劳动参与娱乐化： 用户体验	数据剥夺 数字奴役
众包微劳动	AI 数据训练 人—机协同	劳动过程代码化： 人工即服务	数字计件工资
按需劳动	数据要素生产 数据商品生产	劳动内容商品化： 独立合约人	数据剥夺 数字计件工资
雇佣型 数字劳动	数字空间生产 智能算法开发 数据商品生产	劳动方式项目化： 自我实现	自我剥削

资料来源：笔者自制。

以迅速崛起的重要推力。现实中，"社交网络的使用者以为他们只是在跟别人'分享'自己的想法、兴趣和观点，但事实上他们是在为运营这些社交平台的公司工作"[1]。归结起来，在数据价值化过程中，用户生成内容的价值贡献集中体现在以下三个方面：

一是用户生成内容是数字平台数据抓取的重要来源。表面上看，谷歌、元宇宙等少数科技巨头是出于"赋能消费者""创造一个更加开放的世界"等良好愿望而提供免费数字服务的。但细究起来，这种想法未免过于天真。实际上，用户"支付"的个人数据，已经成为这些数字平台巨头的主要资本。[2] 不言而喻，没有数以千亿计的网页链接，谷歌搜索引擎便会"巧妇难为无米之炊"。进一步地，用户行为数据及反映消费者偏好的衍生数据，是平台进行用户精准画像的基本原料。元宇宙拥

---

[1] ［美］尼古拉斯·卡尔：《数字乌托邦：一部数字时代的尖锐反思史》，姜忠伟译，中信出版社 2018 年版，第 38 页。

[2] Staab, P. and Nachtwey, O., "Market and Labor Control in Digital Capitalism", *tripleC: Communication, Capitalism & Critique*, Vol. 14, No. 2, 2016, pp. 457–474.

有的核心数据产品——"社交图谱",就是源自对用户朋友圈点赞、评论和转发内容的数据挖掘。于是,进入数字资本主义阶段,"个人数据已经成为互联网上最大的金矿,这座金矿已经被各大互联网公司开发、占有"①。

二是粉丝空间、主题论坛等用户虚拟社群的建立,是数字空间生产不可或缺的重要组成部分。平台企业搭建了数字空间的"四梁八柱",注册用户结社建群形成流量,激活数字空间的价值共创潜能。不难理解,没有用户评分形成的数字声誉机制,亚马逊商品的在线销售、优步的网约车服务等必将遭遇"柠檬市场"难题而难获商业成功。同时,活跃用户自愿给违规内容打上标签,已经成为元宇宙、推特等社交媒体平台内容审核的重要力量。

三是 C2B 的市场互动中,数字资本精心构筑参与式虚拟场景,助推用户分享消费体验,献言产品改进建议,鼓励消费者加入研发设计生产营销的全价值链环节活动中。"很多平台都会向用户开放大量的网络空间和便利的自定义网站加工能力,鼓励用户通过评论区、弹幕和话题论坛进行思维碰撞,但这实际上可以看作一种协同创新的劳动过程。"② 进而,在兴趣、社交、合作和自我表达等名义下,众多活跃用户成为名副其实的"产消者"和"品牌大使"。譬如,网飞公司不仅提供观影内容个性化推荐服务,而且还根据"剧粉"观赏反应和自编剧情,及时调整后续影视内容生产,既迎合了市场,又免费利用了集体创意。

从本质上讲,用户生成内容是社会"一般智力"在数字空间的普遍物化;用户生成内容过程就是一种典型的数字劳动。③ 对此,数字平台在其市场叙事中全然不提用户贡献,而是竭力渲染虚拟社群和用户体

---

① 涂子沛:《数文明:大数据如何重塑人类文明、商业形态和个人世界》,中信出版社 2018 年版,第 36 页。
② 刘皓琰:《信息产品与平台经济中的非雇佣剥削》,《马克思主义研究》2019 年第 3 期。
③ 黄再胜:《数据的资本化与当代资本主义价值运动新特点》,《马克思主义研究》2020 年第 6 期。

验，以用户玩乐和消费者赋能的触网表象来淡化和遮蔽用户内容生成的数字劳动真相。正如有学者所言："今天的劳动没有报酬，而且更糟糕的是，这样的劳动甚至没有得到承认。"① 其结果，进入数字时代，资本利用数字技术助推大众在线连接，实现了对海量用户免费劳动的实质性吸纳。

二 劳动过程编码化与众包微劳动隐化

进入数字时代，全球劳动力市场发展的一个显著变化，就是亚马逊土耳其机器人平台等众包微劳动市场如雨后春笋般涌现。当正在运行的程序需要"人类输入"时，被称为 HIT（Human Intelligence Tasks），即人工智能还不能完成的数据处理任务，会自动传送到众包微劳动平台，将遍布全球各个角落的劳动者与用工方连接在一起，并提供劳动质量管理和报酬支付等配套服务。从劳动型平台实践看，人工智能开发中的数据标注工、社交媒体平台的内容审核员、搜索引擎优化（SEO）中的人工评级员等，都是资本利用数字空间的时空优势，在轻松点击鼠标间大规模招募全球劳力为其所用的鲜活例证。

实践表明，众包微劳动在数据价值化中发挥着不可或缺的作用，但通常因被用户交互界面和技术设计遮蔽而鲜为人知。正如菲尔·琼斯所指出的，"对劳动的人来说工作内容是模糊不清的，而对更广大的外部世界来说这些工作是隐而不见的"②。针对内容审核员，莫里茨·奥滕立德也强调，"这些'数字清洁工'却是互联网政治经济（尤其是社交媒体）中最不为人所知的组成部分"③。究其根源，从众包微劳动用工特点看，即插即用的 U 盘式用工、大规模匿名在线协同生产，以及劳动结果的即时可视化呈现，容易产生一种直接劳动过程代码化的生产表象。换

---

① ［意］莫里西奥·费拉里斯：《文档媒介资本》，沈天乙译，《国外理论动态》2020 年第 1 期。
② ［英］菲尔·琼斯：《后工作时代：平台资本主义时代的劳动力》，陈广兴译，上海译文出版社 2023 年版，第 82 页。
③ ［德］莫里茨·奥滕立德：《数字工厂》，黄瑶译，中国科学技术出版社 2023 年版，第 220—221 页。

言之，智能算法模糊了众包微劳动的价值创造及其与平台企业之间的工作关系。① 同时，相比于传统劳动，众包微劳动通常在家庭私有空间进行，劳动者地域分布极其分散，并游离于劳动规制之外。② 此外，平台为迎合资本市场对"科技股"的追捧，大力推行所谓"人工即服务"的商业模式创新，通过应用程序编程接口将众包微劳动预设成数字机器的代码片断而已。③ 其结果，当下智能化生产中须臾离不开的人工认知干预，在资本对人工智能技术的追捧中，一开始就被深藏于计算机屏幕后，且日趋固化成几无人影的"幽灵工作"（ghost work）。④ 数字任务发包方在资本利益驱使下，也有意或无意地将这些"键盘点击工"视作只需按字母顺序编号的一行行代码资源。

概言之，众包微劳动的本质，就是"将人的思想异化成代码"⑤。这样一来，在数据价值化进程中，平台企业极力推行的直接劳动过程代码化，一方面允许资本对全球范围内身处就业弱势地位的众包微工，施加远甚于正式雇佣劳动的压榨和剥削；另一方面在缺乏政府规制和社会力量施压的情形下，数字平台和用工方在"颠覆式创新"市场喧嚣中，心安理得地瓜分众包微工在数字计件工资制下创造的数字剩余价值。

三 劳动内容商品化与按需劳动隐化

近年来，零工经济快速发展，推动当代发达资本主义非正规就业持续增长。从用工特点看，零工经济利用数字技术，通过线上派单、线下

---

① Bilic, P., "Search Algorithms, Hidden Labor and Information Control", *Big Data & Society*, Vol. 3, No. 1, 2016, pp. 1 – 9.

② Altenried, M., "The Platform as Factory: Crowdwork and the Hidden Labor behind Artificial Intelligence", *Capital & Class*, Vol. 44, No. 2, 2020, pp. 145 – 158.

③ Irani, L., "The Cultural Work of Microwork", *New Media & Society*, Vol. 17, No. 5, 2015, pp. 720 – 730.

④ ［美］玛丽·L. 格雷、西达尔特·苏里：《销声匿迹：数字化工作的真正未来》，左安浦译，上海人民出版社2020年版，第29页。

⑤ ［美］尼古拉斯·卡尔：《数字乌托邦：一部数字时代的尖锐反思史》，姜忠伟译，中信出版社2018年版，第45页。

服务的无缝对接，实现按需服务"即时满足"的智能化配置。以跑腿兔、优步等为代表的零工平台，按地域提供网约车、食物递送、家庭维修和人员看护等日常生活服务。从政治经济学视角看，从事网约零工的数字劳动者实际上进行"双重意义"上的价值生产。[1] 即一方面，提供即时按需劳动服务，创造的剩余价值被平台企业以交易佣金形式抽成；另一方面，网约零工在线活动本质上是一种"数据工作"。以外卖骑手为例，在数字平台泛在连接下，数字劳动者线上线下劳动过程产生的全链路数据，被数字平台无偿攫取而不断用于算法系统的优化升级。换言之，"在平台资本主义的语境下，骑手的身体转换为'肉身电池'，通过自身的流动源源不断地提供'数据燃料'，从而帮助实现平台的运营与发展"[2]。

现实中，零工经济中本是活生生的劳动在场和价值贡献，却在数字平台极力宣扬的"共享经济""协同参与""对等生产"等意识形态叙事中，逐渐被遮蔽、消解而日趋边缘化。从根本上讲，零工经济按需劳动的"去场化"，是数字资本充分利用数字技术，大力推行劳动任务商品化的必然产物。实践中，平台采用"平台+个人"的用工模式，将网约零工定义成"自雇者"或"独立承包商"（也即所谓的"1099合同工"），甚至是消费平台连接服务的"终端用户"。

其结果，在数字资本操纵下，一直以来基于劳动力商品的雇佣制被按单付酬的商业合同取代；进一步地，传统雇佣关系让位于纯粹的"现金交易"关系（cash nexus）。[3] 于是，借助于"企业家精神""工作自主"的市场叙事，数字资本冠冕堂皇地将劳动风险转嫁给普通劳动者，进而"最大限度地提高其用工的性价比，减少相关风险和责任，以一种

---

[1] Van Doorn, N. and Badger, A., "Platform Capitalism's Hidden Abode: Producing Data Assets in the Gig Economy", *Antipode*, Vol. 52, No. 5, 2020, pp. 1475-1495.

[2] 孙萍、李云帆、吴俊燊：《身体何以成为基础设施——基于平台劳动语境下外卖骑手的研究》，《新闻与写作》2022年第9期。

[3] Joyce, S., "Rediscovering the Cash Nexus, Again: Subsumption and the Labor-Capital Relation in Platform Work", *Capital & Class*, Vol. 44, No. 3, 2020, pp. 1-12.

最廉价的方式保留了庞大的产业后备军"①。正因为如此,"'最后一英里'的特点一方面包括紧迫的时间压力、标准化、算法管理和数字监控,另一方面则是由平台造成的不稳定性和灵活化"②。换言之,所谓工作的"优步化",实际上是一种新型的劳动"去赋权化",是新自由主义用工实践的一个新发展阶段。③

四 劳动方式项目化与雇佣数字劳动隐化

进入数字资本主义阶段,相比于传统的制造业巨头或超大型零售商,数字平台头部企业正式员工数量通常只是其零头。譬如,截至2019年,谷歌的正式员工数为10.2万;元宇宙的正式雇员规模只有4.3万人。优步在全球700多个城市运营,拥有400多万名网约车司机,但正式雇员只有2.2万名;来福车在全美600个城市开展业务,有近200万名网约车司机,但正式员工不到5000人。此外,户户送在全球200多个城市从事外卖服务,有超过3.5万名外卖骑手,但直接雇用的员工仅为2000人。④ 在多元化用工体系中,数字平台正式雇员是平台生态圈数字基础设施创建和维护的核心力量,大多从事算法开发和算法优化等复杂性劳动。不同于传统编程等知识性劳动,算法开发、页面设计和数据分析活动的价值创造离不开数据要素投入,因而是一种高级的创新型数字劳动。

从数字劳动实践看,有别于众包微劳动等非正规就业,作为正式雇用的数字劳动者,表面上看拥有一份令人艳羡的好工作。他们通常拿着高薪,享受着诱人的福利保障计划,部分人还因公司股票期权和技术入

---

① 丁晓钦、柴巧燕:《数字资本主义兴起及其引发的社会变革——兼论社会主义中国如何发展数字经济》,《毛泽东邓小平理论研究》2020年第6期。
② [德] 莫里茨·奥滕立德:《数字工厂》,黄瑶译,中国科学技术出版社2023年版,第33页。
③ Montalban, M., et al., "Platform Economy as a New Form of Capitalism: A Regulationist Research Programme", *Cambridge Journal of Economics*, Vol. 43, No. 2, 2019, pp. 805 – 824.
④ Duggan, J., et al., "Algorithmic Management and App-work in the Gig Economy: A Research Agenda for Employment Relations and HRM", *Human Resource Management Journal*, Vol. 30, No. 1, 2019, pp. 114 – 132.

股分红而一夜暴富。自然地,这一高技能群体成为数字经济时代的"工人贵族",在追逐"中产梦"中极易被资本笼络和同化。但必须指出的是,在资本吸纳劳动的过程中,并不会因为某种劳动的"高贵"而改变其"吸血鬼"的贪婪本性。进入数字时代,数字平台为激发员工创新潜能,最大程度地榨取其才智价值,竭力倡导"玩乐""有趣""工作即生活"等公司文化,刻意打造平等、田园诗般的工作场所,来模糊甚至消解工作与生活、劳动与休闲的时空界限,千方百计地诱导员工流连于优渥且"自由"的工作环境,心甘情愿地为数字资本透支身体。

于是,如本书第四章所述,在"制造同意"的资本伎俩下,平台员工在"自我管理""自我实现"中自主地卷入赶工游戏之中。"长时间工作、高压力、频繁的人员淘汰、糟糕的工作/生活平衡,以及公司之外几无社会交往"①,使得"秃顶的程序员"成为这一群体标准画像,最终是资本在劳动集体性"自我剥削"中,更为隐蔽、更为巧妙地"盗窃他人的劳动时间"而赚得盆满钵满。正如米夏埃尔·海因里希所言:"对从业者而言,这种自治的结果与旧的专制形式一样是破坏性的,只不过,现在破坏是以自行组织的方式发生的。"②

更重要的是,随着数字平台劳动组织过程的程序化、标准化和协同化,在高技能劳动"独立性和吸引力"日益降低的同时其市场可替代程度却不断加深,促进资本对雇佣数字劳动的控制从形式从属到实际从属,最终走向"真正"形式的以酬购劳。③ 其结果,"他们与互联网平台催生的非技术劳动者只是分工不同的'打工人'而已,两者命运殊途同归"④。

---

① Fuchs, C., "Theorizing and Analyzing Digital Labor: From Global Value Chains to Modes of Production", *The Political Economy of Communication*, Vol. 2, No. 1, 2013, pp. 3 – 27.
② [德]米夏埃尔·海因里希:《政治经济学批判:马克思〈资本论〉导论》,张义修、房誉译,南京大学出版社 2021 年版,第 93 页。
③ Boes, A., et al., "Cloud & Crowd: New Challenges for Labor in the Digital Society", *tripleC: Communication, Capitalism & Critique*, Vol. 15, No. 1, 2017, pp. 132 – 147.
④ 姚建华、徐偲骕:《传播政治经济学视域下的数字劳动研究》,《新闻与写作》2021 年第 2 期。

第二节　数字劳动的资本剥削

马克思指出："资产阶级借以在其中活动的那些生产关系的性质决不是单一的、单纯的，而是两重的；在产生财富的那些关系中也产生贫困；在发展生产力的那些关系中也发展一种产生压迫的力量。"[①] 进入数字资本主义阶段，少数科技巨头凭借独享的平台权力垄断数据商品生产与流通过程，给数字资本带来丰厚的市场回报；同时，数字劳动者的数据生产者地位和价值贡献甚至得不到资产阶级法权意义上的市场指认，导致和加剧数据价值分配的劳资不平等。数据价值分配不公引致的数字鸿沟，进一步加剧了当代资本主义本已恶化的财富与收入不平等。其结果，"数据世界的增殖同人的世界的贬值成正比"[②]。

一　用户免费劳动的无限剥削

用户生成内容是一种典型的免费数字劳动。进入数字时代，用户是海量数据的制造者。在"谁采集、谁拥有"的数据行业潜规则下，"那些实质上拥有大数据的公司是最大甚至是唯一的获益者，它们的商业合作伙伴也可能通过资源交换获得利益。但是，所谓的所有者，也就是用户，其实不仅无法获得利益，甚至会因为价格歧视或者个人信息泄露而利益受损"[③]。

马克思指出："资本的趋势始终是：一方面创造可以自由支配的时间，另一方面把这些可以自由支配的时间变为剩余劳动。"[④] 从数据价值化实践看，活跃用户在线活动，实际上是发生于数字空间的"家务劳

[①] 《马克思恩格斯文集》第1卷，人民出版社2009年版，第614页。

[②] 丁未：《遭遇"平台"：另类数字劳动与新权力装置》，《新闻与传播研究》2021年第10期。

[③] 吴军：《智能时代——5G、IoT构建超级智能新机遇》（下卷），中信出版社2020年版，第333页。

[④] 《马克思恩格斯文集》第8卷，人民出版社2009年版，第199页。

动"，没有报酬，主要在闲暇时间进行。① 针对用户免费劳动的这种非雇佣剥削，资本巧妙地将"剥削性的社会关系隐藏在日常生活的表层之下"，无须再为必要劳动和剩余劳动的界分而绞尽脑汁了。活跃用户的在线时间，全部成为服务于资本增殖的剩余劳动时间。这表明，相比于正式的雇佣劳动，用户生成内容代表的是一种彻底的、无界限的资本剥削。于是，"如果说数据只是互联网企业的资产，和数据的贡献者——大众，没有任何关系。甚至数据的贡献者还可能因为数据受到伤害，这显然是不公平的"②。

二　众包微劳动的数字奴役

作为一个新型的、未加规制的劳动组织形式，众包微劳动的实践兴起，将资本对劳动的剥削推高至前所未有的程度。③ 在资本极力推行"人工即服务"的市场实践下，众包微工受困于平台算法系统的时间规训、疲于抢单的逐底竞争和少得可怜的薪酬回报，已经沦为数字时代不稳定无产者（precariat）的重要群体。对此，一名"金农"在描述自己所在的数字工厂时表示：④

> 我所在的第一家打金公司规模很大。我猜公司拥有至少 1 万个打金账户。我所在的工作室有 40 个人轮班打金，有些人白天上班，有些人夜里上班。所以我们可以做到每周 7 天、每天 24 小时不间断地打金……我感觉每天都很疲惫。你可以想象，我每天至少要打金 10 个小时，一直盯着电脑屏幕，总是看着同样的场景和同样的角色，令人身心俱疲。

---

① Fuchs, C., "Theorizing and Analyzing Digital Labor: From Global Value Chains to Modes of Production", *The Political Economy of Communication*, Vol. 2, No. 1, 2013, pp. 3 – 27.

② 涂子沛：《数文明：大数据如何重塑人类文明、商业形态和个人世界》，中信出版社 2018 年版，第 40 页。

③ Ettlinger, N., "The Governance of Crowdsourcing: Rationalities of the New Exploitation", *Environment and Planning A*, Vol. 48, No. 11, 2016, pp. 2162 – 2180.

④ ［德］莫里茨·奥滕立德：《数字工厂》，黄瑶译，中国科学技术出版社 2023 年版，第 96 页。

其结果,"不限时间地点的网上工作本来被看作是一种自由,现在却被发现只是一种新的奴役机制"①。换言之,众包微劳动实现了智能化生产的人机协同,但却使大多就业弱势的劳动者身陷"数字奴役","通过支付比真实时间价值少的工资来剥削劳动力"成为行业常态。根据国际劳工组织(ILO)对美国五家众包平台的调查,2017 年众包微工的时薪 4.43 美元,如将抢单时间计算在内时薪则更低,平均只有 3.29 美元,远低于美国最低工资水平。

三 按需劳动的算法剥削

零工经济中的按需劳动,成就了基于用户 App 的数据赋能,将人类数字化生存向前推进了一大步。但是在"独立承包商"的资本指认下,数字平台精明地实施以"劳务合同"取代"劳动力商品"的合约操作,如愿转换了劳资之间"等价物交换"的交易标的。换言之,这种用工的"优步化",是将按需劳动贬低为供给充足的、可计算的和易于替代的商品。② 其结果,"零敲碎打的计件工资,加上时不时的促销补贴政策,就是这种所谓创新机会的残酷现实"③。不少实证研究表明,对于众多实质性依附平台的网约工,形式上的灵活就业和工作自主换回的却是工作和收入的极度不稳定。基于数据驱动的平台算法管理,并没有将劳动时间的节约转化为劳动者的自由时间。甚至受制于算法系统的时间规训,很多打零工者连自身生命安全也无暇顾及了。

四 雇佣数字劳动的自我剥削

对于那些正式受雇于平台企业的高技能劳动者,在高薪绩效、工作自主的职业光鲜背后,隐藏的却是 24/7 式"自我剥削"和生命透支。

---

① 胡泳:《数字劳动的无眠》,《新闻战线》2019 年第 7 期(上)。
② Van Doorn, N., "Platform labor: on the Gendered and Racialized Exploitation of Low-Income Service Work in the On-demand Economy", *Information, Communication & Society*, Vol. 20, No. 6, 2017, pp. 898–914.
③ [美]亚历克斯·罗森布拉特:《优步:算法重新定义工作》,郭丹杰译,中信出版社 2019 年版,第 84 页。

有针对韩国数字游戏开发者的实证研究发现,为了游戏新款或升级版能够如期发布,游戏公司通常在企业内部发起名为"关键时刻"(Crunch)的活动,或明或暗地迫使企业员工连续数天或数周不分昼夜地加班赶工。劳动者每天工作至少 10—12 小时,每周工作长达 80 小时至 100 小时。不少员工身心疲惫,时刻面临"过劳死"的威胁。① 并且,这些高级数字劳动者既摇摆于精英主义的自主与受劳动管理的规训之间,以"打工人"自嘲,又在信息愈发密集、数据流动愈发快速的趋势下担忧"35 岁危机"②。

其结果,加班赶工日常化自主化,"表现为文明的和精巧的剥削手段"③,给数字技术"极客们"带来的是创新焦虑和绩效比拼,资本却通过意识形态操纵和社会压力机制营造,成功地将这些高级数字劳动者的全部生活时间也纳入数字剩余价值生产之中。

第三节　数字劳动赋权与数据分配正义

一　数字劳动赋权与数据分配公平

回顾资本主义劳工史,"除非能组织起来对抗资本的剥削,否则无意义的工作、不稳定的就业乃至失业以及低报酬就是劳动者的宿命"④。进入数字资本主义阶段,如图 6.1 所示,数字劳动赋权的首要议题,就是重塑数字时代的劳动与资本关系,牢固确定数字劳动者在数据价值化中的生产者地位,以数据分润中的"劳动回归",推动资产阶级权利界限内的数据分配公平。正因为如此,有学者提出"他动"(heteromation)

---

① Kim, C. and Lee, S. , "Politicising Digital Labor through the Politics of Body", *The Economic and Labor Relations Review*, Vol. 32, No. 3, 2021, pp. 382 – 398.
② 谢榕:《从卢德工人、新卢德派到数字工人——技术批判的建构主义思路探析》,《自然辩证法通讯》2022 年第 4 期。
③ 《马克思恩格斯文集》第 5 卷,人民出版社 2009 年版,第 422 页。
④ [美]大卫·哈维:《马克思与〈资本论〉》,周大昕译,中信出版社 2018 年版,第 299 页。

概念，极力主张对数字经济发展不可或缺的各种数字劳动进行确证和补偿。①

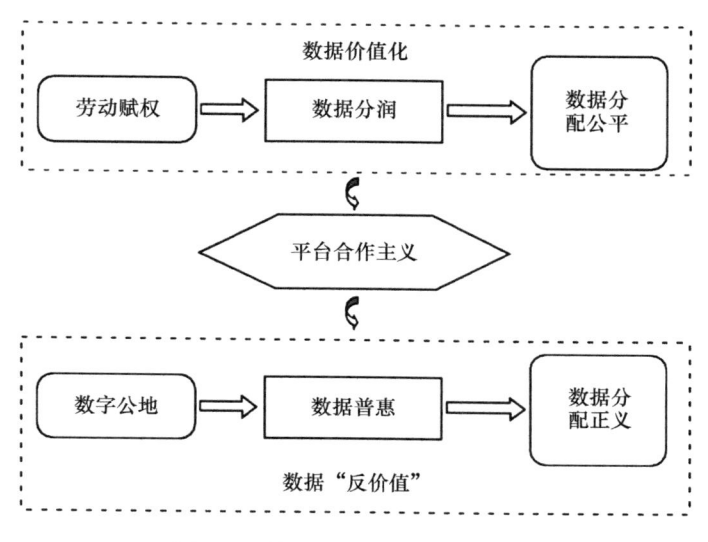

图 6.1 数据价值化中的分配正义

资料来源：笔者自制。

这意味着，对于那些从事用户内容生产的活跃用户，可以通过政府公权力介入的平台治理，促使资本确认其数据生产者地位，赋予与其价值贡献相匹配的数据分润权。本质上，将"数据视作劳动"（data as labor），不仅可以促进 C 端数据的高质量供给，节制平台资本垄断数据收益；而且还可以创造前景可期的"数据工作"，开拓数字经济时代就业新渠道。② 这是其一。

其二，对于遍布全球的众包微工，由于其高度流动性、平台多栖性且参与动机多元，期望数字平台赋予其员工地位，显然会因用工成本高

---

① Ekbia, H. R. and Nardi, B. A., *Heteromation, and Other Stories of Computing and Capitalism*, Cambridge, MA: MIT Press, 2017.
② Ibarra, I. A., et al., "Should We Treat Data as Labor? Moving Beyond 'Free'", *American Economic Review (Papers and Proceedings)*, Vol. 1, No. 1, 2018, pp. 1–5.

企而冲击资本积累，进而使平台商业模式也难以为继。鉴于此，在针对劳动型平台的政府规制中，应重点在劳动过程透明性和劳动报酬公平性方面做文章，建立契合众包微劳动特点的平台治理机制，在最低工资要求、接单机会均等化和劳动权益可申诉等方面，构建包容性数据生产关系，以切实提升众包微工的就业质量。

其三，零工经济的实践逻辑表明，劳动型平台真正的市场卖点，是基于数据驱动高效提供即时精准的按需服务。所谓精益平台的轻资产优势，并非如资本所宣扬的，是平台企业赢得核心竞争优势的必然选择。同时，数字平台利用智能算法，对网约零工的具体劳动过程施加了不同程度的行为规约和在线管理。因此，要改善网约零工的生存境遇，根本之举是通过零工经济劳动规制，分类明晰网约零工的市场契约身份。对于那些实质性依附平台的劳动者，可化简其多边市场用工关系，明确其平台企业正式员工身份；对于只是利用闲暇时间赚取零钱的打工者，明确平台企业与个人合作关系的权利和责任，推动劳动权利实现有机嵌入平台算法系统之中。进而，通过对网约零工及其劳动权益保护的分类监管，促使平台企业在劳动合规中不断改善数据价值分配的劳资不平等。

其四，进入数字时代，人工智能技术的广泛应用，进一步加剧了当代资本主义"就业极化"趋势。总体上看，数字平台的正式员工，是数字时代新兴的垄断性技能阶层。从实践看，"资本的确以赎买的方式消解了这类劳动的垄断权"[①]。并且，至少在弱人工智能阶段，资本还无法实现对此类"高度依赖于认知、互动和创造的高技能工作的去技能化"。因此，当下促进数据价值化进程中的数据分配正义，对于高技能溢价的数字劳动者而言，一方面，要警惕和自觉抵制资本笼络同化策略的故伎重演；另一方面，以劳动者集体行动促使资本进一步妥协，通过劳动制度性参与平台治理，来消解或对冲劳动过程的资本控制，以便在工作节奏和绩效考核等方面争取更多的员工自主。

---

① 杨虎涛、冯鹏程：《去技能化理论被证伪了吗？——基于就业极化与技能溢价的考察》，《当代经济研究》2020年第10期。

二 数据生产关系变革与数据分配正义

马克思主义政治经济学认为,结合具体特殊的经济社会形式来考察,分配正义归根结底是由生产正义决定的。因此,"分配正义不能仅靠规定人们在分配领域的权利来实现,而必须依靠物质生产领域的彻底变革,即要求实现一种合乎正义的生产方式"①。进入数字时代,真正实现劳动解放意义上的数据分配正义,从根本上讲,必须重构以数据控制权为核心的数据生产方式,在数据价值化和"反价值"的实践较量中,逐步实现跨越资本逻辑、践行劳动共建共治共享的数据生产新格局。

首先,进入数字时代,数据价值化进程能否形成双赢或多赢格局,取决于数据确权和数据治理。受制于数据多源性、无形性和可复制性的实践干扰,相比于确立数据所有权,控制数据的集聚和使用才最具决定性意义。如前文所述,数字平台的商业成功秘诀也全在于此。进而,在数据确权的改革探索中,围绕数据使用权做文章更具有实践操作性。②这意味着,当下劳动摆脱资本数字奴役实现"数字脱贫",首要的就是从数据访问权配置着手,"赋予海量用户更多的权力,尤其是在个人数据和个人信息方面,对于缓解和纠正当下超级平台造成的权力失衡,是最基础性和最具长效性的"③。

近年来,西方社会"数据能动主义"(data activism)兴起④;Digi.me、Citizen-me 和 Meeco 等初创平台推出个人数据空间服务,都是通过推动个人数据的劳动控制来促进数据分配正义的有益尝试。⑤ 从数据

---

① 张晓萌:《马克思主义分配正义的基本结构与原则》,《北京行政学院学报》2020 年第 3 期。
② Varian, H., "Artificial Intelligence, Economics and Industrial Organization", in Agrawal, A., Gans, J., and Goldfarb, A. (eds.), *The Economics of Artificial Intelligence: An Agenda*, Chicago, IL: University of Chicago Press, 2019, pp. 399–422.
③ 方兴东、严峰:《网络平台"超级权力"的形成与治理》,《学术权力》2019 年第 7 期(下)。
④ Lehtiniemi, T. and Haapoja, J., "Data Agency at Stake: Mydata Activism and Alternative Frames of Equal Participation", *New Media & Society*, Vol. 22, No. 1, 2019, pp. 1–18.
⑤ Micheli, M., et al., "Emerging Models of Data Governance in the Age of Datafication", *Big Data & Society*, Vol. 7, No. 1, 2020, pp. 1–15.

立法看，欧盟《通用数据保护条例》（GDPR）生效后，优步的网约车司机、户户送的外卖骑手为维护自身劳动权益，尝试将法定数据访问权作为斗争工具，来施压平台提交个人历史数据，以质疑其封号等做法的合理性。[1]

进一步地，考虑到"区块链技术能够记录数据的权利来源，并对此进行定价，在节点之间基于共识发生数据交互，将创造的价值在不同主体之间分配"[2]，放眼未来，可积极利用日臻成熟的区块链技术，对数据价值链进行记录和确证，从而为数字劳动者参与数据分润提供坚实的技术支撑。譬如，从2018年开始，麻省理工学院开发的医疗档案项目——MedRec在美国创立以太坊区块链管理医疗记录的系统，允许个人用户查阅自己的医疗记录并管理医疗数据的使用，让医护及医学研究都受惠。[3]

当然，鉴于数据要素化的生产特点，规避数据资源闲置的"反公地悲剧"，可尝试搭建"数据信托""数据银行""数据空间"等授信第三方数据管理平台，探索个人数据劳动控制的具体实现形式。进而，通过公信力组织和通道进行数据汇聚融合、全生命周期管理和用户授权，以不断推动数据增殖的劳动分利。譬如，美国一家名为 DataCoup 的公司曾经以8美元每月的价格购买用户的信用卡消费信息以及推特、元宇宙等社交网站中的信息，然后将个人的数据进行整合并让用户选择出售的数据。照此发展，用户"授权各种大数据平台来管理数据，并且将数据的价值变现，然后再从使用者的利润中获得自己的一部分。那时，一个人在互联网上的活动越多，积累的数据量越大，他的数据就越值钱，收益也越大，而不是像今天这样，一个人买东西越多，越受到价值歧视"[4]。

---

[1] Van Doorn, N. and Badger, A., "Platform Capitalism's Hidden Abode: Producing Data Assets in the Gig Economy", *Antipode*, Vol. 52, No. 5, 2020, pp. 1475-1495.

[2] 杨东、金亦如：《数据利益分享机制的完善路径》，载杨涛主编《数据要素：领导干部公共课》，人民日报出版社2020年版，第200页。

[3] 普华永道：《数据资产生态白皮书——构建可持续的数字经济新时代》，2020年，第17页。

[4] 吴军：《智能时代——5G、IoT 构建超级智能新机遇》（下卷），中信出版社2020年版，第338—339页。

第六章 数字劳动的劳动隐化与剥削研究

其次,从根本上讲,即使实现 C 端数据的劳动分利,在原则上仍然是一种资产阶级性质的权利。如此,要迈向马克思"按需分配"意义上的数据分配正义,默认数字经济的资本逻辑,停留于 C 端数据控制权的"劳动回归"是远远不够的。诚如西方马克思主义者所言,全世界数字劳动者联合起来,发展劳动自治的互联网共产主义,才是根本之途。

实际上,自互联网兴起之初,数字空间就蕴含着"共有经济"的发展基因。"邮件列表、讨论组、博客、微博、维基、社交网络、维基百科、字幕组、在线问答……大规模协作在消费互联网时代已经趋于普遍化。"[①] 同时,作为"一般智力"物化的海量数据只有作为全社会共同使用的生产资料,才能最大效率地被挖掘、分析和利用,实现其使用价值的充分释放。[②] 但遗憾的是,这些"共产主义因素"并没有如技术乐观主义者所愿,朝向后资本主义社会发展。[③] 相反,在剩余价值规律的普照之光下,基于网络的"大规模协同生产"被数字资本力量同化改造,演化成众包资本主义的鲜活实践。正如大卫·哈维所指出的:"最初设想的一个能解放劳动者并生产公共品的开放协作生产体系却迅速蜕变成资本予取予夺的超级剥削体系。"[④] 进一步地,本应平等、多元、共享的数字空间,在数据价值化的平台竞争中,也日益蜕变成为资本"数字圈地"的新场域。

即便如此,"如今大量的全球平台受到资本主义社会关系的摆布,这是不可避免的必然性。这些生产、金融、物流和消费的物质平台,可以按照后资本主义的目标来重组和重构"[⑤]。对于数据驱动的经济活动而言,发展基于"数字公地"[⑥] 的数据生产方式,以数据的"反价值"来

[①] 阿里研究院:《数据生产力崛起:新治理·新动能》,2020 年,第 100 页。

[②] 黄再胜:《人工智能时代的价值危机、资本应对与数字劳动反抗》,《探索与争鸣》2020 年第 5 期。

[③] Mason, P., *Post-Capitalism: A Guide to Our Future*, London: Penguin Books, 2016.

[④] [美] 大卫·哈维:《马克思与〈资本论〉》,周大昕译,中信出版社 2018 年版,第 148 页。

[⑤] Williams, A. and Srnicek, N., "Accelerate: Manifesto for an Accelerationist Politics", in Robin Mackay and Armen Avanessian (eds.), *Accelerate: The Accelerationist Readers*, 2014, p.357.

[⑥] [日] 森健、日户浩之:《数字资本主义》,日本野村综研(大连)科技有限公司译,复旦大学出版社 2020 年版,第 123 页。

消解数字经济的资本逻辑,以最终实现数字劳动解放和数字普惠的数据分配正义。从短期看,发展平台合作主义,积极构建劳动主导的开源平台生态,不断拓展"维基经济学"①的实践场域。进而,在资本主义数字经济界域内,努力开辟"星星之火可以燎原"的数据生产正义空间。这起码要求,积极唤起全球数字劳工的阶级意识,特别动员和组织谙熟数字技术的"极客们",联合一切致力于数字劳动解放的社会进步力量,积极探索劳动共建共治共享的数字经济新业态新模式。

第四节　对我国保护数字劳动权益的若干启示

进入数字时代,"价值化的数据是数字经济发展的关键生产要素,加快推进数据价值化进程是发展数字经济的本质要求"②。建设"数字中国",发展以数据驱动和创新引领的数字经济,迫切要求加快数据产权制度建设,促进数据资源的有效利用和数据价值的充分释放。同时,避免数据歧视,消除数字鸿沟,形成数据普惠,内在地要求构建和完善数据要素按贡献参与分配的体制机制,以全民共享数据产业发展成果来扎实推进共同富裕。

纵观数据价值化的全过程,数据价值链包括数据的制造、采集、清洗、整理、分析、应用和共享等环节。进一步地,在数据价值化进程中,数据内容、数据采集、数据分析等各个环节的参与者并不相同,因此分配时需统筹兼顾数据主体、数据控制者和数据处理者等数据利益攸关方的利益诉求,既要保障数字资本参与社会分配获得增殖和发展,更要注重维护按劳分配的主体地位,在数据分配中体现人民至上。总体上,以加快构建中国特色数据基础制度体系为抓手,以规范数字平台头部企业数据分配秩序为突破口,加快完善政府、企业、个人及

---

① [加] 唐·泰普斯科特、[英] 安东尼·D. 威廉姆斯:《维基经济学:大规模协作如何改变一切》,何帆、林季红译,中国青年出版社2007年版,第19页。
② 中国信息通信研究院:《中国数字经济发展白皮书(2020)》,第7页。

行业组织等多方参与、妥善权衡数据效率和数据正义的数据经济治理机制，努力形成契合中国国情和数字经济发展实际、公平高效的数据生产分配新格局。

一　用户赋权与数据分润

中国是数据生产大国。据国际数据公司 IDC 发布的《数据时代 2025》白皮书预测，2025 年中国产生的数据将高达 48.6ZB，将成为全球最大的"数据圈"。2017 年 12 月，习近平总书记在中央政治局集体学习时指出，在互联网经济时代，数据是新的生产要素，是基础性资源和战略性资源，也是重要生产力，因此要构建以数据为关键要素的数字经济。近年来，以数据采集、数据清洗、数据标注、数据交易等核心数据活动构成的中国数据要素市场规模快速增长。但不可否认，伴随国内数字经济迅猛发展，数据要素化过程中也同样面临"权属不清、定价不明、使用不公"等社会经济难题。

这突出表现在：以 BAT 等为代表的互联网巨头作为数据控制者和数据处理者，垄断数据要素化的几乎全部收益；作为海量数据提供者的众多用户，却在享受消费便利的资本叙事中沦为免费的数据劳工。同时，灰色甚至非法的数据要素交易活动猖獗，严重侵犯用户数据权益和隐私权。进入新发展阶段，要促进智能生产力持续跃升，实现以数据集成、平台赋能推动经济高质量发展，同时扎实推进数字经济领域"反垄断和防止资本无序扩张"，迫切需要构建和完善数据要素参与分配的体制机制，明确"参与分配的主体划分和量的边界"，以形成数据要素化的制度性激励，促进数据要素可持续地高质量供给。

其中，在基于消费互联网的数据要素化进程中，"个人用户产生的数据是平台企业创造利润的核心来源，也是数字经济中财富和价值的起源"[1]。但针对个人数据的确权是归类于财产权、人身权范畴，还是将其

---

[1] 戚聿东、刘欢欢：《数字经济下数据和生产要素属性及其市场化配置机制研究》，《经济纵横》2020 年第 11 期。

归类为知识产权范畴，目前还有待理论澄清和实践探索。并且，考虑到数据要素的经济特征，"无论是单独适用、集合适用已有的权利类型还是创设新型权利类型，都无法解决数据权属问题"①。因此，当下促进数据收益分配公平的关键议题是，积极汲取欧美国家数据立法的有益经验，通过 C 端用户赋权，明确个人数据控制权的合理边界与操作路径，规范数据控制方和数据抓取方的使用权和获益权，进而以个人数据控制权的"市场化"让渡，推动活跃用户作为数据主体参与平台企业数据要素化的利润分享。

进一步地，随着产业互联网的兴起，中国庞大的 B 端将成为下一片蓝海。不同于消费互联网的"赢家通吃"，产业互联网的制胜模式是价值共创、协作共赢。人、机和物全时全域链接产生数量级更为庞大、数据类型更为多样、数据结构更加多元的数字流。由此，在基于产业互联网的数据要素化过程中，通过 B 端用户赋权，重点解决平台生态圈中的数据孤岛和数据垄断现象，积极探索"以数换数""数据分红"等多种数据分润实现形成，进而在人、机、物互联互通中加速释放数据要素的乘数效应。

二 劳动回归与按劳分配

在数据价值化进程中，数据价值释放的主要环节在于通过数据挖掘分析，产生商业洞见、态势感知、科学决策和风险防范能力，形成可数字化交易的数据产品或服务，用以提升生产运维效率、畅通市场流通和孕育新技术、新产品、新业态和新模式。尽管在人工智能技术加持下，数据商品生产过程的界面化、瞬时化和虚拟化，自然地遮蔽了数字劳动的在场和贡献，但如本书前文所述，数据商品产消过程须臾离不开数字劳动的持续性投入。从数据标注员等众包微劳动到任务中国平台中的威客，从滴滴出行、闪送等为代表的网约零工到平台企业的程序员，形态

---

① 中国信息通信研究院：《数据治理研究报告（2020）——培育数据要素市场路线图》，第 16 页。

各异的数字劳动已经成为数据驱动价值创造的新源泉。不容回避的是,在当下中国数字经济发展中,数据商品产消中也同样存在资本操纵下的劳动隐化及分配不公等现象。近一段时期以来,无论是针对互联网行业"996"现象的社会热议,还是关于外卖小哥困于系统和算法的民众关切,抑或网络游戏矿工现象引发的冷思考,皆是明证。

鉴于此,在发展社会主义市场经济条件下,确认数字劳动的价值贡献,维护数字劳动者权益,客观上要求在数字价值化进程中切实贯彻按劳动分配原则来推动数据红利的劳动分享,真正使以人民为中心的发展思想在数字经济发展中落地见效。当前和今后一段时期,要以构建平台经济和谐劳资关系为突破口,通过组织"数字工会"或延展现有工会组织服务功能,有效组织数字劳动者的集体行动,矫正平台经济多边市场关系博弈中劳动话语权缺失的突出问题,以平台治理中劳动参与,明确平台企业劳动保护责任,完善数字劳动权益保障,进而为创造更多就业岗位、扩大中等收入群体规模贡献平台经济力量。

具体而言,对于平台企业活跃用户的数据贡献,可以运用"共票"理论完善数据利益分享机制,让更多的消费者、普通劳动者等数据主体能够公平分享数字经济红利。[①] 同时,考虑到个人数据的使用价值通常微不足计,针对个人数据贡献的微支付可采用免费增值服务、折扣券、积分换购等多种形式来实现。对于京东微工等众包微劳动而言,重点是建立透明可解释的任务配置和绩效反馈机制,关注劳动者职业心理健康和就业质量,以充分释放其作为劳动新形态的就业潜力;对于外卖骑手等网约零工而言,考虑其平台多栖性特点,以重点解决就业不稳定问题为抓手,探索在最低工资要求、工伤医疗保险和带薪病休等方面建立跨平台的劳动权益保障机制,推动按需劳动权益实现从"单位依附"向"基于个人账户"的社会保障模式变革,从而为"外卖小哥们"打通数据赋能经济"最后一公里"提供坚实的劳动保障激励;对于平台企业正

---

① 杨东、金亦如:《数据利益分享机制的完善路径》,载杨涛主编《数据要素:领导干部公共课》,人民日报出版社2020年版,第203页。

式雇佣的网络架构师、算法开发师和数据分析员等高级数字劳动者,重点以解决"过劳"现象为突破口,以平台治理中的劳动赋权和劳动参与推动工作—家庭平衡机制建设,充分激发这一高技能劳动群体在数据价值化中"点石成金"的创新潜能。

三 劳动自治与数字普惠

当下,中国已经走向全球数字经济发展的前列。但同时,中国是一个社会主义大国。从长远计,大力发展合作型平台经济,推进数据"反价值"进程,促进劳动自治和数据普惠,是推进网络强国、建设"数字中国"的题中应有之义。正如有学者所指出的:"一旦对于平台经济的讨论从垄断转向产权,我们就会辨识出新经济通向均富和公平的正确道路。"[1]

这要求,立足国情和数字经济发展实际,以实施建立和完善数据交易市场、推行数据集体所有制和发展"数字公地"的三步走战略,逐步打破数字基础设施被资本独占的所有制格局,努力搭建基于劳动共建共治共享的数据驱动经济活动新形态。进入新发展阶段,尤其要重点做好以下三个方面的工作:

一是动用国有资本力量,积极布局新型基础设施建设。重点在新型的人工智能芯片、便捷高效的云服务和通用的人工智能算法等方面发力,通过提供通用数据资本投入,加快形成开放共享、平等普惠的数字化公共基础设施。二是鼓励和支持劳动型平台合作经济的发展。在坚持"两个毫不动摇",促进平台经济领域民营企业健康发展的同时,积极探索数字时代合作经济新形态新模式。以推动《关于推进"上云用数赋智"行动 培育新经济发展实施方案》政策落实为契机,在数据资源与应用编程接口、开源平台与工具,以及数据分析与应用等方面,给劳动自治的初创平台提供一站式数字化解决方案,让其以边际投入方式轻装上阵,

---

[1] 赵燕青:《平台经济与社会主义:兼论蚂蚁集团事件的本质》,载《政治经济学报》第20卷,格致出版社、上海人民出版社2021年版。

促进实现数字经济多种所有制形式平台企业和谐共生发展。三是积极探索与中国特色社会主义要求相契合的"数字公地"生产模式。以数据"反价值"实践来提供均等化和包容性的数字公共服务，最大程度地释放数据红利，最终实现智能生产力的可持续发展和数字劳动者的全面自由发展。

第七章 数字劳动的生产政治研究

自资本主义生产方式确立以来，资本不遗余力地推动技术进步和组织变革，来实现对劳动的控制与吸纳。与此同时，劳动反抗资本宰制的个体能动和集体努力虽时起时落，但却从未停息与离场。进入数字时代，生产组织平台化在瓦解传统劳资关系的同时，算法技术的加速应用将资本主义技术理性推向极致，资本如愿实现对劳动的自动控制和总体吸纳。[1]

表面上看，数字资本竭力推行劳动灵活化、标准化和原子化，数字劳动赖以反抗资本统治的权利资源被蚕食殆尽。劳动者打破工厂制"时钟的枷锁"（the tyranny of clock），却在不经意间又落入数字平台"算法牢笼"（algorithmic panopticon）[2]的桎梏。面对无孔不入的平台监视和算法奖惩，曾经活跃于车间政治、罢工运动和院外活动中的劳动能动似乎销声匿迹且微不足道。如此一来，原本自20世纪70年代以来，因新自由主义实践围剿已甚是羸弱的劳工运动，在数字资本强势统治下究竟是走向终结，还是犹存复兴之可能，是一个值得深入探讨且亟须回答的重要问题。

---

[1] 吴静：《总体吸纳：平台资本主义剥削的新特征》，《国外理论动态》2022年第1期。
[2] Woodcock, J., "The Algorithmic Panopticon at Deliveroo: Measurement, Precarity, and the Illusion of Control", *Ephemera: Theory & Politics in Organization*, Vol. 20, No. 3, 2020, pp. 67 – 95.

对此，技术乐观主义沉湎于数字乌托邦臆想，大力渲染网络社会的"参与文化"，奢谈远离资本的劳动"再主体化"。来自组织行为学的人机交互观点，只是关注算法管理的技术理性和人机协作，对于浸润于算法系统的技术政治和权力宰制则鲜有讨论。相比之下，治理理论热衷于诠释数字资本权力装置下劳动者的"自我规训"和"自我剥削"；但不无遗憾的是，这种被数字资本裹挟的劳动"主体性过剩"①，实质是数字时代劳动新的异化，与"人的解放"意义上的劳动主体性激活相去甚远。

马克思主义政治经济学认为："资本由于（在竞争的推动下）不断增殖的本能，内在地具有破坏劳动力的倾向。"② 实践中，资本主义生产过程中的力量失衡和利益矛盾，是引发劳资对立和劳动反抗的主要致因。下文的分析表明，进入数字时代，数字劳动能动性并没有在数字资本算法专制中走向湮灭。相反，面对数字奴役日益加深的平台体制（platform regime），数字劳动者的个体反思和集体觉醒，促使越来越多劳动者走出"工作自主"的实践幻象，释放劳动能动，增进劳动团结，积极构筑起个体反抗、群体互助和集体斗争相得益彰的数字生产政治景观。毋庸置疑，"数字劳动何以能"的鲜活实践和理论确证，正努力推动当代资本主义波兰尼意义上"双重运动"③ 的制度复归；同时也日渐展示数字时代技术赋能劳动解放的实践潜能。

第一节　平台体制与数字劳动权利衰退

在工业资本主义时期，伴随机器化大生产体系的建立，资本依赖技

---

① 夏莹、牛子牛：《主体性过剩：当代新资本形态的结构性特征》，《探索与争鸣》2021年第9期。
② ［德］米夏埃尔·海因里希：《政治经济学批判：马克思〈资本论〉导论》，张义修、房誉译，南京大学出版社2021年版，第211页。
③ Polanyi, K., *The Great Transformation: The Political and Economic Origins of Our Time*, Boston: Beacon Press, 2001, p.138.

术进步和组织创新搭建不断迭代的权力装置系统，实现对劳动的技术—规范性控制和实质性吸纳。但与此同时，传统雇佣制下的劳动方式社会化、劳动联合组织化和劳动保护制度化，也构筑和维系了劳动能动和劳动反抗的权利基础。特别是进入垄断资本主义阶段，国家干预确立了最低生活标准，打破了工人对工资的依赖；劳动保护立法限制了资本剥削方式。[1] 进入数字时代，生产组织的平台革命方兴未艾，资本主义工厂体制被平台体制取代。正如菲尔·琼斯所指出的："Mechanical Turk 网站是 21 世纪工作的原型，它让资本获得权力，却让工人丧失力量。"[2] 如表 7.1 所示，数字资本极力推行劳动分割、算法管理与制度套利，不断蚕食数字劳动利益博弈的权利资源，劳动联合和劳动反抗的实践能力遭遇挑战。

表 7.1　　　　　　平台体制与数字劳动权利衰退

权利资源	实践肇因	权利障碍	权利衰退
劳动结社	平台灵活用工	劳动者身份模糊	劳动结社权丧失
劳动议价	"人工即服务"商业模式	数字劳动供给过剩 劳动技能数字化衰退	劳动议价力消解
劳动参与	平台算法管理	劳动参与价值冗余 员工发声渠道受限	劳动参与权退场
劳动联合	在线工作原子化	劳动供给来源极其分散 劳动者个体彼此竞争 劳动者构成高度异质	劳动联合能力消弭

资料来源：笔者自制。

一　"虚假的自雇者"与劳动结社权丧失

长期以来，日结工、合同工、短期工和自由职业者等灵活就业，只

---

[1] 李洁：《重返生产的核心——基于劳动过程理论发展脉络阅读〈生产政治〉》，《社会学研究》2005 年第 5 期。

[2] ［英］菲尔·琼斯：《后工作时代：平台资本主义时代的劳动力》，陈广兴译，上海译文出版社 2023 年版，第 3 页。

是资本主义雇佣制用工的一种补充。进入后福特制时期，在资本弹性积累模式下，劳动外包、分包等弹性用工实践快速发展，工作场所裂化现象[1]愈演愈烈。但总体上看，资本对劳动的吸纳依然遵行劳动力商品化的市场逻辑，灵活用工推动资本剥削范围的扩大和全球劳动地理的重塑。

进入数字时代，在平台革命推动下，数字资本打破吸纳劳动的时空束缚，倚仗在线劳动力市场和虚拟化生产线，可以24/7式成规模快速集结和高效配置极其分散的劳动力资源。进而，数字平台用工方式"优步化"和"托客化"，将当代资本主义灵活用工实践推向一个新阶段。无论是大规模远程协作中的离身劳动，还是即时提供标准化服务的按需劳动，数字资本吸纳数字劳动的契约设计和制度安排，实际上都是竭力将劳动本身贬低为供给充足的、可计算的和易于替代的商品。其结果，数字劳动过程"去劳动关系化"，推动"合作协议"取代"劳动力商品"，成为数字资本主义劳动规训的实践逻辑与典型事实。[2]

进一步地，在平台体制多边关系中，数字平台自诩为"技术中介"，以提供"连接""匹配"等信息服务来参与平台生态圈的价值共创。同时，平台为规避雇主责任，蓄意将劳动者视为"使用公司软件的另一类客户"[3]。进而，在平台用户服务协议中，劳动者通常被称为"合作伙伴""独立承包商""在线加盟商"等。本质上，数字平台通过精心创设"就业灰色地带"（employment grey zone）[4]，不仅推动平台用工实践的"去互惠化"，用以节省可观的用工合规成本；而且数字劳动者"工人身份"的法律模糊，使得其通过劳动联合来集体维权的实践努力面临颇为棘手的法律障碍与法律风险。

---

[1] Weil, D., *The Fissured Workplace: Why Work Became so Bad for so Many and What Can be Done to Improve it*, Cambridge, Massachusetts: Harvard University Press, 2014.

[2] 黄再胜：《平台权力、劳动隐化与数据分配正义——数据价值化的政治经济学分析》，《当代经济研究》2022年第2期。

[3] [美] 玛丽·L. 格雷、西达尔特·苏里：《销声匿迹：数字化工作的真正未来》，左安浦译，上海人民出版社2020年版，第182页。

[4] Dieuaide, P. and Azas, C., "Platforms of Work, Labor, and Employment Relationship: The Grey Zones of a Digital Governance", *Frontiers in Sociology*, Vol. 5, No. 2, 2020, pp. 1–13.

这是因为，在"劳动二分法"下集体协商权利是劳动关系的一部分，只有劳动者才能享有。① 譬如，在欧盟国家，自由职业者则被视为经营风险自担的市场从业者，同业人员抱团议价的行为或举动，会招致违反竞争法的司法指控。在美国，国家劳动关系法案（National Labor Relations Act）仅适用于全职员工，它把临时工排除在享受集体谈判的权利之外。② 根据美国的反托拉斯法规定，独立承揽人无权组建工会，否则类似集体行动会被判定为一种卡特尔行为。

资本主义劳工史表明，在工业时代，工人"通过结社而达到的革命联合代替了他们由于竞争而造成的分散状态"③。换言之，劳动者拥有结社权，是劳动施压资本以改善劳动境遇、维护劳动权益的重要砝码。进入数字时代，在数字资本市场操纵下，数字劳动者逐渐沦为"虚假的自雇者"（bogus self-employment），实际上剥夺了其本应享有的劳动结社权。④ 如此一来，数字劳动者不仅加入传统工会组织面临法律挑战，而且萌发于底层的劳动自组织和集体代表也难获法律认可。一些平台甚至明文禁止数字劳动者参与结社和加入集体行动。⑤ 近年来，平台经济疾速发展，数字劳动者工作境遇总体堪忧，与其劳动结社自由和集体协商权利"悬置"而导致劳动联合能力受限不无关系。

二 "人工即服务"与劳动议价力消解

一直以来，劳动者拥有的专业技能和默示知识，是决定其就业竞争力、薪资议价力和生产过程实际地位的重要因素。在工业资本主义时期，一方面，资本通过技术物化和机器换人，来不断地挤压生产过程中劳动

---

① 王天玉：《平台用工劳动基准的建构路径》，《政治与法律》2022年第8期。
② [美]戴安娜·马尔卡希：《零工经济》，陈桂芳译，中信出版社2017年版，第218页。
③ 《马克思恩格斯文集》第2卷，人民出版社2009年版，第43页。
④ Tammy, K., "Collective Action in the Digital Reality: The Case of Platform-Based Workers", *Modern Law Review*, Vol. 84, No. 5, 2021, pp. 1005–1040.
⑤ Ford, M. and Honan, V., "The Limits of Mutual Aid: Emerging Forms of Collectivity among App-Based Transport Workers in Indonesia", *Journal of Industrial Relations*, Vol. 61, No. 4, 2019, pp. 528–548.

能动的施展空间；另一方面，通过劳动过程任务分解和科学管理，来持续推动劳动"去技能化"。进入认知资本主义阶段，非物质劳动成为资本主义劳动的霸权形态。表面上，劳动摆脱资本统治，彰显劳动主体性迎来新契机；但实际上，资本却更为隐蔽地铺陈"社会工厂"模式，将劳动者全部生命活动都纳入剩余价值生产构式之中。

进入数字时代，人工智能技术发展迅猛，智能化生产势不可挡。从长远看，"无用阶级"并不必然是劳动者的最终宿命；但当下就业极化现象日臻显现，已经警示劳动者的生产者地位并非天经地义且不可动摇。在数字资本的市场操弄下，"人工即服务"的商业模式创新大行其道，生产标准化、模块化和编码化[1]加速发展，不断钝化与侵蚀数字劳动的结构性权力（structural power），导致来自市场和基于组织的双重利益博弈空间日趋窄化。

首先，从市场议价力看，劳动供求状况是决定劳动者集体谈判力的首要因素。在资本主义生产中，相对人口过剩和产业后备军的存在，促使工人阶级"保卫自己的工资"不会危及正常的资本积累。进入数字时代，虚拟生产网络的形成和劳动型平台的勃兴，根本打破劳动供给的时空束缚，给全球各个角落的劳动者，特别是那些饱受就业歧视或家庭拖累的弱势群体以及就业不足的劳动者，带来了前所未有的工作机会和经济收入。但同时，不言而喻，世界范围内劳动力资源的激活与调动，形成"劳动力倍增"（Multiplication of Labor）效应[2]，为数字资本增殖需要"创造出随时可供剥削的人身材料"[3]，直接造成劳动供给相对过剩。进而，随着在线劳动力市场走向买方垄断，数字资本不仅借助算法技术，以极低的交易成本高效地支配一支"招之即来，挥之即去"的隐性劳动力大军；而且面对来自任何区域或特定群体的劳动施压，借助智能派单

---

[1] Heiland, H., *Workers' Voice in Platform Labor: An Overview*, WSI Studies 21, The Institute of Economic and Social Research (WSI), Hans Böckler Foundation, 2020.

[2] ［德］莫里茨·奥滕立德：《数字工厂》，黄瑶译，中国科学技术出版社2023年版，第12页。

[3] 《资本论》第1卷，人民出版社2018年版，第729页。

系统的模型优化与参数调整，数字资本就能够轻松地"一键点击"完成劳动吸纳的空间修复，瞬间招集和调用备用劳动力资源，从而将那些"麻烦制造者"的"劳动退出"威胁化于无形。

其次，从车间议价力看，劳动成果对商品价值贡献越大，占据的工作岗位越是不可替代，劳动者在工作场所的议价能力就越强。一直以来，在资本主义生产中，企业高级管理人员和技术骨干等核心员工占据关键岗位，积累了资本一时难以物化的专业知识与生产技能，从而可以"坐地起价"成为"工人贵族"。进入数字时代，平台 App 成为"数字生产流水线"。数字资本充分发掘数字技术的生产力潜能，借助数字化、网络化和智能化的生产技术系统，将直接劳动过程进一步拆解、分割和编码，形成批量可同步完成的微任务群。这在以亚马逊土耳其机器人为代表的众包微劳动中体现得尤为明显。进而，在人工智能技术加持下，生产过程模块化、劳动任务标准化和工作流程编码化进一步发展，引发劳动技能数字化衰退和劳动力价值加速贬值。同时，数字平台扮演着在线劳动力市场的"守门人"角色，受制于用户网络效应和数据锁定效应，数字劳动者逐渐对平台产生经济依赖。[1] 其结果，在平台体制下，劳动者拥有的工作场所议价力也就日渐式微。

最后，从劳动基于市场和工作场所的议价力相互影响看，一方面，进入数字时代，资本主义直接劳动过程的数字化重组，特别是劳动任务分割和标准化，不断降低工作岗位对劳动者的技能要求，直接导致在线就业门槛普遍走低，引发和放大数字劳动供给的相对过剩，客观上会进一步消解数字劳动的市场权力。另一方面，存在数量庞大的数字劳动后备军，时刻对依赖在线就业的劳动者产生"竞争压力"。面对"被瞬间替代"的就业现实，数字劳动者即使心存不满，在与数字资本的利益博弈中也顾虑重重，甚至忍气吞声。在线民族志研究表明，那些从事创新性劳动且对平台产生经济依赖的自由职业者，为了能够更多地接单以对

---

[1] Wood, A. J. and Lehdonvirta, V., "Antagonism Beyond Employment: How the 'Subordinated Agency' of Labor Platforms Generate Conflict in the Remote Gig Economy", *Socio-Economic Review*, Vol. 19, No. 4, 2021, pp. 1369–1396.

冲工作收入不稳定，往往选择"迎合"平台算法系统，在与发包方议价中主动降低报价，以谋取在线工作的竞争优势。① 而对于从事几无技术含量，仅需重复点击鼠标的众包微工而言，面对在线抢单和"逐底竞争"的残酷现实，"秒杀"好单成为在线工作的第一要务，没有劳动议价权，也缺乏劳动申诉的有效渠道，因而日渐沦为任由数字资本摆布的"网奴"。正如有学者所指出的："一个经济高度发达的数字社会，如果普通劳动者丧失了合理的报酬权、基本的休息时间和自由权利，那么也不过是一个在新技术包装下的数字奴隶社会。"②

三 "算法老板"与劳动参与权退场

在资本主义传统的工厂体制下，员工参与作为企业管理的一种最佳实践，曾一度被视作促进劳资互惠而广为推行。一方面，资本通过员工赋权，充分调动劳动积极性，倾听员工声音，促进组织学习，用以完善生产流程，改善车间工艺，提高劳动生产效率，促进相对剩余价值生产。另一方面，劳动者获得"制度性话语权"，不仅可以提升工作意义，增强工作自主感，而且还拓展利益表达空间，放大劳动议价力。进入数字时代，算法系统取代层级化管理，成为数字工厂劳动过程管理的"标配"。在算法管理下，传统工厂制中的老板、管理精英、车间监工等资本代言人统统难觅踪影；但同时表面上的"雇主离场"和"工作自主"，给劳动者实际带来的却是劳动赋权的退场和发声渠道的阻断。

首先，在工业资本主义时期，机器化大生产导致"使用劳动工具的技巧，也同劳动工具一起，从工人身上转到机器上面"③。进入数字时代，数字资本布设全景式数字监视系统，全方位实时收集生产过程信息，持续推动数据驱动的算法决策系统优化与迭代。其结果，基于机器学习

---

① Bucher, E. L., et al., "Pacifying the Algorithm—Anticipating Compliance in the Face of Algorithmic Management in the Gig Economy", *Organization*, Vol. 48, No. 1, 2021, pp. 44-67.

② 何哲：《数字剩余价值：透视数字经济体系的核心视角及治理思路》，《电子政务》2021年第3期。

③ 《资本论》第1卷，人民出版社2018年版，第483页。

的"算法知识"取代了劳动者的生产经验和默示知识,从而使数字平台无视"员工声音",拒绝吸纳其工作反馈。① 譬如,在户户送等外卖平台,外卖骑手经年累月地奔波于大街小巷,自然掌握了路况、送餐路线和订单需求等私有信息,但平台算法系统凭借实时的数据记录与数据分析,能够通过算法推荐,提供更为精准的送餐"最佳路线"、订单"热力图"等工作信息。

其次,传统雇佣制下的劳资博弈,变成了算法管理中冷冰冰的"人机交互"。在数字资本的技术操演下,劳动者被隐化成平台云服务中的一行行代码,② 通过应用程序编程接口实现 U 盘式用工;抑或被当作破解人工智能"最后一公里悖论"的暂时补位,终究会被"无人生产"替代。换言之,数字资本推崇的是数字技术理性和算法赋能,数字劳动者的生产地位不断被遮蔽和贬低。如此一来,在当代资本主义平台体制下,"劳动赋权"注定遭遇实践褪色,鲜被数字资本提及。

最后,在数字劳动过程中,劳动者向平台表达工作不满和劳动申诉,通常换回的要么是程式化的邮件回复,要么是智能机器人千篇一律地答复。实践中,数字平台通过用户界面设计和算法操纵,有限开辟"员工发声"的平台渠道,就是为了刻意与数字劳动者保持一定的"市场距离",不断强化自身"技术中介"的市场认知,以更加"名正言顺"地规避雇主责任,但同时给劳动者带来的却是投诉无门时的愤懑和工作无力感的滋长。

四 "工作原子化"与劳动联合能力消弭

马克思指出:"工人的社会力量仅在于他们的数量。然而,数量上的优势被他们的分散状态所破坏。"③ 进入数字时代,依托平台就业的劳动

---

① Kougiannou, N. K. and Mendonca, P., "Breaking the Managerial Silencing of Worker Voice in Platform Capitalism: The Risk of A Food Courier Network", *British Journal of Management*, Vol. 32, No. 3, 2021, pp. 744 – 759.

② Gerber, C., "Community Building on Crowdwork Platforms: Autonomy and Control of Online Workers", *Competition & Change*, Vol. 25, No. 2, 2021, pp. 190 – 211.

③ 《马克思恩格斯全集》第 16 卷,人民出版社 1964 年版,第 220 页。

者数量日益增长，数字劳动供给的范围和规模持续扩大。譬如，经过短短数年的发展，全球范围内注册于优步平台的网约车司机多达 500 万。而提供免费劳动的平台活跃用户更是数以亿计。但相比于传统的车间劳动和办公室工作，数字劳动实践的一个显著特征，就是实际劳动过程的时空场域不断拓展，一台电脑或一部手机都可以成为工作场景，从而推动工作方式趋向原子化。[①] 在平台体制下，数字劳动过程个体性凸显，客观上强化数字资本所竭力宣扬的"做自己老板"等新自由主义话术，不断给追求"自我实现"的劳动者制造"工作自主"的实践幻象。但毋庸置疑，"工人阶级逐渐被原子化，集体空间日渐流失，组织和交流的手段也慢慢消失"[②]，数字劳动集体议价力和集体反抗能力正面临不断被消弭的现实挑战。

首先，如前文所述，数字劳动任务的模块化、标准化和编码化，在数字灵工、众包微工等云劳动实践中，推动大规模在线远程协作大行其道；在数字零工的按需劳动实践中，驱动劳动者机械地遵照平台 App 智能指令行事。其结果，数字资本一方面利用数字技术打破了时间和地域限制，使劳动供给来源变得极为分散；另一方面利用算法管理实现劳动分割，使劳动者之间的工作交流和团队协作受限且趋向多余。进一步地，数字劳动者没有固定的工作场所，自然失去了共同在场的物理工作环境，劳动者不知同伴是谁且身在何处，面对面的在场交流和社会交往几无发生，劳动者集体身份难以形塑，更遑论劳动团结形成和阶级意识萌发了。

其次，在数字劳动任务分派中，平台精心设置"竞标""抢单""甄选"等工作模式，不断制造和强化劳动者之间"你争我夺"的市场竞争关系，参与在线抢单的劳动者通常将彼此视为"对手"而不是"同志"。[③] 这"既掩饰了他们共同的阶级属性，即同属于一个为了工资

[①] Wells, K., et al., "'Just-in-Place' Labor: Driver Organizing in the Uber Workplace", *Environment and Planning A*, Vol. 53, No. 2, 2021, pp. 315–331.

[②] [英] 苏拉·胡斯：《高科技无产阶级的形成：真实世界里的虚拟工作》，任海龙译，北京大学出版社 2011 年版，第 24 页。

[③] Graham, M., et al., "Digital labor and Development: Impacts of Global Digital Labor Platforms and the Gig Economy on Worker Livelihoods", *Transfer*, Vol. 23, No. 3, 2017, pp. 135–162.

而出卖其劳动力的生产者阶级,也掩饰了他们与占有他们的无偿劳动的另一个阶级的区别。"① 其结果,在数字资本"分而治之"的劳动统治下,很少有人能意识到这一残酷现实,即面对数字资本更为精巧和隐蔽的算法专制和劳动剥削,依赖平台营生的劳动者彼此都不过是"不稳定无产者"(the precariat)② 中的一员;归根结底都因身陷"数字贫困"而在经济数字化浪潮中休戚与共。

最后,实践中,数字劳动供给来源广泛,因而造成劳动者成分构成极其复杂。姑且不论年龄、性别、种族、学历等差异,劳动者在线工作动机就呈现结构性多元,既有始终保持在线,依赖平台养家糊口的劳动者,也有利用闲暇从事副业,来赚取额外收入的兼职者。此外,还有学生、暂时失业者等注册平台在线接活,要么是当作就业过渡或工作磨炼,要么用以赚取学费,改善生活境遇。如此等等,不一而足。实践中,数字劳动者人员高度异质,客观上使其难以形成统一而清晰的集体身份和群体认同,进一步强化了劳动者个体"形影单只"的在线工作感知,同时长时间缺乏社会支持也使众多劳动者产生"身无所依"的工作孤立感。③

第二节　算法专制与数字资本主义劳资冲突

马克思指出:"资本主义的管理就其形式来说是专制的。"④ 并且,在资本主义工厂体制下,"机器是资本家阶级手中用以实行专制和勒索

---

① [美]迈克尔·布若威:《制造同意——垄断资本主义劳动过程的变迁》,李荣荣译,商务印书馆 2019 年版,第 89 页。

② Standing, G., *The Precariat*: *The New Dangerous Class*, London and New York: Bloomsbury Academic, 2011.

③ Mrvos, D., "Illusioned and Alienated: Can Gig Workers Organize Collectively", *tripleC*: *Communication*, *Capitalism & Critique*, Vol. 19, No. 11, 2021, pp. 262–276.

④ 《资本论》第 1 卷,人民出版社 2018 年版,第 385 页。

最有力的工具"①。进入数字资本主义阶段，以智能算法为代表的数字机器②的出场，使得数字资本不断集聚算法权力，开启数字时代资本对劳动的全面监视和算法专制。其结果如表 7.2 所示，在数字资本的强势统治下，数字劳动者深陷就业不稳定的"数字旋涡"，劳资之间的结构性矛盾③逐渐升级并日趋暴露。

表 7.2　　　　　　　平台体制下劳资之间的结构性矛盾

冲突领域	实践肇因	劳动不满	劳动诉求
用工实践	工作信息不对称 劳动过程游戏化 劳动者自备生产工具	工作自主名不符实	明晰平台用工关系
劳动定价	平台抽成比例过高 按单提成费率过低 动态计价算法操纵	劳动收入不稳定	改变平台单边定价
劳动奖惩	算法评分不透明 任务分派不透明 劳动成果审核不透明 准入/退出管理不透明	在线工作不稳定 劳动收入不稳定	平台算法公正透明
组织支持	劳动纠纷中的平台缺位 劳动风险中的平台缺位 职业成长中的平台缺位	在线劳动不安全 职业发展"天花板"低	平台提供组织支持

资料来源：笔者自制。

一　用工关系性质模糊与劳资双方用工冲突

在传统雇佣制下，雇主—雇员关系清晰，劳资双方的用工矛盾集中

---

① 《马克思恩格斯全集》第 21 卷，人民出版社 2003 年版，第 457 页。
② 黄再胜：《数据的资本化与当代资本主义价值运动新特点》，《马克思主义研究》2020 年第 6 期。
③ Wood, A. J. and Lehdonvirta, V., "Antagonism Beyond Employment: How the 'Subordinated Agency' of Labor Platforms Generate Conflict in the Remote Gig Economy", *Socio-Economic Review*, Vol. 19, No. 4, 2021, pp. 1369 – 1396.

体现在资本解决劳动努力不确定性上,想方设法地进行"时间偷窃"和"劳动加速",以"加紧吮吸劳动力",从而引发工人不满和劳动反抗。进入数字资本主义阶段,在备受追捧的"轻资产"运营模式下,灵活用工成为数字资本吸纳劳动的不二选择。在平台体制形成初期,众多劳动者对灵活用工制度安排欣然接受,甚至趋之若鹜,就是憧憬于数字资本所宣扬的"就业自由""工作自主",以期一展才华,实现自我价值,抑或摆脱生活拖累,充分利用碎片化时间,更好地实现工作—家庭关系平衡。

实践中,表面上看,数字劳动者的确拥有何时上线和是否在线接单的工作自由。但随着平台算法系统的日益精进,对数字平台产生经济从属的劳动者逐渐发现:在数字资本精心构建的劳动秩序中,劳动者实际沦为算法机器的附属物;他们看似用更自由的方式在工作,但却日益身陷"数字牢笼"而遭受着更深切的控制。对此,本书第四章已作专门论述。面对愈发名不符实的"工作自主",越来越多的数字劳动者对平台的用工模式心生不满,直至公开质疑和集体声讨。目前来看,数字劳动实践的用工冲突,在网约车司机、外卖骑手等数字零工实践中尤为突出。

首先,拥有充分信息是确保决策自主和行动自由的前提。在按需服务经济中,为了确保数字劳动的稳定供给,数字资本蓄意在算法派单中制造信息不对称,以送单信息基于数字流程的逐步呈现,来限制劳动者接单选择自由,以防止劳动者"挑三拣四"而产生大量滞单。其结果,数量众多的劳动者实际被算法系统裹挟,只能亦步亦趋地遵照平台 App 指令机械行事,谈不上随性选单。其次,数字资本积极开发算法推荐系统,通过实时的邮件反馈、频繁的消息推送和读心的语音提示,来持续营造驱动劳动者保持在线的工作氛围。同时,大力推动数字劳动过程"游戏化",通过数字冲关、身份升级和动态激励来制造易瘾机制,促使劳动者在线接单因"欲罢不能"而产生"主体性过剩"。其结果,在平台算法侵扰下,劳动者逐渐沦为"受困于系统"的"数字蚁工",终日奔波于数字生产流水线而难以自拔。最后,相比于传统雇佣劳动,数字劳动实践的一个显著特征就是劳动者自备生产工具。本质上，这是数字资本以劳动众筹方式来节省部分不变资本支出，同时将经营风险悄然转嫁给劳动者。譬如，有相当多原本经济拮据的网约车司机，不得不借贷购置"合规车"。进而，赚钱回本的现实压力将众多劳动者"套牢"，迫使其不能轻易地"用脚投票"，于是所谓的"就业自由"也就名存实亡了。

二 平台单边计价与劳资双方薪资冲突

马克思指出，资本家总是希望"用尽量少的货币换取尽量多的劳动"①。一直以来，劳动报酬的公正合理是资本主义劳资博弈的焦点议题。进入数字资本主义阶段，传统的工资制度被平台计价规则替代；劳动集体议价让位于平台的算法定价/竞价。在平台体制多边关系中，数字资本凭借牢牢掌控的数据、流量和新型数字基础设施，单方面设置或变更平台计价模式，直接左右着数字劳动的实际回报。并且，随着数字资本竭力推进"最严算法"，越来越多的劳动者反而陷入终将沦为"数字穷人"②的生存窘境。进而，在数字资本算法专制下，数字剩余价值分配的"极端极化"③催生和加剧劳动双方的薪资冲突。

如表7.3所示，一项针对36个国家发生于2017年1月至2020年5月的527起数字劳动反抗事件的调查发现，劳动者对薪资不满成为最大肇因。④ 国际劳工组织（ILO）发布的一份研究报告也显示，2017—2020年，全球发生的1271起数字劳动抗争事件中，63.4%的首要诱因就是劳动者对薪酬不满。⑤

---

① 《资本论》第1卷，人民出版社2018年版，第621页。
② 孙伟平：《人工智能与人的"新异化"》，《中国社会科学》2020年第12期。
③ 黄再胜：《数字剩余价值的生产、实现与分配》，《马克思主义研究》2022年第3期。
④ Trappmann, V., et al., *Global labor Unrest on Platforms: The Case of Food Delivery Workers*, 2020, http://www.fes.de/lnk/transform.
⑤ Bessa, L., et al., *A Global Analysis of Worker Protest in Digital Labor Platforms*, ILO Working Paper 70, 2022.

表 7.3　　　　　　　　数字劳动反抗的主要致因

薪资问题	63.4%
用工性质问题	22.3%
工作环境问题	20.2%
健康与安全问题	17.1%
平台封号问题	6.5%
其他问题	6.3%
非货币福利问题	5.0%
劳动时间问题	4.8%
工会代表问题	4.4%
其他规制问题	3.2%

资料来源：Trappmann, V., et al., *Global labor Unrest on Platforms: The Case of Food Delivery Workers*, 2020, http://www.fes.de/lnk/transform.

首先，在数字劳动实践中，平台抽成是数字资本积累的重要途径。对于数字劳动者而言，平台佣金意味着对劳动报酬施加双重征税。即一方面，劳动者按给定的抽成比例向平台支付"数字税"；另一方面，劳动者还得以"自雇者"身份向政府部门缴纳个人所得税。实践中，平台抽成的具体比例完全由数字资本单方面决定，这日益成为数字劳动者工作不满的重要致因。

其次，马克思曾指出："计件工资是最适合资本主义生产方式的工资形式。"[1] 在数字资本主义阶段，数字平台按单提成，是计件工资得以复兴的最新形态。在传统雇佣制下，由于工人劳动任务量大都有保证，因而，"计件工资无非是计时工资的转化形式"[2]。但是，在数字平台的灵活用工中，劳动者可获得的项目任务并无定数。如此一来，数字资本推行按单付酬，实际上使劳动者花费在任务搜索、在线待单上的大量时间"劳无所获"。在平台体制形成初期，提成费率较高，加上名目繁多的奖

---

[1] 《资本论》第 1 卷，人民出版社 2018 年版，第 640 页。
[2] 《资本论》第 1 卷，人民出版社 2018 年版，第 633 页。

励补贴，使多数劳动者能够获得满意的接单收入。但随着平台费率不断下调和数字劳动供给日趋过剩，依托平台就业的劳动者实际收入持续下滑，即使保持始终在线的劳动者也只能获得差强人意的收入回报。进而，面对数字资本赤裸裸的"工资偷窃"，数字劳动者关于调高提成费率和实行时薪制的"员工呼声"也就日渐高涨。

最后，在按需服务经济中，数字资本实时制定订单热力图，并据此推出高峰时段动态计价，将服务费率加倍或提供额外奖励，以激励更多劳动者保持在线并前往指定区域接单。实践中，数字劳动者却逐渐发现，一旦赶到指定区域后，数字平台推动的动态计价措施就很可能"过期作废"，或平台算法系统自动反馈不在指定区域，无法获得动态计价奖励。面对平台动态计价实践的"捉摸不定"，有经验的数字劳动者质疑数字资本算法操纵，进一步加剧劳动者对平台收入机会减少的工作不满。

三 算法奖惩不透明与劳资双方规则冲突

在资本主义生产方式下，劳动奖惩是资本规训劳动的重要手段。在工业时代，资本精心构筑企业内部劳动市场，并以长期雇佣、内部晋升、分级薪资和企业文化来奖勤罚懒、留优去劣。进入数字时代，传统雇佣制下劳动奖惩资源和制度安排不复存在。诚如有学者所言："从组织政治学来看，工业资本主义'恩威'并重模式被供给驱动的'守门人模式'所取代。"① 实践中，平台基于算法评分构筑起平台准入退出、数字声誉激励、算法优先派单、数字身份授予等相互促进、融为一体的数字劳动奖惩机制。但在数字资本的算法专制下，平台算法奖惩规则不透明并叠加算法偏见，损害数字劳动者的算法公平感知，直接引发和不断加剧劳资双方的规则冲突。

这表现在，在平台算法管理中，针对数字劳动者的算法评分是实施劳动奖惩的基础和依据。平台通过全方位收集劳动过程信息和在线工作

---

① Staab, P. and Nachtwey, O., "Market and Labor Control in Digital Capitalism", tripleC: Communication, Capitalism & Critique, Vol. 14, No. 2, 2016, pp. 457–474.

历史数据，建立算法评分模型，并不断调整参考因素和计分权重，来自动实现对劳动者的绩效量化和积分排名。但由于算法评分系统通常"秘不示人"，劳动者对个人的数字声誉积分及具体波动就无从归因。特别是，当自感劳动表现并无失范但个人积分却被大幅下调时，劳动者心生的无奈、质疑和不满便可想而知。这是其一。

其二，毋庸置疑，在数字劳动实践中，数字声誉积分是劳动者活跃于在线劳动力市场的网络口碑和数字通行证。在人员流动上，数字平台也主要基于数字声誉积分来进行平台准入和账号管理。通常的做法是，一旦数字声誉积分低于临界值，平台算法系统就自动地将数字劳动者账号暂时冻结或永久封号。而对于并未违反平台规定，但数字绩效平平的劳动者，数字资本虽不禁止其登录平台，却利用平台算法排名系统，降低其平台可见性，甚至将其个人简历自动屏蔽。[①] 进而，"监工的赏金簿"被平台算法排名取代，进一步促使劳动者更加关注算法评分系统的结果公正性；同时，劳动者对平台不事先通知就突然封号的做法也颇有微词。

其三，在数字劳动供给过剩的情形下，平台工作任务可获得性不足，是劳动者不得不面对的工作现实。数字资本则从中寻机，精明地将平台任务分配转化为实施劳动奖惩的重要资源，通过在多派单、派好单或优先选单等方面差别对待，来进一步实现对劳动者的"软控制"。由于平台算法派单的具体细则并不公开，长时间接单甚少或接不到好单的劳动者针对平台的"程序公正感"就大打折扣。

其四，在云劳动实践中，无论是自由职业者，还是众包微工，一个重要制度安排就是劳动成果只有被发包方或任务请求者验收通过后，劳动者才能获得一定的劳务报酬或奖金收入。进而，数字劳动成果审核成为平台施加劳动奖惩的重要手段，但同时也进一步引发劳资双方的规则冲突。这是因为，表面上，数字劳动成果审核决策由用工方单方面决定，

---

① 黄再胜：《算法控制、"自我剥削"与数字劳动的时空修复——数字资本主义劳动过程的LPT研究》，《教学与研究》2022年第9期。

劳动者一旦"劳无所获",只会引起其对用工方的质疑和不满。但实际上,在平台体制多边关系中,数字资本有意偏袒发包方,"不服莫辨"等平台规则抹杀劳动申诉权,直接助长了恶意侵占劳动成果的机会主义行为。由此,针对数字平台在劳动成果在线交割中的"厚此薄彼",数字劳动者开始集体觉醒,质疑和反抗数字资本在打造平台权力装置中对劳动权益的恣意漠视。

四 平台组织支持缺位与劳资双方互惠冲突

在传统雇佣制下,雇主为员工提供长期的劳动权益保障与就业风险分担,以换回对其劳动过程的长期控制,并借以培育员工忠诚和组织归属感,降低其道德风险。[①] 进入数字时代,表面上看,数字劳动短工化、项目化的市场实践,因利益相关方风险分担的制度性弱化而不断走向"去互惠化"[②]。即一方面,数字劳动者获得了梦寐以求的就业自由和工作自主;另一方面,数字资本省去了"雇主"义务,在灵活用工中将可变资本支出压缩至最低。但随着平台体制资本逻辑的商业展开,数字劳动实践中的"去互惠化",抽离了人们的社会关系,是一种"脱嵌"的纯粹劳动交换,即"纯劳动"[③]。其结果,传统工业体制下劳资之间的"关系型互惠"被平台体制下数字资本的单方面获益替代。换言之,数字平台有效地规避了用工责任而赚得盆满钵满,而众多数字劳动者失去基本的劳动保护,挣得的只是一个"虚假的自雇者"名分而已。

首先,在数字劳动过程中,劳动者与服务需求方经常发生市场矛盾或劳动纠纷。在云劳动实践中,劳动成果被发包方恶意侵占,劳动者却得不到平台的维权支持。在按需劳动实践中,面对消费者的语言侮辱和故意差评,以及平台第三方的恶意刁难等,劳动者即使能够进行平台申

---

① Friedman, G., "Workers without Employers: Shadow Corporations and the Rise of the Gig Economy", *Review of Keynesian Economics*, Vol. 2, No. 2, 2014, pp. 171–188.
② 黄再胜:《网络平台劳动的合约逻辑、实践挑战与治理路径》,《外国经济与管理》2019年第7期。
③ 佟新主编:《数字劳动:自由与牢笼》,中国工人出版社2022年版,第274页。

诉，但却不能期冀于数字平台的"组织关怀"和"心理疏导"。而对那些已经对数字平台产生"心理所有权"的劳动者而言，这种"组织支持感"缺失所造成的心理落差冲击尤甚。

其次，在按需服务经济中，数字劳动者奔波于大街小巷，不仅要面对因恶劣天气、交通出行和社区治安带来的各种工作安全风险，而且在数字平台"最严算法"逼迫下，劳动者"数字赶工"进一步放大自身工作不安全。一旦发生工作事故和劳动伤害，平台通常自称"与己无关"；同时面向数字劳动者的劳动保险和社会保障又基本缺位，使一时身处困境的劳动者与平台产生的利益纠葛看似无解但却又真实存在。

最后，一直以来，通畅有序的职业成长是资本给雇佣劳动者提供的重要组织支持。在数字劳动实践中，劳动者个体的职业成长空间和职级晋升通道几无存在；并且在平台算法管理下，劳动者的工作技能还加速陷入数字化衰退旋涡之中。短期看，数字劳动者个体迫于营生和就业压力，无暇顾及自身的技能提升和职业发展；但在线民族志研究表明，虽然没有明确的职业根基和职业身份，个人成长进步意义上的平台支持缺位引发的劳动不满已经渐显端倪。

第三节　劳动能动与数字资本主义的生产政治

在工业时代，"资本家和雇佣工人之间的斗争是同资本关系本身一起开始的"①。资本一直不遗余力地转嫁矛盾，制造同意，来掩盖阶级对立，消解工人意识。但是在工厂体制下，劳动主体性和工人反抗从来就没有退场。正如麦克·布洛维（Michael Burawoy）所指出的，在生产领域中时刻发生着将劳动过程中的社会关系再生产出来的规制斗争——生产的政治（politics of production）。② 在平台体制的算法专制下，数字劳动

---

① 《资本论》第1卷，人民出版社2018年版，第492页。
② [英]麦克·布洛维：《生产的政治：资本主义和社会主义下的工厂政体》，周潇、张跃然译，上海人民出版社2023年版，第189页。

的劳动能动性并没有走向湮灭。相反，如图7.1所示，面对数字奴役日益加剧的平台体制，数字劳动者的个体反思和集体觉醒，促使越来越多的劳动者走出"工作自主"的实践幻象，释放劳动能动，增进劳动团结，积极构筑起个体反抗、群体互助和集体斗争相得益彰的数字生产政治景观。

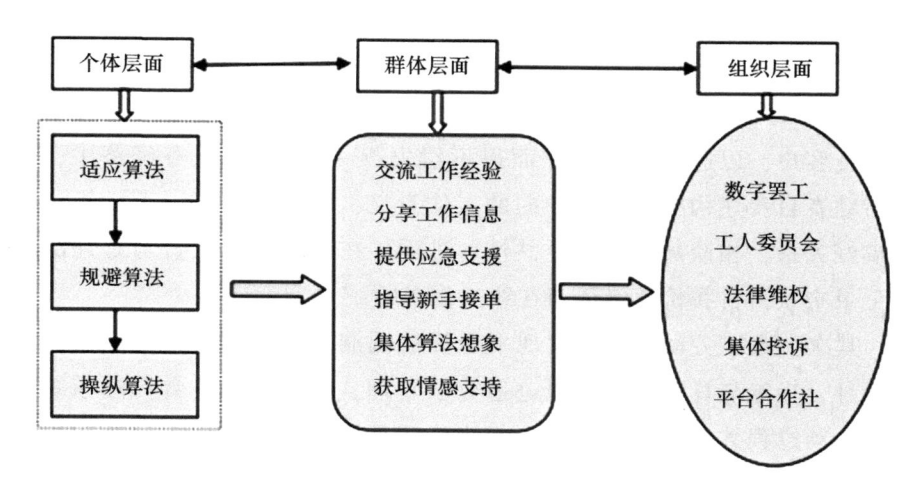

图7.1　劳动能动与数字资本主义的生产政治

资料来源：笔者自制。

一　算法能动与个体层面数字生产政治

面对平台的数字监控和算法规训，表面上数字劳动者已"无处可逃"，沦为"全景式透明人"。但实际上，平台体制下劳动者的个体主体性和劳动能动空间并未被消解殆尽。实践中，在与平台算法系统经年累月的"磨合"中，数字劳动者利用平台系统的漏洞和工作过程中摸索的经验，逐渐发展出一种算法行动主义（algoactivism），[①] 以采取适应算法、规避算法和操纵算法等不同策略，来最大化个人劳动利益，形塑了个体层面的数字生产政治。

---

① Kellogg, K. C., et al., "Algorithms at Work: The New Contested Terrain of Control", *Academy of Management Annals*, Vol. 14, No. 1, 2020, pp. 366–410.

首先,数字劳动者主动"内化"算法规则,实施符合平台预期的行为,来避免因行为越矩而招致算法惩罚。在跨境客等自由职业者平台,平台专门设置用于劳动者与发包方工作沟通的渠道。但同时,数字平台进行实时数字监视,以防止用工双方互留联系信息,绕过平台进行场外交易。为此,劳动者在与发包方交流中,刻意回避敏感词汇,以免被平台系统"盯上"而面临封号风险。同时,实践中,劳动者还采取各种"养号"措施,来精心维护"来之不易"的数字声誉积分。譬如,在网络口碑处于高位时,劳动者会自我克制接单冲动,或花费更多精力来甄别无良客户,以避免遭遇差评而得不偿失。[1] 而在按需服务经济中,不少劳动者自我建构顾客关系导向的工作意义,主动与只有一面之缘的顾客搞好关系,相谈甚欢并产生共情。进而,在浏览顾客点赞与好评的平台记录中获得自我价值确证与在线工作激励。[2]

其次,数字劳动者积极发现平台算法漏洞,冲破算法迷信和摒弃算法崇拜,拒绝与算法合作,以逃避算法管理。实践中,平台算法系统收集的劳动过程数据虽日趋全面,但毕竟还是颗粒化、去场景化的数据集合,因算法记录不全而极易产生算法决策偏差。对此,劳动者保持警惕姿态,时刻进行"声誉审计"(reputation auditing)活动,[3] 通过自行记录劳动过程、提供额外行为证据等方式,来随时自证清白,质疑平台算法不公。同时,为找回工作自主,不被平台系统"带节奏",一些劳动者选择无视或关闭平台算法推荐,按照自己设定的工作模式来自由接单。为逃避跨境客平台工作日志间歇性截图来进行远程劳动监督,一些自由职业者架设两个电脑显示屏(一个用于工作,一个用于娱乐)来加以应对。[4]

---

[1] Bucher, E. L., et al., "Pacifying the Algorithm—Anticipating Compliance in the Face of Algorithmic Management in the Gig Economy", *Organization*, Vol. 48, No. 1, 2021, pp. 44 – 67.

[2] Cameron, L. D., "'Making Out' While Driving: Relational and Efficiency Games in the Gig Economy", *Organization Science*, Vol. 33, No. 1, 2022, pp. 231 – 252.

[3] Mosseri, S., "Being Watched and Being Seen: Negotiating Visibility in the NYC Ride-Hail Circuit", *New Media & Society*, Vol. 24, No. 3, 2020, pp. 600 – 620.

[4] Anwar, M. A. and Graham, M., "Hidden Transcript of the Gig Economy: Labor Agency and the New Art of Resistance among African Gig Workers", *Environment and Planning A*, Vol. 52, No. 7, 2021, pp. 1269 – 1291.

还有一些劳动者使用第三方抢单软件，来秒杀好单和自动拒绝差单。在优步平台，如果乘客没有到达指定的上车地点或司机等待时间超过 5 分钟，司机就能够取消订单并获得 5 美元的补偿。一些网约车司机为报复乘客，就有意实施一种"躲猫猫"（shuffling）策略，故意让其找不到后便随即取消订单。①

最后，数字劳动者运用在线工作积累的"算法知识"，进行算法技术"反向操作"，解码算法运行机制，形成"算法想象"，进而实施有利于增加自身利益的"数据模糊"（data obfuscation）策略。譬如，在按单计价的户户送平台，外卖骑手制造 GPS 虚拟定位，以能够接更多订单；而在按时付薪的在线食品配送服务平台——Foodora，骑手们使用仿冒定位软件，将自己的 GPS 信号转移到配送区域的边缘地带，以尽可能地逃避平台系统派单。② 面对变动不居的"动态计价"，一些网约车司机就利用自身跑车经验和对城市环境的了解，事先预估"动态计价"会在何时和何处出现。③

如本书第二章所述，数字声誉是劳动者在线就业的"个人名片"。许多新手苦于缺乏网络口碑，就通过购买好评，制造虚假接单流量，来短期内快速提升个人数字声誉积分。一些自由职业者还劝说发包方将项目任务分解，签订数个劳务合同，以便积攒更多客户评价和接单流量。但总体上，劳动者利用平台系统漏洞来"为我所用"，不仅面临随时被平台系统发现而被封号的风险，而且也会进一步固化平台算法管理规约的数字劳动秩序，进一步损害劳动者之间本就已经脆弱的信任与团结。④

---

① Vasudevan, K. and Chan, N. K., "Gamification and Work Games: Examining Consent and Resistance among Uber Drivers", *New Media & Society*, Vol. 24, No. 4, 2022, pp. 866 – 886.

② Heiner, H., "Controlling Space, Controlling Labor? Contested Space in Food Delivery Gig Work", *New Technology, Work and Employment*, Vol. 36, No. 1, 2021, pp. 1 – 16.

③ Vasudevan, K. and Chan, N. K., "Gamification and Work Games: Examining Consent and Resistance among Uber Drivers", *New Media & Society*, Vol. 24, No. 4, 2022, pp. 866 – 886.

④ Farrai, F. and Graham, M., "Fissures in Algorithmic Power: Platforms, Code and Contestation", *Cultural Studies*, Vol. 35, No. 4/5, 2021, pp. 814 – 832.

二 社区互助与群体层面数字生产政治

资本主义劳工史表明，在工厂体制下，劳动者聚集于车间厂院，并且"交通工具把各地的工人彼此联系起来"①，进行劳动联合和反抗资本。进入数字资本主义阶段，"当个体化、原子化、碎片化的劳动者难以组建工会实现群体诉求时，共同利益可借助数字技术形成新的'数字团结'"②。近年来，有越来越多的研究表明，数字劳动者开始充分利用现代信息通信技术来建立数字联系，开展多平台渠道交流、促进劳动团结，形塑了群体层面的数字生产政治。

首先，数字劳动者利用社交媒介平台，积极搭建用以彼此集聚、相互交流的虚拟网络空间。不言而喻，"在一座工厂的同一片屋檐下工作或多或少能够自动产生的集体形式，在数字工厂的环境下就必须去积极创造"③。于是，在云劳动实践中，地域分布极度分散、从未曾谋一面的劳动者组建虚拟社区，进行数字联系，在工作知识分享和劳动议题讨论中增进身份认同，培塑劳动团结，日渐成为平台体制下远程劳动反抗资本宰制的主要形式。譬如，注册于亚马逊土耳其机器人平台的众包微工自建了 TurkerNation、MturkGrind 等虚拟社区。

2014 年，一名资深的全职"托客"带头发起一场名为"Dear Bezos"的写信运动，旨在向亚马逊总裁——贝佐斯述说使用亚马逊土耳其机器人平台遭遇的问题及改进平台服务的建议。利用"Dynamo"网站进行发布，"托客"们在信中主要表达了如下诉求：促进劳动者与平台和任务发包方有效沟通；确保身处印度的众包微工能够获得安全和快捷的报酬给付；建立劳动申诉机制以打击无良的任务发包方。在这一运动施压下，平台更改了针对印度"托客"的报酬支付模式，从以往的支票支付转向

---

① 《马克思恩格斯文集》第 2 卷，人民出版社 2009 年版，第 40 页。
② 佟新主编：《数字劳动：自由与牢笼》，中国工人出版社 2022 年版，第 285 页。
③ [德] 莫里茨·奥滕立德：《数字工厂》，黄瑶译，中国科学技术出版社 2023 年版，第 240 页。

直接支付。① 在油管平台，活跃着近10万名职业播客。随着平台加大内容审核，视频下架、频道被封频频发生，内容创作者的收入受到很大影响。2018年，活跃于油管的内容创作者抗议平台内容审核做法，组建了一个名为"内容创作者联盟"（YouTubers Union）的元宇宙群，短短六周内就吸引了近1.5万名创作者和观众加入。

其次，在按需劳动实践中，数字劳动者除了建立如Uberpeople.net等线上社区论坛，还充分利用数字零工线下劳动特点，将待单集结区域的物理空间打造成劳动联合的"自由空间"，进行面对面交流，增进彼此了解。相互熟络后，"趣缘相投"的数字劳动者还组建即时通信群聊，形成虽不正式但却充满活力、在不稳定就业中互帮互助的劳动自组织。以外卖骑手为例，数字劳动者利用社交媒体平台，彼此分享平台奖励补贴信息、相互提供应急生产工具、帮助新手顺利迈开第一步、及时转发交通路况信息、提供应对劳动突发情况支持，以及集体解码平台算法规则等。②

总体上，数字劳动者构筑的虚拟网络社区，日渐成为相互交流的学习园地、劳动团结的培塑空间，以及暗地反抗资本的实践基地。正如邱林川所强调的："今天的互联网就像当年的大西洋，它是资本的场域、剥削劳工的场域，也是社会的场域、抵抗的场域和阶级形成的场域。"③但相比于各种行业协会、工会组织，劳动者自发组织的虚拟网络社区覆盖范围有限，侧重劳动互助，劳动联合活动的随机性和应急性特征明显。

三 集体斗争与组织层面数字生产政治

资本主义阶级斗争史表明，劳动者只有动员和联合起来，通过集体

---

① Panteli, N., et al., "'If He Just Knew Who We Were': Microworkers' Emerging Bonds of Attachment in a Fragmented Employment Relationship", *Work, Employment and Society*, Vol. 34, No. 3, 2020, pp. 476-494.

② Yu, Z., et al., "The Emergence of Algorithmic Solidarity: Unveiling Mutual Aid Practices and Resistance among Chinese Delivery Workers", *Media International Australia*, Vol. 183, No. 1, 2022, pp. 107-123.

③ 邱林川：《告别i奴：富士康、数字资本主义与网络劳工抵抗》，《社会》2014年第4期。

协商、制度性参与和罢工运动，才能争得劳动权益，反抗资本压榨。马克思指出："工人必须把他们的头聚在一起，作为一个阶级来强行争得一项国家用法律，一个强有力的社会屏障，使自己不致通过自愿与资本缔结的契约而把自己和后代卖出去送死和受奴役。"① 在工厂体制下，"人数较多的工人在同一时间、同一空间，为了生产同种商品，在同一资本家指挥下工作"②，推动和保证了劳动团结和集体行动。

进入数字时代，在平台体制下，"由于没有明确的职业根基，也没有扎根的土壤，按需工人往往不相信他们能够有效地通过集体协作或成立工会来为集体利益而斗争"③。但实际上，数字劳动者用工性质模糊，虽然使其劳动权益失去制度保护，同时也使得其免受《工会法》等法律羁绊，更加自由地通过集体行动来争取自身权益。④ 近年来，以网约车司机、外卖骑手为代表的数字劳动者反抗平台算法专制的集体行动日趋活跃，引起政府部门、劳工维权组织、传统工会、大众媒体和社会民众等各方关注。⑤

第一，组织数字罢工，反抗数字平台随意变更规则。在数字劳动实践中，有关平台进入退出、订单分配、计件单价、抽成比例、报酬构成及支付、工作时间、劳动奖惩等平台规则，都由数字资本单方面决定并频繁变更。事先并不知情的众多劳动者饱受困扰。2016年8月，户户送平台宣布将改变平台计价规则，从时薪制转向计件制。其后，对此不满的近150名骑手以集体下线方式发起持续6天的数字罢工。最终，平台作出让步，宣布新计价规则仅在试行地区推行并自愿参与。同年10月，近300名外卖骑手在意大利都灵发起抵制Foodora的集体行动，他们同时

---

① 《资本论》第1卷，人民出版社2018年版，第349页。
② 《资本论》第1卷，人民出版社2018年版，第374页。
③ [美]玛丽·L. 格雷、西达尔特·苏里：《销声匿迹：数字化工作的真正未来》，左安浦译，上海人民出版社2020年版，第176页。
④ Cant, C., "The Warehouse without Walls: A Workers' Inquiry at Deliveroo", *Ephemera: Theory & Politics in Organization*, Vol. 20, No. 4, 2020, pp. 131–161.
⑤ 国际劳工组织（ILO）一项针对全球57个国家60个平台企业发生的1271起劳动反抗的统计分析表明，2017—2020年，平台劳动者发起的劳动反抗事件整体呈现逐年增加态势。参见Bessa, L., et al., *A Global Analysis of Worker Protest in Digital Labor Platforms*, ILO Working Paper 70, 2022.

大规模下线，在城市设置纠察线，上线攻击平台社交媒体网页，并鼓动消费者声援。外卖骑手向平台提出三点诉求：终止按单付酬，实施更高费率的时薪制；改变用工性质，将外卖骑手认定为平台员工；平台停止报复"挑事者"。2020 年 7 月在圣保罗，5000 名快递员参加了一场席卷整个城市的历史性大罢工。快递员们阻止交通让整个城市的经济活动停止，迫使政府监管他们工作的平台。①

第二，推动集体协商，争取平台治理的劳动话语权。在德国、奥地利等一些欧洲国家，支持劳动发声和社会对话的法律制度健全，拥有集体协商的企业文化传统。譬如，根据德国《工作组织法》（Works Constitution Act），企业员工拥有针对企业经营活动的共同决定权。在德国，Foodora 外卖骑手为平台所雇用。2017 年夏季，位于科恩的 Foodora 骑手在传统工会——NGG 的帮助下，选举成立了第一个工人委员会。同年，在奥地利，Foodora 外卖骑手在传统工会组织——Vida 的支持下，也成立了类似的工人委员会。2018 年 4 月，丹麦的工会组织（3F）与家庭清洁平台——Hilfr 达成集体协议，给予数字零工最低工资保护、带薪病休、提供退休和健康保险、带薪休假，以及因临时取消订单而获得补偿等。并且，劳动者在线接单时间累计超过 100 小时，可自主选择成为集体协议保护下的员工。2019 年，英国最大的包裹投递商——Hermes 与英国总工会（GMB）达成协议，同意其快递员可以加入英国总工会，并且享受一些基本劳动权利，如带薪休假和最低工资保护等。根据协议，外卖骑手可以自主决定成为"自雇者+"，获得加入工会的权利。

第三，运用法律武器，进行劳动集体维权。在平台体制的算法专制下，数字劳动实践的用工性质模糊，劳动者身陷全景式监视的"数字牢笼"。进而，为根本改善自身劳动境遇，网约车司机、外卖骑手等数字劳动者，针对"虚假的自雇者"的平台用工实践提起法律诉讼②，同时

---

① [英] 菲尔·琼斯：《后工作时代：平台资本主义时代的劳动力》，陈广兴译，上海译文出版社 2023 年版，第 106—107 页。
② Kirk, E., "Contesting 'Bogus Self-Employment' via Legal Mobilization: The Case of Foster Care Workers", *Capital & Class*, Vol. 44, No. 4, 2020, pp. 531–539.

要求平台保护劳动者隐私，限制算法监视，根除算法歧视。[①] 2021年2月，英国最高法院将优步司机判定为"工人"（worker），隶属于雇员（employee）与自雇者（self-employed）的中间形态，可受到劳动法的部分保护，如最低工资、休息休假、职业危害防护等。2021年8月，西班牙的《骑手法》生效，要求外卖平台与所有外卖骑手建立正式雇佣关系，实行固定工资与保障劳动权益。[②] 2019年6月，油管网"内容创作者联盟"与德国最大工会——德国金属工业工会（IG Metall）联手，共同发起名为"FairTube"的运动，提出增强平台内容审核和算法惩罚系统的透明性、赋予劳动者上诉和与平台员工直接沟通的权利，以及建立平台共商决策机制等6项要求。在平台未加以回应后，两个组织表态要发起法律行动，指控平台违反欧盟GDPR和实行"虚假的自雇制"。这一系列行动被媒体广泛报道，引起社会各界对平台内容创作者工作环境的关注。[③]

第四，通过公共公关和舆论造势，揭露数字平台压榨劳动真面目。一直以来，公司声誉是企业重要的无形资本。进入数字资本主义阶段，在先增长后盈利以及"轻资产"的经营模式下，平台企业的持续发展需要资本市场和利益相关者的认可与支持。为获得资本市场青睐，增强政府和消费者信任，数字平台都刻意将自身打造成引领科技潮流、践行社会责任的良心企业。近年来，随着数字劳动集体觉醒，越来越多遭遇数字奴役的劳动者不再沉默，而是动员起来，面向政府部门、平台消费者和社会公众，通过"现身说法"来揭露平台算法专制行径和数字劳动者的真实工作境遇。不断被公之于众的算法不公和平台隐蔽剥削，冲击了平台企业的"科技股"光环，数字资本的恣意压榨因社会监督而暂时趋向收敛。

---

① Kellogg, K. C., et al., "Algorithms at Work: The New Contested Terrain of Control", *Academy of Management Annals*, Vol. 14, No. 1, 2020, pp. 366 – 410.
② 李力行、周广肃：《平台经济下的劳动就业和收入分配：变化趋势与政策应对》，《国际经济评论》2022年第2期。
③ Niebler, V., "'YouTubers Unite': Collective Action by YouTube Content Creators", *Transfer*, Vol. 26, No. 2, 2020, pp. 223 – 227.

第五，探索平台合作社（platform cooperatives），实现数字劳动自治。马克思指出："劳动权就是支配资本的权力，支配资本的权力就是占有生产资料，使生产资料受联合起来的工人阶级支配。"① 进入数字时代，数字劳工集体行动起来，构建形式多样、自我管理和自我雇佣的劳动合作社，是最终摆脱资本数字剥削，实现劳动解放的良途。② 本质上，平台合作主义旨在以"人民的互联网"来根本变革数字时代生产关系。③ 尤其是，零工经济"轻资产"的运营特征，为数字劳动协同合作、共享自治提供了新机遇。迄今为止，记录在案的平台合作主义案例已有274个之多。④ 当然，目前来看，平台合作社作为合作主义在数字时代的新探索，目前的用户规模还不能与优步、户户送等商业平台同日而语。

第四节　若干思考与对中国数字劳动实践的启示

面对平台算法专制，数字劳动者展示的劳动能动和集体抗争，向世人昭示：数字资本在蓄意瓦解数字劳动抵抗能力的同时，也给自身种下了毁灭的种子。毋庸置疑，"数字劳动何以能"的生动实践和理论确证，正在释放数字时代劳动解放的实践潜能；但同时也应该看到，面对"数字劳动反抗能坚持多久"的时代追问，迫切需要我们保持理论清醒，进行集体反思，制定更加切合实际的反抗路径和斗争策略。

一　壮大数字劳动反抗的若干思考

首先，马克思在谈及工人反抗时强调："他们斗争的真正成果并不是

---

① 《马克思恩格斯文集》第2卷，人民出版社2009年版，第40页。
② 黄再胜：《人工智能时代的价值危机、资本应对与数字劳动反抗》，《探索与争鸣》2020年第5期。
③ Scholz, T., *Platform Cooperativism: Challenging the Corporate Sharing Economy*, New York: Rosa Luxemburg Stiftung, 2016, p. 10.
④ Papadimitropoulos, E., "Platform Capitalism, Platform Cooperativism, and the Commons", *Rethinking Marxism*, Vol. 33, No. 2, 2021, pp. 246–262.

直接取得的成功，而是工人越来越扩大的联合。"① 如前文所述，数字劳动者成分构成高度异质，特别是对平台的经济依赖性不尽相同，不仅无助于使数字劳动者形成统一的职业认知和身份认同，② 而且也限制了数字劳动联合的不断扩大。实践中，依靠平台谋生且遭遇算法控制的劳动者最有可能成为反抗资本压榨的中坚力量；③ 但不可否认，"数字劳工"的阶级意识在那些兼职者身上则往往无从寻觅。面对日益加剧的平台垄断和数字劳动者内部的自然分化，要推动数字生产关系的根本变革，探索"数字劳动者联合起来"的组织创新和实践路径任重而道远。

其次，数字资本强硬反制，数字劳动抗争前景充满变数。一是面对数字劳动者的算法能动，平台系统及时修补漏洞，迭代算法模型，展现出强大的平台反噬效应。其结果，众多劳动者被困在系统里，"很大程度上是被困在算法老板令劳动者作茧自缚的机器与资本逻辑中"④。二是数字资本花费巨资进行院外活动，来竭力阻挠数字劳动的政府规制。⑤ 英国《卫报》曾披露12.4万份优步内部的机密文件，捅出优步公司背后的惊人操作，就足见一斑。三是平台针对劳动者"分而治之"，利用算法奖惩进行精准瓦解，很大程度上消解了数字劳动团结。

最后，数字劳动联合的组织化实践面临多重挑战。这主要体现在，数字劳动者自组织虽富有活力，但制度化不足。这些劳动自组织的长期运营，不仅面临人员稳定性的现实挑战，并且各有所图，甚至相互竞争，制约数字劳动联合持续扩大。同时，面对数字劳动的兴起和挑战，传统工会整体上显露组织惰性，缺乏应对准备和实践策略。鉴于此，传统工会机构与数字劳动者自组织之间的良性互动和组织融合，亟待实践探索

---

① 《马克思恩格斯文集》第2卷，人民出版社2009年版，第40页。
② Tassinari, A. and Maccarrone, V., "Riders on the Storm: Workplace Solidarity among Gig Economy Couriers in Italy and the UK", Vol. 34, No. 1, 2020, pp. 35 – 54.
③ Purcell, C. and Brook, P., "At Least I'm My Own Boss! Explaining Consent, Coercion and Resistance in Platform Work", *Work, Employment and Society*, Vol. 36, No. 3, 2022, pp. 191 – 406.
④ 丁未：《遭遇"平台"：另类数字劳动与新权力装置》，《新闻写作与传播研究》2021年第10期。
⑤ Burrell, J. and Fourcade, M., "The Society of Algorithms", *Annual Review of Sociology*, Vol. 47, 2021, pp. 213 – 237.

与经验总结。此外，数字时代的劳动反抗迫切需要数字技术赋能，推动算法革命和算法公正。从技术政治（technopolitics）[①] 意义上讲，数字劳动自组织必须以开放、合作姿态，争取社会专业性组织的技术支持，构筑服务于劳动抗争的广泛数字联盟。

二 对中国数字劳动实践的启示

中国是数字经济大国，威客、网约车司机、外卖骑手、网络主播、数据标注员等各类型数字劳动者已经形成了数量庞大的就业群体。进入新发展阶段，构建和维护规范有序、公正合理、互利共赢、和谐稳定的数字劳动关系，是防止数字资本无序扩张、推动平台经济健康规范发展的迫切要求，也是完善数字经济治理体系、做强做优做大我国数字经济的应有之义。同时，在扎实推进共同富裕的新征程上，保护数字劳动者的合法权益，消弭平台体制初次分配中的"数字不平等"，对于推动数字赋能就业创业，促进我国数字经济普惠共享发展具有重要意义。

首先，推动数字平台算法公正。近年来，数字劳动者"困在系统"也成为我国平台经济发展的行业痼疾。改善数字劳动关系，健全劳动保护机制，促进算法应用向善是首要之举。正如有学者所言："算法演化路径的多样性启发我们，应跳出仅仅将算法管理视为'泰勒主义2.0'的狭隘思维，更多重视算法在释放劳动者创造力和主体性方面的潜力。"[②] 为此，要引导平台企业建立健全算法机制机理审核，定期审核、评估、验证劳动过程算法管理的机制机理、模型、数据和应用结果。针对平台规则变更，平台要将变更理由、目标和影响，以显著方式事先告之劳动者。在算法奖惩上，平台要以适当方式公示算法评分的原理和机制，保护劳动者取得劳动报酬、休息休假等合法权益，建立完善平台订单分配、报酬构成及支付、工作时间、奖惩等相关算法。

其次，推进数字劳动集体协商。建立健全平台用工争议在线解决机

[①] Schaupp, S., "Technopolitics from Below: A Framework for the Analysis of Digital Politics of Production", *Nanoethics*, Vol. 15, No. 1, 2021, pp. 71–86.

[②] 贾开：《算法可以中立吗？——"零工经济"的新可能》，《文化纵横》2021年第8期。

制和渠道，畅通劳动诉求表达、权益保障渠道，推动平台经营者及时回应劳动关切，合理引导劳动预期。同时，探索建立契合数字劳动特点的集体协商和集体合同制度，在失业保险、社会救助、工伤保险、住房公积金保障等方面筑牢制度屏障，解除新就业形态人员后顾之忧。譬如，京东集团率先建立了全国性、跨区域的集体协商及职代会制度，首次签订京东集团和京东物流两份集体合同，聚焦薪资待遇、福利保障、安全保护等重要议题，覆盖快递员、仓储分拣员、货运司机等数十万人。其有益经验为推进平台企业集体协商、维护新业态劳动者权益提供了鲜活的实践样本。[①]

最后，推动多元共治新格局。进入数字时代，数字劳动变革了生产关系，塑造了新的利益格局。破解数字劳动实践难题，需要政府部门、工会组织、社会力量、媒体机构和社会大众等多方参与、合力推进。要创新政府规制，科学界定数字平台的责任和义务，强化平台经营者在劳动保护方面的责任。积极引导平台经济行业协会推动数字劳动治理，鼓励出台行业用工标准规范、劳动保护自律公约。引导社会各界积极参与推动数字劳动治理，形成政府监督、社会监督、媒体监督、公众监督相互促进、融为一体的数字劳动多元监管体系。对此，本书第八章将作进一步论述。

---

① 郑莉：《鲜活的实践样本彰显集体协商制度的强大能量》，《工人日报》2022年7月13日。

第八章 数字劳动的治理研究

进入数字时代，新的劳动组织形式层出不穷，但并不必然会带来高质量的工作岗位。从数字劳动的全球实践来看，依托数字平台的灵活就业面临平台用工性质模糊、工作条件恶化、收入不稳定、劳动社会保障缺失，以及劳动维权机制不足等诸多挑战。[①] 就中国而言，随着平台经济垄断加剧和平台资本无序扩张，劳资关系建设也遭遇新就业形态劳动者社会保障缺失、工作收入不稳定、劳动权益难保证等突出问题，亟待理论研究和有效应对。

习近平强调："要规范数字经济发展，坚持促进发展和监管规范两手抓、两手都要硬，在发展中规范、在规范中发展。"[②] 这体现在规范平台经济用工实践方面，就是要着眼于劳资关系出现的新情况新问题，充分发挥我国社会主义市场经济的体制优势；同时密切追踪和合理借鉴域外数字劳动规制的有益做法，努力构建起劳动发声、政府监管、平台自治、群团介入和非政府机构参与的数字劳动多边治理体系，以健全数字劳动法律法规，完善数字劳动关系协商协调机制，完善数字劳动者权益保障制度，加强灵活就业和新就业形态劳动者权益保障，不断提高我国数字经济治理体系和治理能力现代化水平。

[①] Zhou, I., *Digital Labor Platforms and Labor Protection in China*, ILO Working Paper 11, 2020.

[②] 习近平：《不断做强做优做大我国数字经济》，《求是》2022年第2期。

第一节　明晰和规范数字劳动用工关系

一　规范数字劳动用工关系的域外实践

亚历克斯·罗森布拉特在其畅销书《优步：算法重新定义工作》一书中曾提出一个迄今仍充满争议的用工实践难题："如果你用一个 App 去上班，那么社会应该把你视作消费者、创业者还是工作者？"[1] 在一起由网约车司机发起、针对来福车（Lyft）的法律诉讼中，主审法官感叹道：要给零工经济的用工关系法律定性，就如同"手中拿着一枚方形棋子，在两个圆洞之间作出投向选择。20 世纪法律对工人的分类无助于解决 21 世纪的问题。一些因素指向一个方向，一些因素指向另外一个方向，还有一些因素却模糊不定"[2]。对于众包微劳动而言，当工作被分割成只需数分钟就能完成的微小任务，并同时批量分配给全球各地的劳动者在线协作完成时，对这种用工关系给出明确定义，更是一件难事。对于零工经济中按需劳动而言，劳动者通常在多个数字平台注册接单。在这种"平台多栖性"（multi-apping）下，究竟哪个数字平台应该被指认为"雇主"，也着实易引起争议。

概言之，在"就业灰色地带"实践下，数字劳动者既不完全独立，也不完全是从属；平台企业既不单单是市场中介，也不明白直了的就是雇主。[3] 由此，这种平台用工关系定位不明，实际上对在线劳动力市场运行效率产生不利影响。一方面，因担心政府规制部门会据此将数字劳动者裁定为"公司员工"，平台企业有意规避向劳动者提供正式员工所享有的福利待遇，如健康保险或退休金计划等。另一方面，依托数字平

---

[1] ［美］亚历克斯·罗森布拉特：《优步：算法重新定义工作》，郭丹杰译，中信出版社 2019 年版，第 10 页。

[2] Rahman, H. A., "The Invisible Cage: Workers' Reactivity to Opaque Algorithmic Evaluations", *Administrative Science Quarterly*, Vol. 66, No. 4, 2021, pp. 945 – 988.

[3] Dieuaide, P. and Azais, C., "Platforms of Work, Labor, and Employment Relationship: The Grey Zones of a Digital Governance", *Frontiers in Sociology*, Vol. 5, No. 2, 2020, pp. 1 – 13.

台就业的劳动者社会保障"悬置",也容易诱使平台企业进行规制套利,而不是真正致力于通过提高效率来赢得市场成功。① 正因为如此,"关于如何改变我们的法律和调整劳动力市场以应对零工经济,已经有了很多辩论。其中最重要、最有意义的是如何解决目前的工作者分类(即全职员工与临时工)问题"②。

近年来,美欧等发达资本主义国家虽然尝试确立平台经济用工性质的判定标准,但实践中,无论从法院的裁决结果,还是从平台企业的用工政策来看,依托数字平台就业的劳动者究竟被视作公司员工,还是独立合同工,抑或是介于二者之间的"工作者",理论界和实务界远未达成共识。不少研究认为,网约零工等数字劳动者既非传统的"劳动者",亦非典型的"自雇者",而是所谓的"依赖性承揽人""独立工人""非雇员劳动者""从属临时工"或"类雇员人"。但是,这些林林总总的"第三类劳动者"概念外延和范围模糊,实际的劳动权利界定和相关政策设计难题多多,容易导致错误分类和数字平台的隐蔽性雇佣。③ 从近年来国外针对平台用工性质的劳资争议和司法实践看,数字劳动者身份明晰尚待时日。

2016年,英国的一家法院在收到英国钢铁工人工会(GMB)的申诉后,裁定优步平台对网约车司机劳动过程施加了明显控制,因此后者不能被视为"自我雇佣者",而应该被当作公司员工。但是针对户户送平台外卖骑手的类似判定结果却截然相反,法院认为外卖骑手应该被归类为"自我雇佣者"。

2017年,欧洲法院裁定:优步平台不是一家"信息社会服务商"(平台自称),而是一家提供交通服务的企业。因为平台的组织活动超过了一家中介的业务范围。

---

① Branstetter, L., *The Online Gig Economy's Impact Is Not as Big as Many Thoughts*, PIIE, 2022.
② [美]戴安娜·马尔卡希:《零工经济》,陈桂芳译,中信出版社2017年版,第210页。
③ 许可:《平台是不是雇主——化解平台劳动悖论的新思维》,《文化纵横》2022年第1期。

2018年6月，法国巴黎劳动法院判定优步平台的一名网约车司机不应该被归类为"公司员工"，因为他拥有工作自由。但2019年1月，法国最高法院推翻了这一裁决。优步平台只得将这名网约车司机在平台接单的2016年至2017年期间，将其认定为平台员工。

2018年6月，西班牙的瓦伦西亚法庭裁定一名户户送外卖骑手为平台员工，平台的封号决定被推翻，劳动者获得相应补偿。同年，马德里的劳动法院则认定一名外卖骑手与外卖平台——格洛沃（Glovo）之间的用工关系显然不同于传统的雇佣关系。

2019年9月，美国加州签署"AB5法案"（California Assembly Bill 5），要求将从事零工经济的劳动者确定为正式雇员，而非合同工或独立承揽人。2020年1月生效的《加州零工经济法》，将过去用来区分零工劳动者究竟是雇员还是独立承揽人的博雷洛（Borello）检验标准改为ABC测试标准。[①] 但2020年11月，加州选民投票通过了"22号提案"，允许网约车平台无须将司机归类为雇员，而是可将其认定为"独立承揽人"。不过，该法案同时规定，平台必须为每周工作15小时以上的司机提供健康保险和职业事故保险等。2021年8月，加州高等法院法官裁定，加州"22号提案"违反了该州的宪法，不公平地限制了立法机关在工人薪酬和劳资谈判方面的权力。

2021年2月，英国最高法院将优步司机认定为"工作者"（worker），这一裁定将其定性于雇员（employee）与自雇者（self-employed）的中间形态，可受到劳动法的部分保护，如最低工资、休息休假、职业危害防护等。2021年8月，西班牙《骑手法》生效，一刀切地要求外卖平台与所有外卖骑手建立正式雇佣关系，确定固定工资与劳动权益，导致户户送平台从西班牙退出。

2021年12月，欧盟发布《欧洲议会和欧盟委员会旨在改进平台劳

---

① 2018年，美国加州最高法院在Dynamex Operations West, Inc. vs Superior Court中提出了"ABC测试"，即原则上将所有从业人员均视为"劳动者"，除非该单位可以证明下列情况：(1) 从业者在工作执行方面不受单位控制指挥；(2) 从业者所提供服务并非单位的业务项目；(3) 从业者工作与其通常独立从事的交易或商业活动是相同的。

动工作条件指令的建议》，提出在数字平台用工中，劳动者用工地位的具体确定应该基于事实原则（principle of the primacy of facts），综合考虑工作和报酬的实际运作，以及平台劳动过程中的算法管理等因素，而不是简单地以劳动者与平台企业签订合同中所定义的关系来判定。其第 4 款规定，平台企业对劳动过程的管理符合下列情形中的两项，其与劳动者之间的用工关系就应该被认为是雇佣关系：[1]

（1）有效决定或设限薪酬水平；

（2）要求劳动者的仪容、举止在服务过程遵守有约束的具体规定；

（3）通过电子手段来监督工作绩效或审核劳动成果质量；

（4）使用包括惩罚等手段，来限制劳动者在组织工作、选择工作时间、接受或拒绝任务，以及任务分包等方面的自由；

（5）有效地限制劳动者建立客户名单或为任何第三方工作的机会。

二 规范我国数字劳动用工关系的实践进路

在中国，工作关系主要有两种情况：一是用工双方签订正式的劳动合同，确立劳动关系，并受到《劳动法》《劳动合同法》《工会法》《社会保障法》以及政府主管部门颁布的各种规定和政策的规制和调节；二是用工双方签订劳动服务合同，确立劳动服务关系，在法律上被确认为是一种民事权利和义务关系，用工双方被视为对等的法律行为主体，受民事法和合同法的调节。

相比于国外平台经济、零工经济用工实践，我国数字经济发展中涌现出的用工关系更趋于多样化。如第三章所述，就外卖员而言，就有平台直营、第三方外包、零工众包和餐馆自营等。[2] 进而，平台经济用工模式不同，针对数字劳动者的控制和管理方式也有所差异。其中，依靠

---

[1] European Commission, *Proposal for a Directive of the European Parliament and of the Council on Improving Working Conditions in Platform Work*, Brussels, 2021.

[2] 2008 年左右，饿了么、美团等外卖平台相继上线，配送服务转由外卖平台统一招募、直接雇用外卖员完成。2015 年，外卖平台开始引入众包模式。起初，外卖平台直接招募众包骑手，与其签订合作协议。其后，为规避用工风险，外卖平台与众包服务公司合作，后者通常将外卖员批量注册成"个体工商户"。

在线抢单的网约零工"工作自主"程度最高,但身受平台系统的"算法控制"也最为突出。而全职受雇于平台企业或劳务派遣公司的外卖骑手、网约车司机、快递员和网络主播等,则接受平台系统和劳务派遣公司管理人员的混合管理。

总体上看,形态各异的数字劳动大都属于灵活用工,用工单位与劳动者虽然不构成标准劳动关系,即全日制、无固定期限且形成雇主与雇员从属关系,但劳动者不同程度地受平台算法约束和奖惩机制管理,存在相当比例的隐蔽性雇佣、依赖性自雇就业、假性或错误分类的自雇就业。正是由于数字劳动作为新就业形态的兴起,很大程度上模糊了用工实践中劳动关系与劳动服务关系之间的界限,现代的二分的劳动划分越来越不能适应现实需要,进而引发了诸多有关数字劳动者用工性质及劳动权益维护方面的劳动争议和法律诉讼。

目前,针对新就业形态下劳动者与平台企业之间的关系,国内学界主要形成了三种观点:第一种认为平台企业与劳动者之间应确定为劳动关系。以网约车司机为例,司机通过数字平台完成线上接单,并于线下完成客运交易,其依靠数字平台撮合交易,且不得随意取消已撮合订单,接单数量及乘客评价直接影响司机工作报酬与奖励,尽管司机与平台企业并未签订正式劳动合同,但两者之间已经形成劳动关系。[1] 第二种观点认为,平台企业与劳动者之间应界定为非劳动关系。在我国现行制度框架下,不宜把网约车司机和平台企业之间关系判定为合法的劳动关系,这样可以避免劳动关系泛化问题。建议在现行劳动二分法框架下增加新的劳动类型,将网约配送员等新就业形态劳动者界定为"类雇员",将其纳入劳动保护范围,扩大劳动法对所有类型劳动者的覆盖,从而建立起"民法—类雇员法—劳动法"的劳动保护法律框架。[2] 第三种观点认为,不应简单做出是否存在劳动关系的论断,而应根据不同类型劳动进

---

[1] 蔡利军:《网约车司机与网络平台之间法律关系探究——以损害赔偿责任主体认定为视角》,《法制博览》2017 年第 14 期。

[2] 王天玉:《互联网平台用工的"类雇员"解释路径及其规范体系》,《环球法律评论》2020 年第 3 期。

行区别对待。在弹性劳动力市场趋势下,应根据合意性、从属性等因素认定是否存在劳动关系并进行合理的区别对待,进而在规范与促进、底线保护与市场自治、公平与效率等方面取得最大限度的平衡。①

实践中,我国的法律对平台用工关系的认定采用一事一议的原则,并主要从数字劳动者与平台企业之间的经济从属性、人格从属性、劳动自主性选择、生产资料垄断性等展开讨论分析。② 譬如,2018 年 4 月 10 日,北京朝阳区人民法院发布了关于互联网平台劳动和就业争议裁决情况的白皮书。白皮书显示,从 2015 年到 2018 年第一季度,法院共接受了有关互联网平台劳动争议的诉讼 188 件。在结案的 171 件中,有超过 84% 的诉讼是关于认定劳动关系的。在其中的 39 件诉讼中,法院裁定平台企业与劳动者之间存在劳动关系;在另外 58 件诉讼中,法院则认定平台企业与劳动者之间不存在劳动关系。大体上看,当具体诉讼涉及工伤鉴定和赔偿时,法院倾向于认定存在劳动关系;而当诉讼只是针对用工关系性质时,法院则大都判定不存在劳动关系。③

鉴于此,规范和完善我国数字劳动管理的首要工作,就是结合平台企业用工实践的具体情况,厘清数字劳动用工关系性质,规范和完善劳资双方的权责和责任关系。要创新劳动关系认定标准,研究制定适合新就业形态发展的平台企业劳动用工、劳动契约、工资支付、工作时间、休息休假等相关劳动基准,确立新就业形态劳动者权益保护的劳动标准。2021 年 7 月,人力资源和社会保障部等八部门联合发布《关于维护新就业形态劳动者劳动保障权益的意见》,正式引入"劳动三分法"的概念,将新就业形态劳动者分为"劳动关系""不完全符合劳动关系""民事关系"三种类型。

对于专职骑手等新业态劳动者确认符合劳动关系情形的,平台企业或劳务派遣机构要依法与劳动者正式签订书面劳动合同;对于不完全符

---

① 朱婉芬:《新就业形态下灵活就业人员研究综述》,《工会理论研究》2019 年第 4 期。
② 吴鼎铭、吕山:《数字劳动的未来图景与发展对策》,《新闻与写作》2021 年第 2 期。
③ Zhou, I., *Digital Labor Platforms and Labor Protection in China*, ILO Working Paper 11, 2020.

合劳动关系情形但平台企业对劳动者进行劳动管理的，要求平台企业与劳动者订立书面协议，并且应视数字资本劳动控制和管理的实际程度，合理确定平台企业与数字劳动者的权利义务；对于依托数字平台打零工的情形，则应按照民事法律调整用工双方的权利义务。譬如，饿了么平台全面梳理骑士用工现状，建立骑士用工台账。督促服务商与骑士依法确定劳动关系、履行雇主责任。饿了么平台禁止以任何形式诱导或强迫骑士转为个体工商户规避用工主体责任行为，严格遵守国家相关法律法规和各地有关部门的合规要求。[1]

第二节 加强与完善平台企业算法治理

如本书第四章所述，随着平台经济市场垄断格局的形成和日趋巩固，平台经济头部企业不断强化算法控制，日趋严格的时效要求，单方面不透明地调低费率，近乎苛刻的惩罚政策，很大程度上侵蚀了新就业形态的比较优势，引发和加剧了平台经济用工关系的不和谐。鉴于此，当前和今后一段时期，针对平台经济"算法专制"的突出问题，加强和完善算法治理体制机制，是落实以人民为中心的发展思想，坚决维护数字劳动者正当权益，推动我国数字经济健康发展的必然要求。

一 平台企业算法治理的域外实践

进入数字资本主义阶段，名义上"技术中立"的算法系统大行其道，一方面给数字资本带来的是数据独占和数字财富积累；另一方面给数字劳动者带来的却是日益加剧的工作收入不稳定、工作—家庭平衡关系的瓦解，以及保持时刻在线的身心疲惫。进而，在针对平台经济的政府监管与规制中，治理算法（governance of algorithms），即基于风险预防的理念，将算法应用中存在的"算法霸权""算法歧视"等问题作为治

---

[1] 饿了么：《2022 年蓝骑士发展与保障报告》，第 20 页。

理对象，日渐成为当下欧美国家推动人工智能"向善"的重要举措。

欧盟发布的《欧洲议会和欧盟委员会旨在改进平台劳动工作条件指令的建议》第六款要求，用工平台须保证劳动者了解平台监视系统的使用情况和关键特征信息。平台监视系统包括平台运用电子手段监督、管理和评价劳动者工作绩效系统，以及显著影响劳动者工作条件的自动决策系统。其第八款规定，针对显著影响平台劳动者工作环境的算法自动决策，特别是有关工作任务分派、劳动收入、职业安全与健康、工作时间以及用工地位等方面，劳动者有权要求平台进行解释。对于限制、冻结或注册劳动者平台账户、拒绝支付劳动报酬，以及影响平台劳动者用工地位的平台决定，平台须以书面形式进行说明。其第九款要求，平台引入新的自动决策系统或对现行算法系统进行重大更改，须向平台劳动者或其代表通报并征求其意见。[①] 在美国，2022年纽约市颁布《自动化就业决策工具法》，要求就业场景下使用自动化决策工具必须确保无偏见，且应当由第三方审计团队进行"偏见审计"。

目前来看，在针对包括平台经济的算法治理中，欧盟积极构建"数据规则+算法原则"的治理算法制度体系，力图通过强化公民的个人权利来规避算法损害。相比之下，美国的算法治理主体较为分散，在联邦层面暂无统一立法，由各个州出台区域性规则实现治理的先行先试。[②]

二 加强和完善平台企业算法治理的中国方案

实践表明，在平台算法管理下，一方面，数字资本追求最高劳动效率，推行"最严算法"和极限竞争；另一方面，数字劳动者连续接单，容易导致过劳和安全风险。为此，要根本改善数字劳动者就业质量和劳动权益保障水平，必须以加强和完善平台算法治理为关键，重点在平台进入退出、订单分配、计件单价、抽成比例、报酬构成及支付、工作时

---

① European Commission, *Proposal for a Directive of the European Parliament and of the Council on Improving Working Conditions in Platform Work*, Brussels, 2021.
② 曾雄、梁正、张辉：《欧美算法治理实践的新发展与我国算法综合治理框架的构建》，《电子政务》2022年第7期。

间、奖惩等直接涉及劳动者权益的制度规则和平台算法方面建章立规，有效节制平台资本的数据垄断和算法操纵，以不断改善数字劳动者的劳动条件，逐步提高其劳动权益保障水平。对此，2022 年 3 月 1 日开始实施的《互联网信息服务算法推荐管理规定》第二十条规定，算法推荐服务提供者向劳动者提供工作调度服务的，应当保护劳动者取得劳动报酬、休息休假等合法权益，建立完善平台订单分配、报酬构成及支付、工作时间、奖惩等相关算法。①

鉴于此，当前和今后一段时期，如表 8.1 所示，加强和完善我国劳动型平台的算法治理，应由人力资源和社会保障部牵头，成立部委联席会议制度，辅之以行业组织、第三方机构和社会公众等不同主体的多方参与，推动劳动型平台企业进行"算法影响评估"，特别是要求平台企业须按照《互联网信息服务算法推荐管理规定》关于"算法保护劳动者合法权益"的原则向社会公众披露并作出解释，②从而有效遏制平台资本的数据滥用和算法操纵，不断改善数字劳动者的工作环境和劳动条件。

表 8.1 平台经济的算法治理

治理要素	具体内容
治理目标	算法公正、透明与可问责
治理主体	政府主管部门
治理对象	平台企业的算法实践
治理手段	算法影响评估
治理模式	多元主体参与、协同共治

资料来源：笔者根据相关资料自制。

在平台进入退出方面，提高注册用户账号管理的透明性和可预期性，

---

① 市场监管总局牵头的《关于落实网络餐饮平台责任 切实维护外卖送餐员权益的指导意见》（国市监网监发〔2021〕38 号）规定，优化算法规则，不得将"最严算法"作为考核要求，要通过"算法取中"等方式，合理确定订单数量、在线率等考核要素，适当放宽配送时限。
② 王天玉：《平台用工劳动基准的建构路径》，《政治与法律》2022 年第 8 期。

保障新就业形态劳动者的接单机会公平；在平台订单分配方面，完善系统分派机制，科学设定劳动强度，从平台规则源头根除拼命跑单现象；在平台费用结构方面，建立健全由平台、用工方和劳动者等多方协商议价机制，切实改变计件单价、抽成比例、报酬构成及支付都由平台单方面"说了算"的市场成规；① 在工作时间方面，探索建立劳动者在线时间熔断机制，合理调配送单时间和待单时间，充分保障新就业形态劳动者的工作休息权，坚决遏制数字经济过劳现象的滋生和蔓延；在奖惩方面，合理确定订单数量、准时率、在线率等考核要素，有效制止平台随意变更奖惩规则、推行"最严算法"考核标准，以及蓄意干扰劳动者冲单奖励等算法操纵现象；在用户账号冻结、消费者评分评价方面，建立健全劳动争议申诉机制，保障劳动者的申诉得到及时回应和客观公正处理；在职业发展方面，持续拓宽其职业发展空间，切实提升新就业形态劳动者的从业满意度和职业认同感。

在推进平台算法治理方面，国内平台企业也积极行动起来，并取得了可喜的阶段性成效。譬如，饿了么平台禁止"最严算法"，试点将骑士预估送达时间由原先的"时间点"调整为弹性的"时间段"。"时间段"由两个时间点组成，即最早送达时间和最晚送达时间，只要在时间段内送达均不会计为超时。同时规定，短距离内所有预估配送时间不得低于 30 分钟。在地形复杂，或者交通特殊的城市，预估配送时间不得低于 40 分钟，避免过度追求时速。在奖励规则优化方面，增加了免罚场景；在超时、差评等考核上，已逐步取消对于骑士的逐单处罚，改为一定时间周期的率值考核。并且当用户做出差评后，平台工作人员会评估差评是否成立，若骑士服务并无问题，则不会下发差评评价。由于采用率值考核，若骑士整体配送服务优异，出现个别差评并不会造成较大影响。

在劳动报酬保障方面，饿了么平台要求全职和兼职骑士收入分别

---

① 2022 年 2 月，交通运输部提出实施"阳光行动"，督促主要网约车平台公司向社会公开计价规则，合理设定平台抽成比例上限。

不低于当地最低月工资和当地最低小时工资标准。在与物流服务商的协议中明确要求需按时、足额发放工资，并作为服务商的重要考核标准之一。此外，还提供骑士收入看板等工具，明示报酬明细，提升薪资透明度，便于骑士及时掌握薪资情况。饿了么平台还进一步完善规则公示和申诉制度。配送及考核规则调整或发布均提前进行公示。公示期通常为7天，最低不少于3天。若骑士在公示期对制度规则有疑问或异议可以通过客服反馈，反馈结果将作为平台调整规则的重要依据。

第三节　建立健全数字劳动的政策支持体系

任何经济活动都发生于特定的政治社会环境之中。从数字劳动实践的全球发展看，在欧美发达资本主义国家，平台企业规避雇主责任而"灵活用工"，持续引发的劳动者就业不稳定和劳动权益保障退化，激发了不同社会群体的共情。本质上讲，针对数字劳动的政府规制，就是适应数字劳动特点规律来建立起相应的劳动保护和社会保障制度安排，使依托数字平台就业的新就业形态能够"再嵌入"到本地劳动市场的社会政治环境之中。

正如第三章所指出的，在包括中国在内的发展中国家，一直存在大量非正式就业部门，劳动权益保护制度不健全、社会保障水平低则是不争的制度性事实。[1] 因此，当前和今后一段时期，要趋利避害，促进和规范平台经济用工实践，就必须充分考虑我国具体的制度环境和经济发展实际，积极调动政府主管部门、工会和社会群团组织等各方面力量，努力构筑起不断提升数字劳动就业质量的政策支持体系。[2]

---

[1] 改革开放以来，非正式就业成为农村剩余劳动力外出务工的主要就业形式之一。

[2] 一项调查显示，新业态青年希望政府为他们提供的服务和帮助排在前三位的是："完善社会保障政策""维护劳动权益""提供更多的职业技能与素质培训"。参见朱迪等《中国新业态与新就业青年调查报告》，第222页。

一　建立健全数字劳动者权益保障机制

大体上，从权利主体和权利行使方式的角度进行分类，劳动权益或称劳动权利可以分为个体劳动权和集体劳动权。个体劳动权是指由劳动者个别享有并由个人自主行使的权利，其主要目标是维护劳动者个人的权利和自由，主要包括劳动就业权、劳动报酬权、劳动条件权和劳动救济权四项内容。集体劳动权是指由劳动者集体享有，并由劳动者的代表——工会来行使的权利，其主要目标是维护劳动者集体的权利和民主，包括组织工会权、集体谈判权和罢工权等。[1]

进入数字时代，人工智能的发展与应用并没有终结劳动，但却给就业质量、工作意义与劳动者社会地位带来冲击。[2] 近年来，面对数字劳动兴起带来的劳动福利和社会保障缺失挑战，欧美发达资本主义国家的理论界和实务界展开了热烈讨论，并提出不同政策主张。从理论研究看，归结起来，大致有三种观点。一是提供按比例缴纳和便携式福利。即无论雇主的类型和就业的形式，劳动者都应该享有基本的福利和同样的劳动标准。针对各类型数字劳动者，用工方可基于工作时间或工资总额为劳动者按比例提供福利，并且，这些福利以个人安全账户形式，通过自动扣减工资来实现。二是针对零工经济中收入不稳定带来的冲击，可建立某种收入保险，保障数字劳动者的收入水平处于合理区间。三是推行基本收入计划（UBI）。即提倡政府支付给每个公民一笔固定金额的生活保障费，而无论他们的就业和工作状况如何。[3]

一直以来，由于我国劳动法秉持"全有全无"的保障机制，在合同权利和劳动保障之间存在巨大鸿沟，使得居于中间状态的从业者无法获

---

[1] 张成刚：《新就业形态劳动者的劳动权益保障：内容、现状及策略》，《中国劳动关系学报》2021年第6期。

[2] Tubaro, P., et al., "The Trainer, the Verifier, the Imitator: Three Ways in Which Human Platform Workers Support Artificial Intelligence", *Big Data & Society*, Vol. 7, No. 1, 2020, pp. 1–12.

[3] [美] 戴安娜·马尔卡希：《零工经济》，陈桂芳译，中信出版社2017年版，第215—218页。

得恰如其分的保障。① 习近平指出,新冠疫情突如其来,新就业形态脱颖而出,可顺势而为,当然这个领域也存在法律法规一时跟不上的问题,当前最突出的就是新就业形态劳动者法律保障问题、保护好消费者合法权益问题等,要及时跟上研究,把法律短板及时补齐,在变化中不断完善。② 在 2022 年全国两会上,国务院总理李克强表示,我们要逐步完善政策,给这些"骑手们"系上"安全带",让灵活就业等新就业形态既解燃眉之急,又激发市场活力和社会创造力。

其实,早在 2021 年 7 月,人力资源和社会保障部等八部门就联合发布了《关于维护新就业形态劳动者劳动保障权益的意见》,从明确劳动者权益保障责任、健全劳动者权益保障制度、优化劳动者权益保障服务、完善劳动权益保障工作机制四个方面对新就业形态进行了全面规范管理。其中,特别强调了放开灵活就业人员在工作地点参加养老及医疗保障的户籍限制,以及开展平台灵活就业人员职业伤害保障试点。③ 2021 年 7 月 26 日,市场监管总局等七部门联合印发《关于落实网络餐饮平台责任 切实维护外卖送餐员权益的指导意见》,旨在支持和规范发展新就业形态,切实维护新就业形态劳动者劳动保障权益,促进平台经济规范健康持续发展。《"十四五"数字经济发展规划》提出,将进一步健全灵活就业人员参加社会保险制度和劳动者权益保障制度,推进他们参加住房公积金制度试点,逐步为灵活就业者系上"安全带"。

当前和今后一段时期,如表 8.2 所示,参照公平工作委员会(The Fairwork Foundation)制定的原则与标准规则,④ 促进中国情境下数字劳

---

① 许可:《平台是不是雇主——化解平台劳动悖论的新思维》,《文化纵横》2022 年第 1 期。
② 《习近平谈"新就业形态":顺势而为、补齐短板》,中华人民共和国中央人民政府网,http://www.gov.cn/xinwen/2020-05/23/content_5514219.htm.
③ 2022 年初,上海市出台《关于维护新就业形态劳动者劳动保障权益的实施意见》,对不同劳动关系的社会保险、职业伤害保障等进行分类施策,明确禁止平台将最严算法作为考核要求,遏制"以罚代管",形成包括就业制度、劳动报酬、休息休假制度、劳动安全、社会保障、职业伤害、规则算法等在内的一揽子政策体系。
④ Graham, M., et al., "The Fairwork Foundation: Strategies for Improving Platform Work in a Global Context", *Geoforum*, Vol. 112, 2020, pp. 100-103.

动者体面劳动,需要在以下五个方面集中发力,并力争取得实质性进展。一是提供合理的劳动报酬,即在考虑到与工作相关的成本之后,从事数字劳动的新就业形态劳动者应该获得体面的收入;二是营造公平劳动环境,即平台企业应该保护数字劳动者免受工作过程中的各类劳动风险影响;三是制定公平的劳动或劳动服务合同,即平台企业和劳务派遣机构提供的合同对于数字劳动者而言,应易于获取、清晰、透明,不应该让劳动者承担不适当的责任;四是实施公平管理,即劳动者能够有效地与平台企业进行沟通,任何影响劳动者的决策都应遵循正当的程序;五是设置公平代表,即平台企业应该以书面文件的形式确保劳动者集体表达渠道顺畅,并与工会等群团组织保持合作。具体而言,如表8.3所示,要统筹优化现行相关政策规定,不断强化和完善数字劳动者权益保障。

表8.2 促进数字劳动公平工作的原则与具体建设指标

主要原则	具体要求	基础指标	高级指标
公平薪酬	劳动者应获得体面收入	收入高于当地最低工资	扣除与工作相关的成本后,收入高于当地最低工资
公平环境	劳动者免受工作过程中的各类劳动风险影响	降低特殊任务的风险	积极改善工作环境
公平合同	平台企业提供的合同应易于获取、清晰、透明,不应让劳动者承担不适当的责任	有明确的合同条款与细则	真实反映劳资双方的雇佣关系
公平管理	劳动者能够与平台方代表进行有效沟通,任何影响劳动者的决策都应当遵循正当的程序	劳动者参与决策过程	支持公平的政策、数据收集的知情同意权
公平代表	平台企业应该以书面文件的形式确保劳动者集体表达渠道顺畅	结社自由与发声渠道通畅	承认集体代表与集体协商

资料来源:Graham, M., et al.,"The Fairwork Foundation: Strategies for Improving Platform Work in a Global Context", *Geoforum*, Vol. 112, 2020, pp. 100 – 103.

表 8.3　　　　　　　政府主管部门发布的相关政策规定

发布日期	政府主管部门	文件标题
2016-06-18	交通部等七部委	《网约车服务管理暂行规定》
2016-11-04	国家网信办	《互联网直播活动的管理规定》
2016-12-12	文化部	《网络表演运营和活动的管理规定》
2017-05-08	国家卫计委	《关于促进互联网医疗服务的意见》（草稿）
2017-07-03	国家发展改革委等八部委	《促进共享经济发展的指导意见》
2017-09-05	国家食品和药品管理局	《关于监管线上外卖服务食品安全的管理措施》
2018-05-24	交通部	《评估出租车服务质量与资信的措施》
2018-08-10	交通部和安全部	《关于进一步加强网约车服务和私家车拼车服务管理的紧急通知》
2019-08-01	国务院办公厅	《关于促进平台经济标准化和健康发展的指导意见》
2020-09-16	国务院办公厅	《关于新业态新模式引领新型消费加快发展的意见》
2021-07-16	人力资源和社会保障部等八部委	《关于维护新就业形态劳动者劳动保障权益的指导意见》
2021-07-26	市场监管总局等七部委	《关于落实网络餐饮平台责任　切实维护外卖送餐员权益的指导意见》

资料来源：笔者根据相关公开资料整理。

第一，在劳动收入保障方面，要督促平台企业建立"与工作任务、劳动强度相匹配的收入分配机制"，确保数字劳动者正常劳动所得不低于当地最低工资标准。依据《关于落实网络餐饮平台责任　切实维护外卖送餐员权益的指导意见》《关于加强交通运输新业态从业人员权益保障工作的意见》等相关规定，根据工作性质、劳动强度、工作任务、当地职工平均工资、市场经营状况等因素，制定科学合理的劳动定额标准和劳动者接单最低报酬，确保劳动者提供正常劳动的实际所得不低于当地最低工资标准。明确劳动报酬发放时间和方式,确保按时足额发放。劳动者在法定节假日、恶劣天气、夜间等情形下工作的,适当给予补贴。相关行业主管部门、工会组织、行业协会等要持续关注行业运行情况及劳动者薪酬水平,并适时公开发布,引导灵活就业人员形成合理收入预期。

第二,在劳动环境方面,要持续监管平台经济头部企业,督促其以"算法中和"方式,适当放宽算法控制下的时空规训,帮助数字劳动者摆脱平台系统之困,实现工作—家庭关系的再平衡。[①] 同时,要着力化解平台经济中劳动权益实现的不稳定化问题,探索建立统一的网约零工权益建设平台,明晰平台经济利益相关方义务和责任,确保数字劳动权益建设主体不落空、数字劳动权益保障随人走。大体上看,建立健全数字劳动权益保障制度,需要在两个方面发力。一是修改和完善我国劳动法,确立劳动基准,明确各类型劳动者皆应享有最低福利保障。二是根据数字劳动用工关系的具体定性,树立"灵活兼安全"(flexicurity)理念,构建和完善多层次、差别化的劳动权利和社会保障体制。

职业安全保护权是指劳动者在劳动过程中享有的要求使自己的生命安全和身体健康得到有效保护、免遭职业危害的权利。网约车司机、外卖骑手所处的交通环境存在自身伤害和第三者伤害的风险性。[②] 为此,在职业伤害保障方面,要积极贯彻《关于维护新就业形态劳动者劳动保障权益的指导意见》,以出行、外卖、即时配送、同城货运等行业的平台企业为重点,组织开展平台灵活就业人员职业伤害保障试点;鼓励平台企业通过购买人身意外、雇主责任等商业保险,提升平台灵活就业人

[①] 《关于落实网络餐饮平台责任 切实维护外卖送餐员权益的指导意见》规定,要科学确定订单饱和度,向外卖送餐员分派并发单量时,要充分考虑安全因素。合理管控在线工作时长,对于连续送单超过4小时的,系统发出疲劳提示,20分钟内不再派单。《关于加强交通运输新业态从业人员权益保障工作的意见》规定,各地相关部门要督促网约车平台企业科学确定驾驶员工作时长和劳动强度,保障其有足够休息时间。督促网约车平台企业持续优化派单机制,提高车辆在线服务期间的运营效率,不得以冲单奖励等方式引诱驾驶员超时劳动。

[②] 张成刚:《新就业形态劳动者的劳动权益保障:内容、现状及策略》,《中国劳动关系学报》2021年第6期。

员保障水平。[1]

第三，在用工合同管理方面，除了如上文所述明晰数字劳动关系性质，平台企业应在详细说明数字声誉评价的具体指标与计分权重；明确规定薪酬计算方式和支付模式；具体披露解决各类劳动争议的平台政策；明文列示保护劳动者隐私和个人数据的平台合规规定；详细阐明平台进入/退出管理的参照依据，尤其是平台销号的实施标准。

第四，在劳动利益表达方面，建立正规化且为平台劳动者所熟悉的与用工平台沟通的渠道是至关重要的，这有助于劳动者排解不满，以及对"违反"劳动纪律行为的不当处罚或决定进行申诉。[2] 2020年12月，修订后的《工会法》明确了新就业形态从业者参加和组织工会的权利，不以劳动关系为前提，将灵活就业的从业者纳入集体协商机制。针对数字劳动者流动性强、组织模式灵活松散和劳动申诉维权难等诸多挑战，一方面，创新数字劳动者入团会方式方法，探索建立由灵活就业者组成的行业性或地区性工会，切实将各类数字劳动者吸引过来、组织起来、留得下来，积极引导其理性合法维权，不断增强新就业形态劳动者的获得感、职业幸福感和工作安全感；另一方面，要积极推进建立数字劳动集体协商机制，通过行业集体谈判，着力增强劳动者在平台定价和算法管理中的话语权。[3] 其中，要着力提升平台算法在事前设置、事中运行、事后优化中数字劳动者代表的话语权；建立健全数字劳动权益争议申诉

---

[1] 目前，外卖行业的主要做法是推动商业保险向骑手覆盖。如在某外卖平台，众包骑手由众包服务商直接向保险公司投保意外险，每天3元的保费从骑手佣金中扣除，保障时间为每日接单到次日凌晨1时30分。参见金贻龙、周缦卿、张寒《遭遇灵活就业时代》，《财经》2022年第8期。

[2] Graham, M., et al., "The Fairwork Foundation: Strategies for Improving Platform Work in a Global Context", *Geoforum*, Vol. 112, 2020, pp. 100 – 103.

[3] 人力资源和社会保障部等八部门联合印发的《关于维护新就业形态劳动者劳动保障权益的指导意见》（人社部发〔2021〕56号）第十七条规定，积极与行业协会、头部企业或企业代表组织开展协商，签订行业集体合同或协议，推动制定行业劳动标准。全国总工会发布的《关于切实维护新就业形态劳动者劳动保障权益的意见》（总工发〔2021〕12号）第五条规定，发挥产业工会作用，积极与行业协会、头部企业或企业代表组织就行业计件单价、订单分配、抽成比例、劳动定额、报酬支付办法、进入退出平台规则、工作时间、休息休假、劳动保护、奖惩制度等开展协商，维护新就业形态劳动者的劳动经济权益。

机制，确保劳动者免受顾客或用工方恶评或平台算法歧视的可能伤害；建立与完善平台账号管理的监管机制，确保劳动者获得公平的平台工作机会，并免受因参与集体行动或揭露弊端而遭受可能的平台报复。

在职业发展方面，针对新就业形态劳动者（尤其是外卖骑手、网约车司机等网约零工）职业认同度不高、兼职、过渡等职业心态突出问题，政府部门在提供个性化职业指导和创业培训服务的同时，要加强对新就业形态的职业规范和工种设计，建立职业技能等级评定制度和职称评审政策，营造良好从业环境，以引导数字劳动者树立正确的职业认知，培塑爱岗敬业的职业自信和职业能力。

二　鼓励和支持第三方组织协同参与

实践表明，各种非营利、非官方的社会性组织在促进劳动保护方面也发挥了重要作用。譬如，自成立以来，国际劳工组织（ILO）就一直不遗余力地推动旨在提升劳动质量和促进体面劳动的国际标准和全球实践。伴随着数字劳动的蓬勃兴起，无论实践中依托数字平台就业的用工关系究竟如何确定，但劳动者至少都应该在劳动报酬、社会保障和工作风险等方面享有最基本的劳动保护。对此，近年来，综观欧美国家的相关做法，各种社会性组织在增强数字劳动实践透明性、推广数字劳动最佳实践等方面，发挥了积极作用。譬如，在一些工会支持下，Faircrowd.work 网站发布了所谓的"法兰克福宣言"，号召平台经济利益相关者共同行动起来，推动平台劳动公正、透明和可持续发展。[①]

在亚马逊土耳其机器人平台（MTurk）上，众包微工——"托客"们难以获取任务发包方的相关信息，也不能对其履约表现进行评价。2009年，两名研究人员开发了一款名为 Turkopticon 的平台插件，如图8.1所示，"托客"们可以在任务描述准确性、报酬给付及时性、可沟通性等方面，对任务发包方表现——进行评分；众包微工的评价记录直接呈现在平台界面任务发包方信息的旁侧。如此一来，劳动者综评可以帮

---

① http://faircrowd.work/unions-for-crowdworkers/frankfurt-declaration.

助同伴甄别并远离那些潜在用工行为不端的任务请求者，因而提升了众包微劳动力市场的交易效率与工作质量。

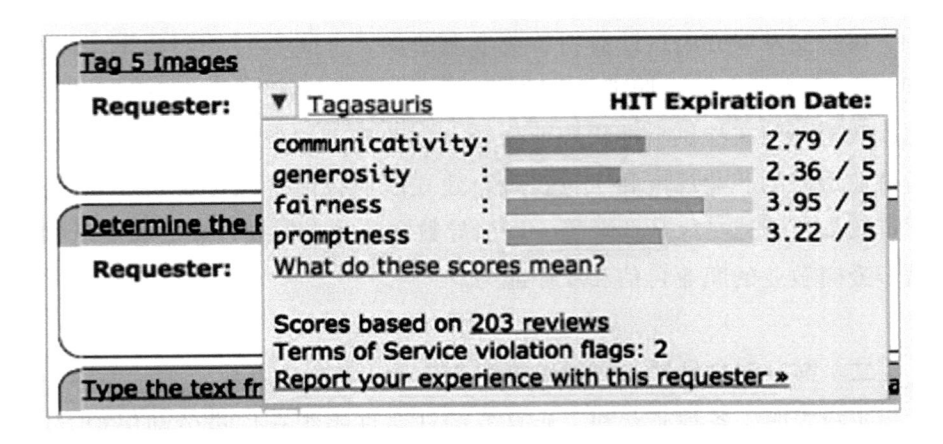

图 8.1　TurkOpticon 插件的用户界面

资料来源：https://turkopticon.ucsd.edu.

为进一步在全球范围推行平台用工的最佳实践，提高全球数字劳动者的收入和改善他们的工作条件，公平工作委员会发起了针对各国劳动型平台用工总状况的评估活动。2019 年，公平工作委员会对南非的八个大型用工平台和印度的四个大型用工平台进行了系统性的考察与评估。2020 年，委员会分别发布了基于印度、南非和德国的年度公平工作评估报告。2021 年，委员会首次发布了英国、印度尼西亚、孟加拉国、智利、厄瓜多尔、加纳、肯尼亚六个国家的公平工作评估报告。同时，公平工作委员会网站的主页还专门设置"参与"栏目，为平台劳动者提供各类资源和工具，包括工作（行业协会）联系方式数据库、在线学习与体验模式、"吹哨人"论坛（用于举报用工平台的渎职行为和平台恶劣的工作环境）等。[①]

对于我国而言，2020 年 1 月，中国互联网协会召集 14 家数字平台

[①] Graham, M., et al., "The Fairwork Foundation: Strategies for Improving Platform Work in a Global Context", *Geoforum*, Vol. 112, 2020, pp. 100–103.

加入，启动平台企业关爱劳动者行动，号召平台企业履行社会责任，改善平台形象以提升竞争力。行动倡议的具体举措包括：确立合理薪酬标准、保护劳动者安全和健康、降低事故率、依法参加社会保障计划，以及积极加入商业保险计划等。再譬如，好活科技基于数字平台的新个体经营者社会相对保障不足的问题，利用数字平台上的百万个体及数千家企业的真实业务数据，通过与人社局、大数据局等相关政府部门和金融、保险等机构合作，落实普惠金融政策，凸显人文关怀，切实提升了数字劳动者的保障水平。[①]

三 推动平台合作主义与数字劳动自治

在现代市场经济条件下，合作制依然是能够限制私有资本权力的制度形式之一。[②] 当下，数字劳动者集体行动起来，构建形式多样、自我管理和自我雇佣的平台合作社（platform cooperatives），是最终摆脱资本数字剥削、实现劳动解放的良途。正如有学者所言，平台合作主义旨在以"人民的互联网"来根本变革数字时代生产关系。[③] 尤其是，零工经济"轻资产"的运营特征，为数字劳动协同合作、共享自治提供了新机遇。

实践中，平台合作社通过共建、共治、共享，不仅可以使身陷"不稳定陷阱"的数字劳动者获得稳定的劳动福利保障，而且劳动自治能够促使他们重新找回在零工经济"狂欢"中被资本蚕食的就业体面与工作自尊。当然，平台合作主义作为合作制在数字经济时代的新探索，目前成功案例甚是寥寥；用户规模更不能与优步、户户送等商业平台同日而语。实际上，平台合作社发展壮大，不仅同样面临传统合作制企业的实践局限，而且还面临一系列新挑战。譬如，作为平台经济的一种新组织

[①] 国家信息中心：《中国共享经济发展报告（2021）》，第47页。
[②] Jossa, B., "Marx, Marxism and the Cooperative Movement", *Cambridge Journal of Economics*, Vol. 29, No. 1, 2005, pp. 3–18.
[③] Scholz, T., *Platform Cooperativism: Challenging the Corporate Sharing Economy*, New York: Rosa Luxemburg Stiftung, 2016, p. 10.

形态，平台合作社难以与有雄厚风险资本支持，并已经取得市场领先优势的平台企业相抗衡；平台合作社并不以营利为经营目的，其可持续发展的融资机制何以建立还有待探索；平台合作社奉行"去等级化"的共同决策，不可避免地带来经营决策迟缓等实践弊端；等等。

鉴于此，面对数字时代数字资本的平台垄断甚至"围猎"，要让关乎数字劳动者福祉的"平台合作主义"呈"燎原"之势，就必须充分调动各方力量，在平台共性技术开发、金融支持、数字劳动自组织建设、政府规制等方面共同发力，精心培塑助力平台型劳动经济生存发展的良性生态圈。

对于我国而言，坚持公有制为主体、多种所有制经济共同发展，是社会主义基本经济制度的重要内容。总体上看，近年来我国数字经济特别是平台经济的疾速发展，非公有制企业独领风骚，成为新业态新产品创新的主力军。从根本上讲，迎接数据革命的挑战，防范和遏制"赢者通吃"平台垄断，营造数据交易和数据服务市场公平竞争环境，需要优化数字经济资本格局、促进多种所有制形式平台企业共同发展。从政策路径看，一方面，在推进混合所有制改革中，引导和鼓励市场领先平台企业产权结构多元化，完善公司治理机制，推动平台企业履行维护数据正义和促进算法透明等方面的社会责任。另一方面，借鉴国外平台合作社的发展经验，以零工经济为突破口，分地区分行业鼓励和支持劳动自治或公有资本主导的平台企业发展，重点在基础平台、创业融资、税收支持和法律服务等方面打出政策组合拳，不断促进我国数字经济资本结构布局的动态优化和均衡发展。[1]

---

[1] 黄再胜：《人工智能时代的价值危机、资本应对与数字劳动反抗》，《探索与争鸣》2020年第5期。

结 语

"当今世界仍旧是一个劳动的世界。地球上的绝大多数人还会继续把醒着的大量时间用于工作。"[①] 当下，数字经济创新发展方兴未艾，劳动型平台经济的商业模式正经历持续演化。紧密追踪数字劳动发展实践，持续深化对数字劳动特点规律研究，必将成为马克思主义政治经济学创新发展的"重要增长极"。如前文所述，面对数字劳动兴起的新现象新挑战，国内外学者坚持运用其所理解的政治经济学基本原理，对数字劳动的内涵、特征和基本维度进行了富有成果的拓展性研究。

但总体上看，目前相关研究分歧多于共识，虽创新亮点频现但理论体系化不足。鉴于此，迫切需要运用马克思主义政治经济学的分析工具，并结合中国数字劳动市场发展实际，深入推进数字劳动研究的体系化、学理化，以不断开辟21世纪马克思主义政治经济学新境界。如图9.1所示，基于对已有研究的回顾和梳理，笔者提炼了数字劳动领域值得进一步深入探讨的重要问题，提出了可供后续研究参考的分析框架。

一 夯实数字劳动的研究基础

范畴和概念是理论建构的基础。起初，数字劳动概念的提出，主要是西方马克思主义者基于劳动价值论视角，用以探讨互联网用户免费劳

---

① [德] 莫里茨·奥滕立德:《数字工厂》，黄瑶译，中国科学技术出版社2023年版，第242—243页。

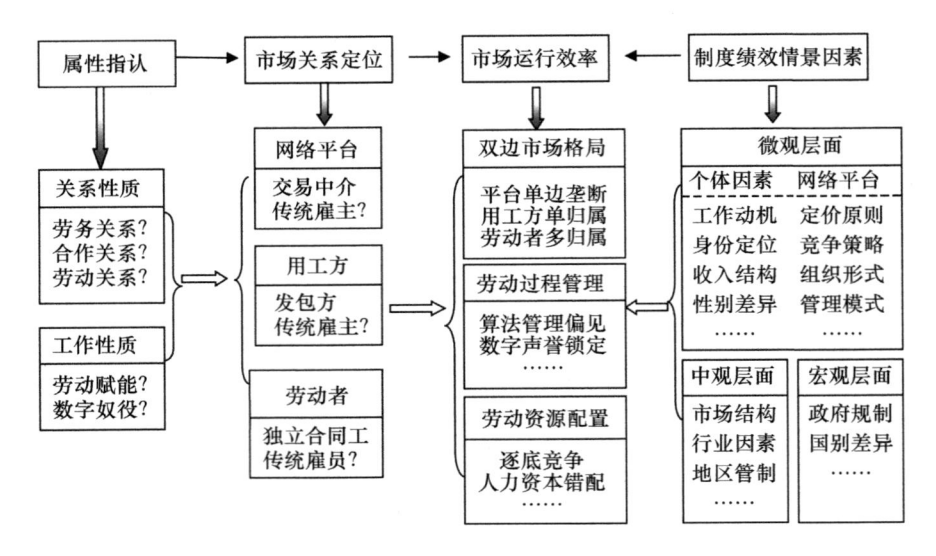

```
属性指认 → 市场关系定位 → 市场运行效率 ← 制度绩效情景因素

关系性质          网络平台         双边市场格局      微观层面
劳务关系?        交易中介         平台单边垄断     个体因素   网络平台
合作关系?        传统雇主?        用工方单归属     工作动机   定价原则
劳动关系?                         劳动者多归属     身份定位   竞争策略
                 用工方                            收入结构   组织形式
工作性质         发包方           劳动过程管理     性别差异   管理模式
劳动赋能?        传统雇主?        算法管理偏见     ……        ……
数字奴役?                         数字声誉锁定
                 劳动者                            中观层面   宏观层面
                 独立合同工       劳动资源配置     市场结构   政府规制
                 传统雇员?                         行业因素   国别差异
                                  逐底竞争         地区管制   ……
                                  人力资本错配     ……
```

图 9.1　数字劳动领域的未来研究框架

资料来源：笔者自制。

动所蕴含的资本剥削。[①] 但随着劳动与数字技术的联系日趋密切，新劳动形态层出不穷，人们所讨论的数字劳动清单不断拉长，以至于有学者认为：" '数字劳动'这个词只能算是俗语，不能作为学术用语。"[②] 当前，基于数字平台的劳动新形态不断涌现，迫切需要在厘清其共性的基础上，对"数字劳动"概念作出更具统摄性的界定。换言之，解决数字劳动研究的概念元问题，是推动理论发展和促进学术交流的基石。[③]

又如，在政治经济学语境下，数字劳动的生产性劳动属性定位，是开展数字劳动理论建构的逻辑前提。由于数据商品或数字服务的生产和消费主要发生于流通领域，因此，从资本主义社会生产的整体看，处于

---

① Kim, C. and Lee, S., "Politicising Digital Labor through the Politics of Body", *The Economic and Labor Relations Review*, Vol. 32, No. 3, 2021, pp. 382–398.
② 余斌：《"数字劳动"与"数字资本"的政治经济学分析》，《马克思主义研究》2021年第5期。
③ 文军、刘雨婷：《新就业形态的不确定性：平台资本空间中的数字劳动及其反思》，《浙江工商大学学报》2021年第6期。

资本流通领域的在线广告活动和品牌管理在价值增殖过程又起何作用?[①] 结合数字资本主义数据商品价值形成的基本机理,对上述问题作出有说服力的理论阐释,是遵循马克思主义政治经济学的逻辑理路,深入开展数字劳动研究的迫切要求。

二 丰富数字劳动的研究内容

1. 数字劳动的生产关系属性研究

从研究内容的重要性和迫切性看,识别和研判数字劳动的用工性质及其变化趋势,是相关研究展开的逻辑起点和理论前提。数字劳动具体形态不同,劳动者的工作自主性及其对数字平台的经济从属程度也相差有别。譬如,在资本逻辑主导下,以亚马逊土耳其机器人为代表的众包微劳动"数字奴役"色彩最为浓厚,数字劳动者的生存境遇也最为堪忧;而像跨境客等自由职业者平台则不同程度促进了技能型劳动者的灵活就业和工作自主,为自由职业者从事"技能套利"(skill arbitrage),[②] 实现自身人力资本价值提供了新途径。正如戴安娜·马尔卡希在其畅销书《零工经济:数字化工作的真正未来》中所指出的:

> 零工经济是一种技能经济,所以技能型劳动者会是鱼与熊掌兼得的大赢家。他们的技能优势让他们可以拿到高薪,并享有最好的机会去设计自己的职业生活,创造自己的未来……零售业、服务业的工人以及其他低技能劳动者的命运在零工经济中会略有所改变,但他们的境况将仍是最糟糕的。他们所从事的大多是工资低且不稳定的兼职工作,福利很少甚至完全没有,对自己的工作安排一点儿也做不了主。他们的工资正在停滞或缩水,他们的工作也最容易被

[①] Beverungen, A., et al., "Free Labor, Social Media, Management: Challenging Marxist Organization Studies", *Organization Studies*, Vol. 36, No. 4, 2015, pp. 473–489.

[②] Graham, M., et al., "Digital Labor and Development: Impacts of Global Digital Labor Platforms and the Gig Economy on Worker Livelihoods", *Transfer*, Vol. 23, No. 2, 2017, pp. 135–162.

自动化所替代。[1]

目前来看，学术界关于数字劳动的劳动性质主要有两种截然相反的理论叙事。一种观点认为数字劳动的出现，给身处社会底层的弱势群体带来成为"小微企业家"式的工作机会，同时工作自主还能促进劳动者工作—生活平衡。另一种观点则认为，数字劳动本质上是数字技术加持下的"血汗劳动"，劳动者工作环境和薪酬待遇堪忧。[2] 在马克思主义政治经济学语境下，针对数字劳动性质究竟是"数字赋能"抑或"数字奴役"的理论指认，需要根据数字劳动具体形态作具体分析。

2. 数字劳动基本维度的深入研究

在资本主义生产方式下，异化和剥削是劳动的社会属性。数字劳动也概莫能外。但由于数字劳动表面上的消费性和娱乐性，遮蔽了其服务于资本积累的生产性，削弱了劳动者依托数字平台在线工作的异化体验。有研究表明，有众多劳动者因依托互联网平台实现就业而倍感欣喜，对获得的报酬也很满意。[3] 因此，针对数字劳动异化和剥削的理论建构，需要重视和加强对数字劳动者主观感知的研究阐释。[4] 这是其一。

其二，基于劳动过程理论（LPT）的已有研究，强调算法管理进一步推动劳动者"去技能化"，使得数字时代资本对劳动的宰制更加深重。但在针对外卖骑手的实际观察中，有学者发现，数字劳动者在送单过程不断积累"大脑地图""情景经验""沟通技巧"等隐性知识。而由于"隐性知识"的存在，送外卖比进工厂更能让骑手感受到自己是作为"完整工人"而非"片面器官"存在。[5] 鉴于此，有必要结合具体工作场

---

[1] ［美］黛安娜·马尔卡希：《零工经济：数字化工作的真正未来》，陈桂芳译，中信出版社2017年版，第Ⅻ—Ⅻ页。

[2] Berger, T., et al., "Uber Happy? Work and Well-being in the 'Gig Economy'", *Economic Policy*, Vol. 34, No. 99, 2019, pp. 429 – 477.

[3] Graham, M., et al., "Digital Labor and Development: Impacts of Global Digital Labor Platforms and the Gig Economy on Worker Livelihoods", *Transfer*, Vol. 23, No. 2, 2017, pp. 135 – 162.

[4] Fisher, E., "Class Struggles in the Digital Frontier: Audience Labor Theory and Social Media Users", *Information, Communication & Society*, Vol. 18, No. 9, 2015, pp. 1108 – 1122.

[5] 陈龙：《外卖骑手真的面临"去技能化"困境吗?》，《中国社会科学报》2023年8月24日第6版。

景，追踪考察数字劳动过程中工作知识和劳动技能的裂变与演化。进一步地，进入 AI 大模型时代，生成式人工智能技术应用必将催生资本主义生产方式下人机关系新变化。AI 大模型生产下人机协同会给劳动方式和劳动技能带来何种影响，自然需要关注与研究。

其三，在资本主义发展不同时期，劳动形式和商品形态历经变化，剩余价值生产和实现的具体模式也各异。目前，针对数字劳动价值创造的具体机理分析还比较粗糙。譬如，在针对互联网用户免费劳动的研究中，如何衡量数字抽象劳动，即数字劳动的价值量决定如何与数字劳动时间（用户关注时间）相关？[1] 在数据商品生产中，相比于数字平台员工的数据整理、数据挖掘、数据分析等专业化劳动，在线用户免费劳动的价值贡献又如何确定？在数字劳动的剩余价值生产、实现和分配中，资本主义生产方式固有的危机性又是如何得以体现的？[2] 此外，数字劳动的主体是高度异质的。数字平台上的工作者似乎是一个新的社会阶层，或者他们不属于任何社会阶层。[3] 在"上网即剥削"的理论确证下，马克思所指的阶级范畴和阶级分析如何保持原有的分析穿透力？进而，针对资本化的虚拟网络空间，处于资本逻辑场域中的人，又如何能够真正摆脱资本的统治？[4]

3. 数字劳动市场的实践绩效研究

在数字经济多边市场中，数字平台、用工方和数字劳动者的市场权力博弈、劳动过程管理智能化，以及劳动力资源配置的时空新特征，都不同程度决定或影响着劳动型平台经济的运行效率。

首先，从劳动者个体看，一方面，工作动机、收入来源结构、身份

---

[1] Sevignani, S., "Review of the Book 'DL: the Internet as Playground and Factory'", edited by Trebor Scholz, *tripleC: Communication, Capitalism & Critique*, Vol. 11, No. 1, 2013, pp. 127 – 135.

[2] Caraway, B., "Crisis of Command: Theorizing Value in New Media", *Communicative Theory*, Vol. 26, No. 1, 2016, pp. 64 – 81.

[3] 文军、刘雨婷：《新就业形态的不确定性：平台资本空间中的数字劳动及其反思》，《浙江工商大学学报》2021 年第 6 期。

[4] 仰海峰：《马克思资本逻辑场域中的主体问题》，《中国社会科学》2016 年第 10 期。

定位、公平感知以及性别等个体性因素，都会不同程度影响数字劳动者的工作体验和劳动权益实现。有研究发现，数字劳动者大体有三种类型：一是体验派，只在平台上体验一番，完成少量任务，然后在一周或一个月内离开；二是定期派，他们定期参与（每月工作少于 10 小时）完成一定数量的任务；三是永久在线派，这些劳动者熟悉了平台，成为核心劳动力，他们每天出现在平台上，平均每周工作 30 小时，完成平台的大部分工作。[1] 不言而喻，针对数字劳动的实践绩效分析不能撇开具体类型而一概而论。譬如，对于拥有正式工作，只是兼职赚取零花钱的数字劳动者而言，因自身被平台视为"独立承揽人"而导致劳动保障缺失并不足为虑；相反，对于那些主要依赖平台营生的劳动者而言，平台用工关系定位不当所带来的不利影响则是切肤之痛。

其次，从企业用工看，"算法技术和精准匹配有形之手很大程度上替代了市场，成为资源流向的指挥棒，并重塑了资本积累方式和劳资关系"[2]。但对于用工企业而言，数字劳动灵活用工给组织人力资源管理带来了挑战，主要包括人力资源的外部化、工作不确定、员工忠诚度下降、数字劳动合规化以及数字劳动者分类及其引发的一系列问题。

4. 劳动型平台经济的比较制度分析

实践中，劳动型平台经济的市场结构各异，其所涉及的行业范围也十分宽广。同时，劳动型平台经济面临的地区管制也不尽相同。从世界范围看，亚马逊土耳其机器人平台等数字劳动"南供北求"的劳动地理分布，不仅折射出全球数字经济发展的南北差距，而且也凸显出劳动型平台经济发展的制度合意性不可一概而论。譬如，在广大发展中国家，身处社会底层的弱势群体难以在正规经济部门谋得一份工作，劳动型平台的出现，则给他们带来冲破本地就业障碍而成为"打工人"的宝贵机会；并且拥有一技之长的劳动者还能够通过在线劳动力市场获得更高的劳动报酬。因而，在迫切需要增加就业、发展经济和摆脱贫困的中低收

---

[1] [美] 玛丽·L. 格雷、西达尔特·苏里：《销声匿迹：数字化工作的真正未来》，左安浦译，上海人民出版社 2020 年版，第 211 页。

[2] 王星：《零工技能：劳动者"选择的自由"的关键》，《探索与争鸣》2020 年第 7 期。

入国家或地区,针对数字劳动的官方话语和机构分析大多是极力推介,鲜有批判。[1]

从经济社会制度层面看,在资本主义生产方式下,数字劳动实践"不仅破坏了工资契约、独特的职业和工人知识,还破坏了作为一个团结的、反抗性的群体的劳动者的力量"[2]。相比之下,在发展社会主义市场经济条件下,作为新就业形态的重要形式,数字劳动理应在提升就业质量、促进体面劳动上大放异彩。不言而喻,深化数字资本主义数字劳动实践的规律性认识,坚持批判借鉴、为我所用,规范中国数字资本发展,推动和谐数字劳动关系构建,是今后一段时期深化数字劳动研究的基本旨趣。

三 创新数字劳动的研究方式

当下,数字劳动作为新劳动形态还裹挟着诸多不确定性,其中之一就是数字劳动研究范式与方法论的不确定性。[3] 从研究视角看,数字劳动是在信息网络技术推动下劳动资源配置数字化、全球化产物。针对数字劳动属性和基本维度的分析和阐释,需要基于全球劳动力市场的国际分工视角来具体展开。[4] 但国内外学界已有研究主要基于西方后福特制场景[5],对中国等新兴经济体中数字劳动形式和特征的比较研究,还甚为薄弱。从研究对象看,已有的针对劳动型平台的实证研究,在国别上,针对发达国家的讨论明显多于发展中国家;在数字劳动类别上,关于 Web 2.0 时代社交媒体在线用户的无薪劳动、网约车司机、外卖骑手的

---

[1] Anwar, M. A. and Graham, M., "Between a Rock and a Hard Place: Freedom, Flexibility, Precarity and Vulnerability in the Gig Economy in Africa", *Competition & Change*, Vol. 25, No. 3, 2020, pp. 1–20.

[2] [英] 菲尔·琼斯:《后工作时代:平台资本主义时代的劳动力》,陈广兴译,上海译文出版社 2023 年版,第 84 页。

[3] 文军、刘雨婷:《新就业形态的不确定性:平台资本空间中的数字劳动及其反思》,《浙江工商大学学报》2021 年第 6 期。

[4] Fuchs, C., *Digital Labor and Karl Marx*, London: Routledge, 2014.

[5] Zhang, L. and Fung, A. Y., "Working as Playing? Consumer Labor, Guild and the Secondary Industry of Online Gaming in China", *New Media & Society*, Vol. 16, No. 31, 2014, pp. 38–54.

分析颇多，而面向自由职业者的研究较少；针对众包微工的探讨主要以亚马逊土耳其机器人平台的"托客"为例，聚焦于广大发展中国家低技能数字劳工甚少。从研究方法看，目前围绕数字劳动的理论演绎较多，并且大都纠缠于非此即彼（如数字劳动是受剥削还是赋能、数字劳动是否属于生产性劳动等）的思辨探讨，基于翔实数据的实证分析较为匮乏。[1] 针对数字劳动的具化形态、数字劳动异化和剥削的主观维度，以及数字剩余价值生产具体机理等方面的研究，迫切需要结合数字经济行业或平台企业个案展开深入的实证分析。

四　继续推进数字劳动的本土研究

近年来，中国情境下数字劳动孕育了众多新职业，创造了大量灵活就业新机会，为稳就业、促增长发挥了重要作用。但不容忽视的是，数字劳动在收入稳定、就业保障和劳动保护等方面存在的实践痼疾，还没有得到根本解决。与此同时，随着生成式人工智能的发展，AI大模型生产加速落地，数字劳动迎来"人工智能+"新机遇，同时又遭遇新一波"机器换人"失业冲击。一方面，AI大模型技术应用极大扩展了数字经济新空间，人工智能训练师、提示工程师、AIGC算法工程师等新职业竞相涌现。另一方面，对于众包微工而言，生成式人工智能带来的就业冲击不容回避。不言而喻，"支持和规范发展新就业形态""加强灵活就业和新就业形态劳动者权益保障"，迫切需要对当下中国劳动型平台经济发展的制度绩效、实践挑战、劳动保护以及相关规制创新进行更多的理论和实证研究。

---

[1] Fish, A. and Srinivasan, R., "Digital Labor is the New Killer App", *New Media & Society*, Vol. 14, No. 1, 2011, pp. 137–152.

参考文献

一 经典文献

《马克思恩格斯全集》第4卷,人民出版社1958年版。
《马克思恩格斯全集》第46卷(上),人民出版社1979年版。
《马克思恩格斯全集》第47卷,人民出版社1979年版。
《马克思恩格斯全集》第49卷,人民出版社1982年版。
《马克思恩格斯全集》第30卷,人民出版社1995年版。
《马克思恩格斯全集》第31卷,人民出版社1998年版。
《马克思恩格斯全集》第44卷,人民出版社2001年版。
《马克思恩格斯全集》第3卷,人民出版社2002年版。
《马克思恩格斯全集》第48卷,人民出版社2007年版。
《马克思恩格斯全集》第42卷,人民出版社2016年版。
《马克思恩格斯文集》第1卷,人民出版社2009年版。
《马克思恩格斯文集》第2卷,人民出版社2009年版。
《马克思恩格斯文集》第3卷,人民出版社2009年版。
《马克思恩格斯文集》第4卷,人民出版社2009年版。
《马克思恩格斯文集》第5卷,人民出版社2009年版。
《马克思恩格斯文集》第6卷,人民出版社2009年版。
《马克思恩格斯文集》第7卷,人民出版社2009年版。
《马克思恩格斯文集》第8卷,人民出版社2009年版。
《马克思恩格斯文集》第9卷,人民出版社2009年版。
《马克思恩格斯选集》第2卷,人民出版社2012年版。

《马克思恩格斯选集》第 3 卷，人民出版社 2012 年版。

《资本论》第 1 卷，人民出版社 2018 年版。

《资本论》第 2 卷，人民出版社 2018 年版。

《资本论》第 3 卷，人民出版社 2018 年版。

习近平：《扎实推进共同富裕》，《求是》2021 年第 20 期。

二　中文专著

阿里研究院：《平台经济》，机械工业出版社 2016 年版。

本书编写组：《大数据领导干部读本》，人民出版社 2015 年版。

邱林川：《信息时代的世界工厂：新工人阶级的网络社会》，广西师范大学出版社 2013 年版。

涂子沛：《数文明：大数据如何重塑人类文明、商业形态和个人世界》，中信出版社 2018 年版。

吴军：《智能时代：大数据与智能革命重新定义未来》，中信出版社 2016 年版。

杨涛主编：《数据要素：领导干部公开课》，人民日报出版社 2020 年版。

三　中文译著

［奥］维克托·迈尔-舍恩伯格、［德］托马斯·拉姆什：《数据资本时代》，李晓霞、周涛译，中信出版社 2018 年版。

［加］尼克·斯尔尼塞克：《平台资本主义》，程水英译，广东人民出版社 2018 年版。

［加］文森特·莫斯可：《传播政治经济学》，胡春阳、黄红宇、姚建华译，上海译文出版社 2013 年版。

［美］大卫·哈维：《马克思与〈资本论〉》，周大昕译，中信出版社 2018 年版。

［美］丹·席勒：《数字资本主义》，杨立平译，江西人民出版社 2001 年版。

［美］杰里米·里夫金：《零边际成本社会：一个物联网、合作共赢的新

经济时代》，比赛迪研究院专家组译，中信出版社2014年版。

［美］迈克尔·哈特、［意］安东尼奥·奈格里：《帝国》，杨建国、范一亭译，江苏人民出版社2005年版。

［美］亚历克斯·罗森布拉特：《优步：算法重新定义工作》，郭丹杰译，中信出版社2019年版。

［日］森健、日户浩之：《数字资本主义》，野村综研（大连）科技有限公司译，复旦大学出版社2020年版。

［英］克里斯蒂安·福克斯：《社交媒体批判导言》，赵文丹译，中国传媒大学出版社2018年版。

［英］卡鲁姆·蔡斯：《经济奇点：人工智能时代，我们将如何谋生》，任小红译，机械工业出版社2017年版。

四　中文期刊

蔡润芳：《平台资本主义的垄断与剥削逻辑——论游戏产业的"平台化"与玩工的"劳动化"》，《新闻界》2018年第2期。

程啸：《论大数据时代的个人数据权利》，《中国社会科学》2018年第3期。

崔学东、曹樱凡：《"共享经济"还是"零工经济"？——后工业与金融资本主义下的积累与雇佣劳动关系》，《政治经济学评论》2019年第1期。

戴双兴：《数据要素：主要特征、推动效应及发展路径》，《马克思主义与现实》2020年第6期。

黄再胜：《数字剩余价值的生产、实现与分配》，《马克思主义研究》2022年第3期。

黄再胜：《人工智能时代的价值危机、资本应对与数字劳动反抗》，《探索与争鸣》2020年第5期。

黄再胜：《数据的资本化与当代资本主义价值运动新特点》，《马克思主义研究》2020年第6期。

黄再胜：《网络平台劳动的合约特征、实践挑战与治理路径》，《外国经济与管理》2019 年第 7 期。

姬旭辉：《当代资本主义经济的非生产劳动：本质、趋势与逻辑》，《当代经济研究》2018 年第 8 期。

孟飞、程榕：《如何理解数字劳动、数字剥削、数字资本？——当代数字资本主义的马克思主义政治经济学批判》，《教学与研究》2021 年第 1 期。

邱林川：《告别 i 奴：富士康、数字资本主义与网络劳工抵抗》，《社会》2014 年第 4 期。

涂永前、熊赟：《情感制造：泛娱乐直播中女主播的劳动过程研究》，《青年研究》2019 年第 4 期。

王彬彬、李晓燕：《互联网平台组织的源起、本质、缺陷与制度重构》，《马克思主义研究》2018 年第 12 期。

肖峰：《〈资本论〉的机器观对理解人工智能应用的多重启示》，《马克思主义研究》2019 年第 6 期。

燕连福、谢芳芳：《福克斯数字劳动概念探析》，《马克思主义与现实》2017 年第 2 期。

五 外文著作

Benkler, Yochai, *The Wealth of Networks: How Social Production Transforms Markets and Freedom*, New Haven: Yale University Press, 2019.

Chandler, D. and Fuchs, C., *Digital Objects, Digital Subjects: Interdisciplinary Perspectives on Capitalism, Labor and Politics in the Age of Big Data*, London: University of Westminster Press, 2020.

Fisher, E., *Media and New Capitalism in the Digital Age: The Spirit of Networks*, New York: Palgrave Macmillan, 2010.

Hardt, M. and Negri, A., *Empire*, Cambridge, MA: Harvard University Press, 2001.

Harvey, D., *A Companion to Marx's Capital*, London, New York: Verso, 2010.

Negri, A., *Marx Beyond Marx*, London: Pluto Press, 1991.

Polanyi, K., *The Great Transformation: The Political and Economic Origins of Our Time*, Boston: Beacon Press, 2001.

Posner, E. A. and Weyl, E. G., *Radical Markets: Uprooting Capitalism and Democracy for a Just Society*, Princeton: Princeton University Press, 2018.

Srnicek, N., *Platform Capitalism*, Cambridge: Polity Press, 2017.

Walker, R., *From Big Data to Big Profits: Success with Data and Analytics*, London: Oxford University Press, 2015.

Zuboff, S., *The Age of Surveillance Capitalism: The Fight for a Human Future at the New Frontier of Power*, New York: Public Affairs, 2019.

六 外文期刊

Anwar, M. A. and Graham, M., "Hidden Transcript of the Gig Economy: Labor Agency and the New Art of Resistance among African Gig Workers", *Environment and Planning A*, Vol. 52, No. 7, 2020.

Arvidsson, A. and Colleoni, E., "Value in Informational Capitalism and on the Internet", *The Information Society*, Vol. 28, No. 3, 2012.

Burston, J., et al., "Digital Labor: Workers, Authors and Citizens", *Ephemera*, Vol. 10, No. 3/4, 2010.

Burrell, J. and Fourcade, M., "The Society of Algorithms", *The Annual Review of Sociology*, Vol. 47, 2021.

Dyer-Witheford, N., "The Work in Digital Play: Video Gaming's Transnational and Gendered Division of Labor", *Journal of International Communication*, Vol. 6, No. 1, 1999.

Fisher, E., "How Less Alienation Creates More Exploitation? Audience Labor on Social Network Sites", *tripleC*, Vol. 10, No. 2, 2012.

Gandini, A., "Labor Process Theory and the Gig Economy", *Human Relations*, Vol. 72, No. 6, 2019.

Gonzalzez, A. J., "Code and Exploitation: How Corporations Regulate the

Working Conditions of the Digital Proletariat", *Critical Sociology*, Vol. 48, No. 2, 2022.

Graham, M., et al., "Digital Labor and Development: Impacts of Global Digital Labor Platforms and the Gig Economy on Worker Livelihoods", *Transfer*, Vol. 23, No. 2, 2017.

Heiland, H., "Controlling Space, Controlling labor? Contested Space in Food Delivery Gig Work", *New Technology, Work and Employment*, Vol. 36, No. 1, 2021.

Irani, L., "The Cultural Work of Microwork", *New Media & Society*, Vol. 17, No. 5, 2015.

Kellogg, K. C., et al., "Algorithms at Work: The New Contested Terrain of Control", *Academy of Management Annals*, Vol. 14, No. 1, 2020.

Kücklich, J., "Precarious Playbor: Modders and the Digital Games Industry", *The Fiberculture Journal*, Vol. 5, No. 1, 2005.

Mrvos, D., "Illusioned and Alienated: Can Gig Workers Organize Collectively", *tripleC: Communication, Capitalism & Critique*, Vol. 19, No. 1, 2021.

Ritzer, G. and Jurgenson, N., "Production, Consumption, Prosumption: The Nature of Capitalism in the Age of the Digital 'Prosumer'", *Journal of Consumer Culture*, Vol. 10, No. 1, 2010.

Roberts, J. M., "Co-creative Prosumer Labor, Financial Knowledge Capitalism, and Marxist Value Theory", *The Informational Society*, Vol. 32, No. 1, 2016.

Robinson, B., "With a Different Marx: Value and the Contradictions of Web 2.0 Capitalism", *The Information Society*, Vol. 31, No. 1, 2015.

Schaupp, S., "Technopolitics from Below: A Framework for the Analysis of Digital Politics of Production", *Nanoethics*, Vol. 15, No. 1, 2021.

Stewart, A. and Standford, J., "Regulating Work in the Gig Economy: What are the Options", *The Economic and Labor Relations Review*, Vol. 28,

No. 3, 2017.

Terranova, T., "Free Labor: Producing Culture for the Digital Economy", *Social Text*, Vol. 18, No. 2, 2000.

Wells, K. J., et al., "'Just-in-Place' Labor: Driver Organizing in the Uber Workplace", *Environment and Planning A*, Vol. 53, No. 2, 2021.

Wood, A. J. and Lehdonvirta, V., "Antagonism Beyond Employment: How the 'Subordinated Agency' of Labor Platforms Generate Conflict in the Remote Gig Economy", *Socio-Economic Review*, Vol. 19, No. 4, 2021.

Wood, A. J., et al., "Networked but Commodified: The (Dis) Embeddedness of Digital Labor in the Gig Economy", *Sociology*, Vol. 53, No. 5, 2019.

Woodcock, J., "The Algorithmic Panopticon at Deliveroo: Measurement, Precarity, and the Illusion of Control", *Ephemera: Theory & Politics in Organization*, Vol. 20, No. 3, 2020.

后记

本书的主体内容是我 2018 年 3 月申报的国家社会科学基金一般项目"数字劳动作为劳动新形态的马克思主义政治经济学研究"（项目批准号：18BKS012）的最终成果，该成果于 2023 年 7 月被全国哲学社会科学规划办公室鉴定为优秀等级予以结项，2023 年 12 月该课题研究成果有幸获得国防大学政治学院学科基础理论学术专著出版资助。现在呈现给读者的是在课题结项内容基础上，密切关注实践新动向和理论新进展进一步修改完善而形成的。

本人长期致力于马克思主义政治经济学的学习与研究。自 2015 年起，开始对"数字劳动"产生了浓厚的研究兴趣。其后，我指导学生重点围绕数字劳动的实践形态及其价值创造展开一系列探索性研究。并就这一主题以独作或合作的形式公开发表了《数字劳动与马克思主义劳动价值论的当代阐释》（《湖北经济学院学报》2017 年第 6 期）、《国外数字劳动——一个基于马克思劳动价值论的文献综述》（《广东行政学院学报》2017 年第 5 期）、《马克思主义劳动价值论与数字经济时代之拓展》（《广东行政学院学报》2018 年第 2 期）等多篇学术论文，成为国内较早研究数字劳动的政治经济学文献。

在前期研究成果的基础上，我申报了国家社会科学基金一般项目"数字劳动作为劳动新形态的马克思主义政治经济学研究"并顺利立项。立项后，我带领课题组时不我待、全心投入，坚持运用马克思主义政治经济学的基本原理和方法论，重点对资本主义生产方式下的数字劳动过程、数字劳动价值创造、数字劳动异化与剥削、数字劳动的生产政治，以及数字劳动治理等方面进行系统分析与理论阐释，不断深化对数字时代劳动形态新变化和资本积累新方式的规律性认识，以期为不断开辟21世纪马克思主义政治经济学新境界提供新的视角，增添新的内容；同时为推动我国数字经济健康发展、完善新就业形态劳动者权益保障提供有效的对策建议。

本书的主要内容以课题阶段性成果形式公开发表于国内学术期刊，具体包括：《数据的资本化与当代资本主义价值运动新特点》载于《马克思主义研究》2020年第6期；《人工智能时代的价值危机、资本应对与数字劳动反抗》载于《探索与争鸣》2020年第5期；《网络平台劳动的合约特征、实践挑战与治理路径》载于《外国经济与管理》2019年第7期；《中国情景下的数字劳动：制度性特征、实践挑战与治理路径》载于《改革与战略》2023年第6期；《算法控制、"自我剥削"与数字劳动的时空修复——数字资本主义劳动过程的LPT研究》载于《教学与研究》2022年第11期；《数字剩余价值的生产、实现与分配》载于《马克思主义研究》2022年第3期；《平台权力、劳动隐化与数据分配正义——数据价值化的政治经济学分析》载于《当代经济研究》2022年第2期；《平台体制、劳动能动与数字资本主义的生产政治》载于《马克思主义理论学科研究》2023年第1期。这些课题阶段性成果凝聚了审稿专家和期刊编辑的学术睿智和辛勤付出，他们的严谨治学态度使我受益终身。

回望10年前，国内数字劳动研究成果还寥落无几。弹指一挥间，当下学术界基于传播政治经济学、哲学、社会学、政治经济学等的相关研究呈现井喷态势，取得的研究成果已然是蔚为大观。作为较早涉猎该领域的政治经济学学者，我自然倍感欣喜和振奋。通过对相关研究进展的追踪和思考，我深切地感到仅仅在政治经济学语境下，面对数字劳动兴起的新现象新问题，从最初的仅采用马克思的个别范畴、概念或理论对数字劳动现象进行个案分析，到创建系统化的马克思主义数字劳动批判理论，学者们对数字劳动进行了有益的理论建构和研究阐释。但是，在一派生机的学术繁荣中，我也越来越体悟到针对数字劳动的学理化、体系化阐释还任重而道远。恩格斯曾经指出，一门科学提出每一种新见解都包含这门科学的术语的革命。当下，学术界针对"数字劳动""数字资本""数字剩余价值"等基本范畴的理论指认和内涵理解还存在较大分歧，遑论在数字劳动的生产性、数字平台的经济属性、数字资本的增殖机理等方面达成研究共识。因此，本书的研究阐释只是一个阶段性探索，书中尚且存在的不足，恳望同行批评指正。

最后，我作为课题主持人要特别感谢多位评审专家在项目结项评审中给予的较高评价以及非常宝贵的修改完善意见，为本书提质增色甚多；感谢我所在的单位——国防大学政治学院对课题研究的肯定、关心和支持；感谢此书的责任编辑中国社会科学出版社刘艳女士，为本书的顺利面世操心甚多。对一直以来对我的粗浅研究给予包容、鼓励与指点的期刊编辑、学界同仁和众多学生一并表示衷心的感谢！

古人云：独学无友，则孤陋而难成。满怀期待本书的出版能够继续得到良师益友的赐教与提携，是为后记。

黄再胜

2024 年春于上海五角场